JN036105

講談社選書メチエ

784

恋愛の授業

恋は傷つく絶好のチャンス。めざせ10連敗！

丘沢静也

設定不良問題

はじめに

　授業において最も印象的だったのはやはり「他の受講生のコメントが聴ける」機能である。風俗で働くとか、ガールズバーで働くとか、男を〇股するとか、逆ナンするとか、大学3年生になっても、そんな同級生の存在は童貞同然の自身にとってどこか別世界の絵空事かのように思えていた。しかし薄いコメントシートの向こう側に、確かに彼女たちは存在した。カルチャーショックだった。ああ、自分がたった1人アパートという牙城に引き籠っている間、彼女たちは信念を持って、己の意志で己を磨き上げているのだ、と。努力せず非モテを嘆いている自分が恥ずかしくなった。30や40になって取り返しがつかなくなる前に気が付けてよかったと心から思う。危機感を持つきっかけを与えて頂き、厚く御礼申し上げます。（3年男子）

　これは、2021年度前期の期末レポートで付録に書いてもらった「授業についてつぶやく」です。〈魔の金4〉と私が呼び、東京都立大学南大沢キャンパスの学生たちには「恋愛学」と呼ばれている授業を、10数年前からやっているのですが、この本は、その報告です。小さなキャンパスの授業報告を、どうしてまた？

　授業中に書いてもらうリアクションペーパーのことを、「紙メール」と呼んでいます。その紙メールが、〈魔の金4〉の羅針盤。紙メールをピックアップし、匿名で紹介しながら授業を進めていくわけですが、紙メールから学生の「本音」や「実態」が読み取れます（あくまでもカッコつきの「本音」であり「実態」ですが）。若者の「草食化」や「恋愛離れ」、「保守化」や「政治離れ」というレッテルをよく見かけます。レッテルは簡単には剝がせません。が、〈魔の金4〉をやっていると、叱咤激励をしなくても、ひじで若者をちょっと突つけば、レッテルをちょっとズラすことができるかも、という

9

感触があるのです。

　紙メールには、かならずウソや演技が混じる。また文字情報には限界がある。こういう問題も、〈魔の金４〉では大事な問題として扱うのですが、ほとんどの学生は、それなりに赤裸々に書いてくれます（私が、そう思っているだけかもしれませんが）。自分のヒミツや切実な悩みや窮状は、毎日顔を合わせる人や、大事な人や親しい人には、かえって伝えにくいものです。けれども相手とちょっと距離（感）があって、でも信頼できそうな相手だなと感じたときには、けっこう打ち明けたりするものです。〈魔の金４〉は、そういう空間でありたいと思っています。

　報告のベースにするのは、2019年度の金曜４限、つまりコロナ以前の対面授業です。もちろん全面的な紹介ではなく、紹介の仕方もバラバラです。授業をライブ感覚で報告したセクションもあれば、私の話を要約しただけのセクションもあり、紙メールをたくさん紹介したセクションもあります。学生のコメントはすべて、耳で聞いてわかりやすいように、また、個人が特定されないように編集して、もちろん匿名で、教室で紹介したものです。

　現場感を伝えるため、（校正感覚で好まれる）言葉や表記の統一には、こだわっていません。千差万別の紙メールとつき合っているうちに、こだわらなくても大丈夫だと思うようになりました。必要な識別さえできれば、バラバラでいい。というよりは、バラバラがいい。おなじ人でも、場面やニュアンスによって、「私」「僕」「俺」と使い分けることがあるし、「僕」「ぼく」「ボク」と書き分けることもある。漱石だって手稿では、「吾輩」と「我輩」を混在させていた。江戸末期には、本人も平気で、「二郎」と書いたり「次郎」と書いたりしていた。というわけで、だらしない私は、わかればいいだろう、と、だらしなさに磨きをかけることにしました。

この本のトリセツ、あるいは凡例

・罫線でサンドイッチにした部分は、「品書き（当日の授業で配った、出し物のデータのプリント）」をアップしたものです。現場感を伝えるための「スクリーンショットもどき」と考えてください。整理整頓はせず、◆の記号や番号もそのままです。

・たとえば、いろんな番号があちこちに顔を出していますが、気にしないでください。ピッチ上のサッカー選手の背番号みたいなもので、背番号がわからなくても、ボールの動きはちゃんと追うことができます。

・品書き（第10回）を付録③にアップしました。この本では、判型の都合で2ページになり、改行も増えていますが、教室ではこれをA4のプリント1枚にして配ります。品書きは1枚が原則です（必要に迫られて、長めの文章などを別紙に用意することもありますが）。

・A4のプリント1枚に収めるため、1行に詰め込む字数の調整を優先して、「NHKスペシャル」を「Nスペ」としたり、「メトロポリタン歌劇場」を「MET」としたり、バラバラです。「品書きは、ざっと見てもらうだけでいいよ。もしも気になるものがあったら、あとで検索してね」と、教室では言っています。

・学生のジェンダーは、●が女子、■が男子。Xは使っていませんが、文脈でわかると思います。

・【　】内は、紙メールやメール課題などを教室で紹介するときの、私のコメント用メモです。

・引用文の翻訳は、指示がないかぎり丘沢の訳です。［　］内は、丘沢による補足です。

・この本には、学生の「紙メール」「メール課題」「レポート」からたくさん引用させてもらっています。すべて教室で紹介したものです。匿名で、（発言の趣旨はそのままに）個人が特定できないようアレンジして紹介したのですが、この本に掲載するにあたって、連絡のとれた人には、引用部分を見てもらい、掲載のお許しをもらいました。

「あしたの天気は、晴れか曇りか雨です」

反証可能性

§01　第1回目の授業（ライブ中継）

　2019年4月5日。私の金曜4限（14:40~16:10）は、AV棟2階の階段教室AV263（座席数264）で。

14:30 照明を半暗にして、ビデオを流す。

◆₀₀モーツァルト『魔笛』（初演1791年）　演出ジュリー・テイモア　レヴァイン／MET 2017

〇《誰でも恋の喜びを知っている》モノスタートス（奴隷）：G・フェダーリー［T］

〇《復讐の炎が地獄のように私の心に燃え（夜の女王のアリア）》キャスリン・ルイック［S］

　ポップな舞台で話題になったレヴァイン／MET（2017年）の『魔笛』を、学生たちが見たり聞いたり無視したりしながら、A5の答案用紙とA4のプリントを取って、好きな席にすわる。ちなみに◆₀₀は、授業開始前に流すビデオのデータだ。

14:40「ホワイトボードを見てください。怪しい言葉が3つ。〈魔の金4〉というのは、この金曜4限のこと。〈紙メール〉というのは、A5の答案用紙。90分の授業のあいだに何回か書いてもらう。リアクションペーパーです。〈品書き〉は、A4のプリントで、今日の出し物のデータ。レジュメじゃないからね。じゃ、これから、品書き◆₀₁のビデオを見てもらいます。ワケありの4人が軽井沢でカルテットをやろう、というドラマです。気になったセリフを紙メールに書いて。紙メールの1番で」

◆₀₁坂元裕二『カルテット』第9話（2017.3.14 TBS）

| 松たか子（早乙女真紀）　満島ひかり（世吹すずめ）　松田龍平　高橋一生 |

14:42 教室をまっ暗にする。「ウソついてたんです」と涙ぐみながらカミングアウトする松たか子を、満島ひかりが慰めるシーンだ。5分21秒後にビデオを止め、照明を全開にする。気になったセリフを紙メールに書いてもらう。〈魔の金4〉と私が呼び、学生たちには「恋愛学」と呼ばれている授業の、2019年度前期の第1回目が、こうして始まった。

◆02 モーツァルト『フィガロの結婚』（初演1786年）【読み替え版】
○《恋とはどんなものかしら》エクサン・プロバンス大司教館中庭
　2012.7.12
　J・ロレール／ル・セルクル・ドゥ・ラルモニ　演出リシャール・ブリュネル
　ケルビーノ（アルマヴィーヴァ伯爵の小姓）【ズボン役】：ケイト・リンジー［Ms］

14:50「恋とはどんなものかしら」（4分52秒）に、学生たちがどう反応するか。私の最初のジャブだ。アルマヴィーヴァ伯爵の小姓ケルビーノは年頃で、女性を見るとドキドキしてしまう。伯爵夫人に恋心をいだいている。ケルビーノを歌うズボン役（男装の女性歌手）は、美形のメゾソプラノ、ケイト・リンジー。この読み替え版は、色欲を前面に出した演出だ。授業で流すビデオは、すべて字幕つき。紙メール2番として、自由にコメントを書いてもらう。受講生の恋愛経験や恋愛感覚、オペラや音楽に対する感度を瀬踏みする。

◆03 Nスペ『女と男（第1回）』2009.1.11　ヘレン・フィッシャー（人類学・脳科学）
　♪◆福岡伸一「男はもともと女だった」チコちゃんに叱られる #7
2018.5.25 NHK

14:58『女と男（第1回）』の前半を見てもらう。一度に見せる映像は、学生の集中力が途切れないよう、原則として10分以内が目安だが、今日はイントロダクションがわりの1回目の授業なので、23分の長尺を。教室の照明を落とす前にアナウンスする。

　「今から見るのは、恋愛についての古典的なビデオです。紙メールの3番で書いてもらうのは、AとBの2種類。Aはレビュー。どんな内容だったかを紹介して。Bはコメント。あなたの意見や感想を書いて。アマゾンの本のカスタマーレビューで、まともに読めてないのに、上から目線で勝手なコメントだけ書いてるのがあるよね。ああいうのは避けたい。〈魔の金4〉の紙メールではね、レビューとコメントを区別します。たいていは「コメント」だけ書いてもらって、「レビュー」はときたまだけど」

　ビデオは、脳科学による恋愛の説明。男女が引かれあうのは脳内物質ドーパミンのせい。恋愛は、子づくり・子育てのためにプログラミングされているもので、男は相手を「健康な子どもを産めそうかどうか」で判断して相手を選ぶ（統計では、腰のくびれが7：10の女性が好まれる）。女は相手を「子育てに向いていそうかどうか」で判断して選ぶ。だから恋愛の賞味期限は3年。……といった内容だ。

15:23「じゃ、これから紙メール、3Aと3Bとして書いて。Aのレビューは、隣の家の中学生に「授業でこんな内容のビデオを見たんだよ」と紹介するつもりで、3、4行。Bのコメントは、「めざせ7：10」とか、自由に」

15:26「さっき見たのは2009年の古典的なビデオ。今度は2018年のビデオを見てもらおう」。見てもらうのは、福岡伸一の「男はもともと女だった」という生物学的な説明（3分14秒）だ。男性は、女性が「男化」したものである。どんな受精卵も女性として成長する。受精から7週目に、将来男性になる胎児の体のなかに、コルチコステロンの命令で男性ホルモンが大放出されて、胎児の女性器が男性器に作り変えられる、という内容だ。

　「男子の乳首も、女性の名残りなんだろうね。古典的な『女と男』

のビデオじゃ、男脳と女脳という具合に男と女を2分してた。でも最近の科学は、そういった2分をしなくなった。〈魔の金4〉では、男性ホルモン、つまりテストステロン大放出に注目したい。放出量に個人差があると考えられないだろうか。みんなが100％というわけじゃない。71％とか、47％とか、グラデーションがある。ヒトの個体のなかに男と女が共在していると考えたい。

　男子にも「女性的」な部分があるし、女子にも「男性的」な部分があるよね。「女性的」や「男性的」というのは概念です。共同体の歴史の、どこかの段階でつくられたものだから、乱暴にいえば、フィクションの女性像、フィクションの男性像にすぎない。〈魔の金4〉の教室でね、10年あまり観察したところでは、モテる女子はたいてい「男らしい」し、多くの男子は、けっこう「女々しい」。

　そこで、男と女をきっぱり2分するんじゃなくて、性をスペクトラムで考える。その見方に立てば、男と女の2項対立は幻想で、ひとつの個体に男と女がグラデーションで存在している。LGBTもストンと腑に落ちる気がする。2項対立からグラデーションへ。男女の問題だけじゃない。自閉症も〈アスペルガー〉のようなレッテルを貼るんじゃなく、自閉スペクトラム症（ASD）として考えるようになってきた。

　〈魔の金4〉では、ものごとを、白か黒か、敵か味方か、勝ち組か負け組か、善玉菌か悪玉菌か、といった2項対立ではなく、グラデーションで考えていきたい。相手が天使か悪魔か、ではなく、相手には天使の側面と悪魔の側面がある。51％が天使で、49％が悪魔といった具合にね」

15:32 品書き◆04にアップした「太宰治のラブレター」を朗読係に読んでもらう。

　　拝復、いつも思っています。ナンテ、へんだけど、でも、いつも思っていました。正直に言おうと思います。
　　おかあさんが無くなったそうで、お苦しい事と存じます。

「あしたの天気は、晴れか曇りか雨です」

　いま日本で、仕合わせな人は、誰もありませんが、でも、もう少し、何かなつかしい事が無いものかしら。私は二度罹災というものを体験しました。三鷹はバクダンで、私は首までうまりました。それから甲府へ行ったら、こんどは焼けました。

　青森は寒くて、それに、何だかイヤに窮屈で、困っています。恋愛でも仕様かと思って、或る人を、ひそかに思っていたら、十日ばかり経つうちに、ちっとも恋しくなくなって困りました。

　旅行の出来ないのは、いちばん困ります。

　僕はタバコを一万円ちかく買って、一文無しになりました。一ばんおいしいタバコを十個だけ、きょう、押入れの棚にかくしました。

　一ばんいいひととして、ひっそり命がけで生きていて下さい。コヒシイ

　「このラブレター、どこが変だと思う？　紙メール４番に書いて。書いてもらっているあいだに、TAがマイクを持って回るので、マイクを向けられたら、どこが変だと思ったか、答えて」。学生が答えていく。「ナンテ、へんだけど、がラブレターらしくない」とか、「或る人を、ひそかに思っていたら、なんて書いてる」とか、「タバコの話が唐突」とか。

　「これはね、有名なラブレターで、レトリック満載なんだけど、説明は来週の授業で。今日は、〈恋愛でも仕様かと思って〉に注目してもらいたい。恋って、他動詞じゃなく、自動詞なんだよね。恋をしようと思って、恋をするわけじゃない。気がついたら、その人のことが好きになってた。『カルテット』で、満島ひかりが「人を好きになるって、勝手にこぼれるものでしょ。こぼれたものが、ウソのわけないよ」と言ってたよね。〈恋をする〉は他動詞的で、〈恋に落ちる〉が自動詞的。

　人間のからだの99％は、自律神経系がつかさどっている。意思にしたがって動くのは、一部にすぎない。下痢をしようと思って、下痢をするわけではない。下痢してしまう。隣にすわっている子にムラムラしようと思って、ムラムラするわけではなく、私のからだが勝手にムラムラしてしまう。人間には、自分でコントロールでき

るものと、自分でコントロールできないものがある」
　朗読係に、〈青森は寒くて……〉の段落をもう一度読んでもらう。

15:38 アントニオ・ダマシオ『デカルトの誤り』（1994年）を紹介
して、認知論的転回（高次脳がすべてを決める）から情動論的転回
（低次脳が決めることがある）へのシフトチェンジに注目してもらう。
　「ええっとね、恋人は裏切るけど、筋肉は裏切らない。脳トレが
人気だけど、筋トレのほうが大事だと思うよ。私は筋トレが苦手だ
けど。でも中年になって、からだを動かす喜びに目覚めてから、小
さな幸せに恵まれやすくなった気がする」

◆ 05『腸内フローラ』NHKスペシャル 2015.2.22
　腸管神経系→ 脳神経系【△一方通行ではなく、○ネットワークで考える】

15:48 ◆ 05のビデオを4分39秒。腸の中は、数百種類、百兆個以上
もの腸内細菌が住んでいるお花畑（フローラ）なのだが、腸内細菌がもっている
メッセージ物質が信号となって、腸管神経系から脳神経系に伝わ
り、感情などに影響をあたえているという内容だ。
　腸は、「第2の脳」と呼ばれているが、（ヒドラみたいな）腸の神
経から脳が生まれたと聞くと、「脳の親」のほうが腑に落ちる。

15:53「脳が一方通行ですべてに指令を出す、と考えられてきたけ
れど、最近はネットワークと考えられるようになってきている。か
らだ全体に神経ネットワークが張りめぐらされていて、臓器の「メ
ッセージ物質」が伝達役になっているという（2020年に始まった
NHK-BSのシリーズ〈ヒューマニエンス〉でも、いろんな回で「神経伝
達物質」が登場する）。これまで長いあいだ、意思や精神が偉いと思
われてきたけれど、自然科学は脳の中央集権を修正しはじめてい
る。そういう姿勢を意識した言葉を、品書き◇ 02、◇ 03、◇ 04にア
ップしました。朗読係に読んでもらおう」

「あしたの天気は、晴れか曇りか雨です」

◇02「精神は小さな理性。からだは大きな理性」（ニーチェ）1883年
◇03「〈私〉は、私という家の主人ですらない」（フロイト）1917年
◇04「象（感情）＞乗り手（理性）」（ジョナサン・ハイト）2006/2012年

　「この３つ、〈魔の金４〉では、通奏低音のようにくり返すことになる。恋は、苦しみをもたらす幸せであり、人を幸せにする苦しみ。恋愛の問題って、自動詞と他動詞のせめぎ合い。一筋縄ではいかないんだよね。小さな「乗り手」が大きな「象」を、どんな具合にコントロールするのか。または象に翻弄されるのか。翻弄されて有頂天になったり、破滅したりして……」

15:58「ええっと、〈魔の金４〉の授業の目的はふたつあります。ひとつは、恋愛を描いた音楽・オペラのつまみ食い。もうひとつは、恋愛について考えること。今日は１回目の授業で、《恋とはどんなものかしら》しか見てもらわなかったけれど、来週からはたくさん見てもらうね」
　「それから、この教室にいるのは、処女と非処女と童貞と非童貞。セックスも話題になるはず。高校までに、きちんと性教育を受けてこなかった人が多いと思う。教室でみんなの紙メールを紹介することになるので、耳学問をどうぞ。教壇の左側のホワイトボードを見て。〈魔の金４〉ではセックスを、３つに分けて考えます。

　①子づくり　②快感　③コミュニケーション（愛の確認とか、体とお金の交換とか）

　この３つ、いつも同時に成立するわけじゃないんだよね。２次元好きとか、アセクシャルの人もいると思う。いろんな人の意見を聞かせてもらいたいと思っている」
　「さて、これまでに紙メールを４番まで書いてもらったけど、紙メールについて大事な話です。この〈魔の金４〉は、みなさんの紙メールでつくっていきます。私が家でみなさんの紙メールを読ん

で、来週の授業の出し物を決める。紙メールはね、ピックアップして紹介させてもらう。もちろん、すべて匿名で。個人が特定されないよう加工します。それから紙メールに触るのは私だけ。TAには見せません。TAが触ることもない。個人情報として大切にあつかいます」

「参考までに、〈魔の金4〉の授業の感想を、朗読係に読んでもらうね。2017年2月にもらった期末レポートの付録です」

●この授業を受けるまで、浮気しないとか、一人の相手に対して誠実であるべきとか、恋愛はそういったものが当たり前で、そう目指すべきだと思っていたため、この授業で紹介されたり説明された恋愛観は、良い意味でも悪い意味でも衝撃的で、こんな考え方や恋愛のやり方もあるんだなあ、と考えさせられました。また、授業内で読まれるほかの人の紙メールも、「セフレ」とか「風俗の仕事」の話とか、私にはかなり過激な内容も多く、他の人たちがそんなに男女のこととかセックスなどについて、進んでるのにも驚きました。これらのことから、授業を終えて考えたことは、今まで自分が考えていた「綺麗な」恋愛なんて存在しない、ということです。中高一貫で女子校だったため、同年代の異性と接するのは小学生以来で、周りに恋人のいる友人もいなかったため、今まで恋愛を美化して考え過ぎていた気がします。ですが、大学で実際に男子と恋愛絡みで関わったり、授業で様々なテーマやオペラ、映画などを見て、自分の恋愛観が一方的で偏ったものだったと分かりました。恋人同士がお互いに一途に思い合うというのは、夢を見すぎだし、恋愛には打算や利用などグレーな部分もたくさんあるはずです。私は少し前に気になっていた男子に告白しましたが、キスされて彼の部屋に招かれた後で、彼女がいることを告げられました。そこで彼女じゃない子にもキスできるんだとか、自分が軽い女に見えたのかなど、いろいろショックでした。これからはそういう汚いこともあると念頭に置いて、気になる人にアプローチしようと思っています。

「あしたの天気は、晴れか曇りか雨です」

　この§01 第1回目の授業（ライブ中継）は、2019年4月5日のものだが、ちょっとタイムスリップして、2019年8月に送信された「授業の感想」も紹介しておこう。

　●大学の授業のレポートは、通常、構文型の堅苦しい文章を書かないといけない。しかしこの授業では、飾った言葉ではなく、口語体で自分の考えを思いのままに書き連ねることができる。自分の意見を多くの人に共感してもらうことが重要なのではなく、はっきり主張することの大切さを学んだ。またこの教室では、社会に出したら批判を受けるような、少数派の意見が取り上げられることも多い。日本のマスメディアでは、多数派の当たり障りのない意見が取り上げられ、少数派の角が立つ意見は消されてしまう傾向にある。このような日本の伝統的な傾向がこの授業の教室では無視される。少数派の意見を聴くと、自分が当たり前に思っていたことが覆される。固くなった頭を柔らかくし、視野を広げることができる授業だ。テレビでは放送禁止になるワードも飛び交い、首都大生のリアルな恋愛事情も知ることができ為になる。

16:04「今日は宿題があるよ。◆₀₄についてのメール課題です。品書きの最後を見て」

メール課題は、件名が命！【件名不整備メール、添付ファイルは、開封しません】
件名：魔の金4（フルネーム）　e.g. 魔の金4（忌野清志郎）
【①文字は左詰め　②スペース一切なし　③「4（　）」は、全角でも半角でもOK】
xxxxx@tmu.ac.jp
〈太宰のラブレター（たとえば、太宰の「くどきのテクニック」）について〉
250字　しめきり：4/9（火）23:01

　「授業はこれでおしまい、じゃなくて、まだ紙メール5番が待ってるよ。その前に、お願いが3つある。①紙メールの属性欄、しっかり埋めて。②自分の名前に仮名をふって。③これは任意だけど、できれば名前の横に、m［male］とかf［female］とかLGBTとか、書いてもらいたい。恋愛では、生物学的な性にしても、社会的な性 $\stackrel{\text{ジェンダー}}{}$ にしても、性別が貴重な情報なので。でも、教室でカミングアウトなんてするものか、と思うのは当たり前です。性別を書く・書かないは、あなたの自由。ウソを書くのもOKだよ。授業で紙メールを紹介するとき、性別があったほうが深く掘れそうだなと判断したときは、紙メールに書かれている性別をアナウンスします」

　「それからね、授業はセレモニーで終わります。紙メールは友達に託さず、自分の手で私に渡して。早退するときは、教壇の私のところに出して帰って。理由は3つ。①赤裸々なことを書いていることもあるし、でなくても大事な個人情報だから。②みんなの顔と名前を覚えたいから。③みんながどんな顔して帰っていくのか、見たいから」

　「さて、最後の紙メール5番は、自己紹介。「ぼくは草食じゃない。草だ」とか、「あたし、二股バレて修羅場です」とか、「バイト先の主婦にアタック中」とか、自由に書いて。じゃ、今日はこれで」

　セレモニーが終わるのを、生命科学コースの利発そうな学生が質問をもって待っていた。

---

§02　間奏曲：「ぼくはドイツ人で、きみはユダヤ人。そしてぼくらは友達だ」

　性スペクトラムの見方が浸透するようになると、そのうち、mとかfとかLGBTQ＋とかは、「差別語」として使われなくなるかもしれない。けれども〈魔の金4〉では、それを書いてもらいたい。

「生物学的な性」ではなく「社会的な性」の区別が今もあるからだ。今の日本の力関係では、m＞f＞LGBTQ＋といったところだろうか。いや、LGBTQ＋は、その市民権を十分に認められていないので、m＞f＞（LGBTQ＋）かな。精確に「生物学的な性」を尊重して、m、f、LGBTQ＋などの区別をやめてしまうと、場合によっては逆に、m＞f＞（LGBTQ＋）の社会的な差別が見えなくなってしまう。区別を見えなくすれば、今ある差別を肯定して強化することになりかねない。Noと声を上げなければ、現状を肯定することになるのと同じメカニズムだ。

LGBTQ＋という言葉が使われることによって、じょじょにLGBTQ＋の権利が認められるようになっていく。「セクハラ」という言葉の出現によって、セクハラ行為があぶり出されるようになった。これは言葉がもつプラスの力だ。逆に、言葉にはマイナスの力もある。「適切に」といった言葉が、不都合な問題に上書きされて、問題を見えなくしてしまうとか。

ハンナ・アーレントがこんな説明をしている。たとえば、ナチの時代にドイツ人とユダヤ人が友達だったとする。ふたりが「ぼくらはお互い同じ人間だよね」と言うのは、人間らしい態度ではない。なぜなら、ふたりは目の前にある現実を避けているから。もしも、差別や迫害の現実のなかで、その現実と闘おうとするなら、「ぼくはドイツ人で、きみはユダヤ人。そしてぼくらは友達だ」と言うべきだ。それが人間らしい態度なのだ、とね。

言葉の光にまどわされるな。18世紀の啓蒙主義者レッシングが心がけていたことだ。ルターは、キリスト教をカトリックの「伝統のくびき」から解放した。そしてレッシングは第2のルターとなって、聖書の字句という「文字のくびき」からキリスト教を解放しようとして、いろんな人と論争した。20世紀の啓蒙主義者ケストナーが書いた詩「レッシング」（1929年）の最後の4行は、こう書かれている。

彼はひとりで立ち、正々堂々と闘い、

時代に風穴をあけた。
この世でなんといっても危険なやつは、
勇敢で、群れない者だ！

LGBTQ＋の紙メールは、できるだけ紹介するようにしている。

●今、気になる人も、好きな人も、つき合ってる人もいない。仲のいい女友達やアルバイト先には恋人がいる人が多く、「どうして彼氏つくらないの？」と聞かれることが多い。正直しんどい。昔は男性と交際していたこともあるが、実は女性のことが気になっていた時期もあり、自分はバイセクシャルなのか？と悩んでいる。男女の恋愛モノを見るのは好きだし、友人のノロケ話を聞くのも好きだ。しかし自分が男とつき合って「女」になるのは嫌で、それなら女性とつき合って「男らしい私」でありたいと思う。

悩む必要はない。自分のセクシュアリティがわからないから、または固定したくないから、Qつまり Questioning なのだ。あるときは自分を男と感じ、あるときは男寄りの中性と感じ、あるときは女性寄りの中性と感じ、あるときは両性または無性と感じて生きている人がいる。セクシュアリティが揺れていてもいいはずだ。2020年の電通の調査によると、日本人の8.9％がLGBTQ＋である。

セクシュアリティは、名前や顔と同じで、自分のためというよりは、まず他人のためにあるのかもしれない。名前にうるさいのは、ちゃんと管理しないと困る役所や銀行だ。「世界は舞台／そして男も女も役者にすぎない」（シェイクスピア）。相手によって、ひとりの人間が男を演じたり、女を演じたりする。私たちは、その場その場で、いろんな自分を演じ分けている。自分を定義する必要はない。

数年前、ゲイで達者な文章を書く学生がいた年度では、LGBTコーナーをつくって、ほぼ毎回紹介していた。巻末の付録②には、彼の送ってきた文章を載せている。〈魔の金４〉の姿勢もわかるので、

「あしたの天気は、晴れか曇りか雨です」

先に読んでもらうといいかもしれない。

---

§03　反証可能性

　家で紙メールを読む。もっと説明が必要だった点、ユニークな意見、おもしろい感想、貴重な経験、私の知らない若者情報などに、ペン先Bの万年筆でロイヤルブルーのアンダーラインを引きながら、次回の授業、どんなものにしようかな、と見当をつける。アンダーラインを引いた紙メールを取捨選択し、授業で紹介する候補には、赤の万年筆でコメントを書き込む。

　紙メール3A（◆『女と男』のレビュー）の仕分けは、簡単だ。しっかりしたレビューと、残念なレビューを選ぶだけ。2つのレビューをネタにして、次の授業では、〈魔の金4〉の姿勢を伝えるためにも、反証可能性の話をする。

　「ええ、今から人気投票をしてもらうね。先週の紙メール3Aで、ふたつの紙メール、甲と乙を紹介します。どっちがよかったか、手を上げて」

　【甲】恋愛を脳科学で説明したドラマ仕立てのビデオを授業で見たんだ。恋のシステムは、人間が子孫を残すために発達したものでね、男女によって脳の働く場所が違うそうだ。
　【乙】恋をすると脳内物質ドーパミンが出て、相手に夢中になる。が同時に、相手を批判視できなくなる。男は、相手が健康な赤ちゃんを産めるかどうかで判断するので、視覚が活発になる。腰のくびれが7：10の女性を魅力的に思う。女は、相手が子育てに協力的かどうかで判断するため、記憶が活発になる。恋はヒトの子づくり・子育てのメカニズムなので、子育てに必要な3、4年

が経つと、恋は冷める。

「だよね、やっぱり乙が多い。品書きの◇05を見ながら、話を聞いて」

◇05 「真理は具体的である」“Die Wahrheit ist konkret.”（Brecht）
　　falsifiability（反証可能性）K. Popper　cf. 天気予報；8K映像の解像度
　　【濃度】

　「甲はね、天気予報でいうと「明日は、晴れか曇りか雨です」みたいなもの。乙は、「明日は晴れで、午後ときどき曇り。温度は最高22℃、最低13℃。湿度37％から54％。南東の風……」といったところかな。甲は、まちがってないだろう。でも具体的じゃないから、役に立たない。乙は、明日になると、正しいかどうか検証できる。カール・ポパーという科学哲学者が、〈反証可能性〉ということを言ってるんだ。反証可能な文章が科学の文章である、というわけ。
　〈魔の金４〉は、科学をめざしてるわけじゃない。たんなる雑談だけど、濃度の薄い甲じゃなく、濃度の濃い乙をめざしたい。朗読係に◇05のブレヒトの言葉を読んでもらおう。ブレヒトは、20世紀ドイツで最大の劇作家で詩人。書斎の天井の梁に、「真理は具体的である」と書いていた。〈魔の金４〉では、上から目線の一般化じゃなく、下から目線、横から目線で具体的に考えていきたい。みんなはこの金曜４限を「恋愛学」って呼んでるけど、「学」って、たいてい一般化をめざそうとする。
　一般化は大事だけど、一般化することによって見えなくなるものがある。この授業はさ、学問なんて意識せず、具体的なものにこだわりたい。だから私は、〈魔の金４〉と怪しい名前で呼んでるわけ。
　『三文オペラ』で大人気のブレヒトは、もちろんナチを激しく批判していた。ヒトラーには天敵のように睨まれ、ユダヤ系じゃないのに亡命した。だいたいね、具体的なことを聞かれているのに、一

般的なことしか言わない人は赤信号だ。用心したほうがいい。とく
に政治家を判断するとき、反証可能性は、ものすごくいい物差しに
なるよ。

　ニュースのチェックは大事だけど、近ごろのマスメディアは、調
査や問題点の指摘をやめて、優秀な政府広報になっちゃってる場合
が多い。YouTubeにアップされてる国会中継で、生のやりとりをの
ぞき見するといい。ニュースのように編集されてないから、政治家
の質やレベルがよくわかる。反証可能性がないどころか、質問をは
ぐらかす。質問の事前通告を受けて官僚に用意してもらった原稿
の、漢字が読めない。ときには読み飛ばすこともある。それをさ、
NHKみたいな優等生のメディアは、なめらかに答えたように編集
して、ニュースとして流してる。こわいよね、編集って」

────────────

§04　紙メールとメール課題

　紙メール3Aはレビューだから、簡単に仕分けられる。だが、紙
メールはたいてい自由記述なので、紹介候補をピックアップしてか
ら、話題を決めて仕分けをし、紹介する順番を決める。それに見合
った音楽やオペラの出し物を考え、どの演奏で、どこからどこまで
見てもらうか——ここでずいぶん悩んで時間がかかるのだが——を
秒単位で計算し、紙メールの紹介と私のコメントの時間を分単位で
見当をつける。下手なDJ番組の台本づくりのようなものだ。けっ
こう時間がかかる。1日がかりになることもあるが、どんな紙メー
ルも、私にとっては人生の師匠。「賢者は愚者に学び、愚者は賢者
に学ばず」。もちろん私は愚者だが、愚者は愚者なりに、トンチン
カンな紙メールからでも、思いがけないことを教えてもらっている。

　紙メールに使うのは、裏にも罫線が引いてあるA5の答案用紙で、
表裏ぎっしり書ける。学生の書いた内容の「濃度」を、用紙右上に

あるマス目の採点欄に、対角線で長さと太さの差をつけてメモしていく。

シラバス（付録④）に書いてあるように、成績の70％は、授業参加濃度で測る。紙メールとメール課題の「濃度」で計算する（残りの30％は、期末レポートで）。出席したかどうか、つまり1か0かではなく、書いている内容の濃度、つまりグラデーションで測る。90分の授業で数回、紙メールに書いてもらい、そこから授業参加濃度を割り出す。

成績1（不合格）の学生から問い合わせがあった。「ぼくは15回の授業、休まず出席していたし、メール課題も出していたし、期末レポートも出したのですが」。その学生の紙メールは毎回、驚くほど濃度が薄かった。「出席じゃなくて濃度だよ、と授業中にもアナウンスしたけれど、××くんの紙メールは、びっくりするほど濃度が薄かった。残念ながら合格点には届きませんでした」と返信した。

以前は他の授業でも、たいていリアクションペーパーは、最後にまとめて1回で書いてもらっていた。しかし〈魔の金4〉の数回方式のほうが、圧倒的に解像度が高い。この部分はもっと説明が必要だったな。こんなことに関心をもっているのか。この場面が気に入ったんだ。などなどを押さえて、次回の授業をどう組み立てるか、考えることができる。

南大沢キャンパスにはkibacoというeラーニングシステムがある。履修者名簿は、kibacoにも用意されているのだが、所属学部・学科順か学修番号順でしか並べ替えられない。〈魔の金4〉には、いろんな学部や学科から学生が来ているので、名前のあいうえお順でないと、使い勝手が悪くてストレスがたまる。私は、教務がWEBにアップしているデータをエクセルに落とし、そこに履修登録しないで参加している学生を加え、あいうえお順に並べ直した名簿をプリントして使っている。コンピューターは検索や計算には強いが、紙のほうが一覧には強い。私の若い友人の数学者も、考えるときは、紙かホワイトボードだ。

「あしたの天気は、晴れか曇りか雨です」

　授業が終わってメール課題をすぐ送ってくる学生が何人かいる。しめきりを23:01というふうに細かく設定しているので、たいていの学生は遅れずに送ってくる。が、しめきりの翌日や翌々日に送ってくる学生もいる。kibacoだと、回答期限を設定できるし、受け取ったというメールを返す必要もない。が、私はいい加減な人間なので、しめきりオーバーのメールも受け取り、「課題、受け取りました」と返信している。

　4/9（火）23:01しめきりのメール課題〈太宰のラブレター（たとえば、太宰の「くどきのテクニック」）について〉では、これはと思う部分をピックアップして、編集してファイルを作り、名前など個人情報を消したものをプリントして朗読係に渡す。朗読にかかる時間は「300字で1分」の目安で計算。紹介は、もちろん匿名で。内容によってはm、f、LGBTQ＋の区別をアナウンスする。

モテる男は叫ばない

136問題

§05 太宰治のラブレター

◇₀₆ cf. ◆₀₄ 太宰治（本名は、津島修治）のラブレター＊（◆『恋文』美の
壺2013.10.18 Ｅテレ）
太田静子（1913~82年）の手紙1945.12.6→◆←1946.1.11太宰治
（1909~48年）の返事
太田静子の日記→太宰治『斜陽』1947
太宰治の子ども：太田治子（1947.11.12~）／津島佑子（1947.3.30~
2016.2.18）

　まず現物のラブレターをビデオ（◆『恋文』美の壺）で見てもら
う。◇₀₆で簡単に背景を説明する。太宰治（本名は、津島修治）は結
婚していたのだが、太田静子という愛人がいた。妻と愛人は同じ年
に子どもを生んでいる。子どもはふたりとも作家になった。没落貴
族を描いた『斜陽』は、太宰治が太田静子の日記を参考にして書い
た小説だ。「母さきが死んだ。どうしたらいいか」という静子の手
紙（1945.12.6）に対して、太宰は1か月以上たってから手紙
（1946.1.11）を返している。それがラブレター◆₀₄だ。
　送られてきた課題メールの半数以上が、「脈絡がない」「恋文らし
くない」「まわりくどい」「イラっとした」「キュンとならない」と
いう反応だった。

　●恋文らしいと感じたのは、最初の「いつも思っています」と最
　後の「コヒシイ」くらいでした。こんなまどろっこしいラブレタ
　ーは貰ってもな……
　●インターネットで調べてみると、太宰治の口説きの巧みさはと
　ても高く評価されているが、私には彼のラブレターは心に刺さら
　なかった。ストレートに「愛している」「好きだ」「会いたい」と
　伝えてもらいたい。

　こういう反応は、10年前は4分の1くらいだったのに、年を追って増えている。手紙どころか、メールすらまどろっこしい通信手段となっている現在では、仕方のない現象かもしれない。そのうち、「君はバラだ」（隠喩）では伝わらず、「君はバラみたいだ」（直喩）と書かないと伝わらなくなるのだろうか。

　数学者の新井紀子は、AI「東ロボくん」開発や調査をしているうちに、こんなことに気づいた。今の中学生の半数は、教科書と新聞が読めない。キーワードだけで判断して、文章が読めない。［2018年］現在のAIは偏差値57。AIに負けず仕事を奪われないためには、読解力をつけよう！　AIにできるのは検索と最適化だけ。AIは、意味が理解できない。「好きだ」ということがわからない。

●最初は、これがラブレターか？と思ってしまった。しかし、何度か読み直してみると、このラブレターには太宰の深い狙いが感じられた。
●太宰は自分のことばかり綴っているように見えるが、しっかり愛を述べている。
■文中に、相手への想いを強調する言い回しを多用している。初めに、幾つもの辛い罹災の体験を並べることで、会うことのできない心細さを表現している。その次に、紛らわすために新しく恋をしようとしたが、長続きしなかったと書いて、結局、手紙の相手を一番に想っていることを、それとなく相手にアピールしている。最後に、太宰は旅行ができないので、タバコを一万円ちかく買い、一番美味しいタバコを棚に隠したと言って、タバコに相手を重ね、一番いい人として、ひっそり命がけで生きていて下さいと言っている。
■「一ばんおいしいタバコ」に「一ばんいいひと」をかけた真意に気付いたときの、新鮮なときめきを誘っている。ラストに一番分かりにくい比喩をもってくることで、また初めから読み返したくなるような意外性を生んでいる。

「"一"のクレッシェンドに注目して」と言って、朗読係にラブレターの最後の2つの段落をあらためて読んでもらう。

　僕はタバコを一万円ちかく買って、一文無しになりました。一ばんおいしいタバコを十個だけ、きょう、押入れの棚にかくしました。
　一ばんいいひととして、ひっそり命がけで生きていて下さい。コヒシイ

〈魔の金4〉としては、直喩だけでなく隠喩も理解してもらいたい。字面だけで判断するお馬鹿ではなく、文脈を読む（想像する）お利口になってもらいたい。「月が綺麗ですね」と言われたら、I love youのことだと分かったうえで、「すっぽん料理、食べたいな」と返せる人になりたいものだ。

●本質を語らないというテクニックは、逆に切実な思いが伝わると感じた。

　美の壺の番組『恋文』では、薄茶色のマス目の原稿用紙に父が書いた手紙を、娘の太田治子が手にもって言う。「母は……うれしかったと思いますね」。思想のほうがテクニックより偉い、と勘違いしている人が多い。けれども思想なら、机上の空論でも成立するが、テクニックは、実用に堪えるかどうかが決め手になる。太宰のくどきのテクニックは、引いて誘う。低い声で語れ（パルラ・バッソ）のスタイルだ。
　①直球を投げず、それとなく伝えている。最後の「コヒシイ」は、原稿用紙の枠外の左下にひっそりと小さな字で添えられている。世界の中心で愛を叫ぶのではなく、世界の片隅で想いを伝えている。②自分のことを語っていながら、それがそのまま相手への気づかいになっている。③重くならない。「ナンテ、へんだけど」と相手をリラックスさせてから、「正直に言おうと思います」と本気度をのぞかせている。④Noを言いやすい環境をつくりながら、絶妙の距離感で、相手に追わせている。

§06　モテる男は叫ばない

　第2回目の授業。ホワイトボードに「モテる男は叫ばない」と大書しておく。最初に◆06『あまちゃん』（2013.4.23 NHK）で、足立ヒロシ（小池徹平）が「好きだっ！」と叫ぶ場面を見てもらう。◆07ドキュメンタリー『キャパが愛した三人の女』（2013年 NHK-BS）では、ロバート・キャパ（1913~54年）がイングリッド・バーグマン（1915~82年）を、ゲーム感覚の見事な手紙で食事に誘う。

　ミス・イングリッド・バーグマン
　われわれは、今夜あなたをディナーにお招きするこのカードとともに、
　花束を贈ろうと計画していた。
　しかし慎重に検討した結果、夕食か花束のいずれかなら可能だが、両方は無理だということが判明した。
　そこで投票をおこない、ディナーが僅差で勝利した。
　あまり多くを書いてしまうと、後で会話がなくなってしまう。
　われわれの魅力の備えには限りがある。
　われわれは6時15分に電話をする。

　食事の席でキャパはバーグマンの心を鷲づかみにする。
　「パルラ・バッソ（parla basso）」も、〈魔の金4〉のキーワードだ。その出典である◆09『ミケランジェロ「メディチ家礼拝堂」』（美の巨人たち 2009.12.19 テレ東）を見てもらう。「私は彫刻家だ」と言ったミケラジェロは、絵より彫刻のほうが圧倒的に魅力的だ。大理石の寓意像「夜」をほめられたミケランジェロは、お返しに詩を書いた。その最後のフレーズが「パルラ・バッソ」である。「眠り

はうれし、石なることはさらによし。／災いと恥辱の続くかぎり。／見ざる聞かざるは、わが大いなる幸い。／さればわれを起こすな、ああ、小さき声で語れ」

◆ [10] ビゼー『カルメン』（初演1875年）
○《ハバネラ（恋は野の鳥）》
○《花の歌（お前の投げたこの花は）》
　J・ネゼ＝セガン／メトロポリタン歌劇場［＝MET］2010.1.16 NY
　演出リチャード・エア
　カルメン（タバコ工場で働くロマの女）：エリーナ・ガランチャ［Ms］
　ドン・ホセ（衛兵の伍長）：ロベルト・アラーニャ［T］

　《ハバネラ（恋は野の鳥）》も、太宰治のラブレターほどではないが変化球だ。モテ女であるカルメンが、ドン・ホセに目をつけて、「恋は勝手気ままな野の鳥。あんたが好きじゃないなら、あたしが好きになる。あたしが好きになったら、気をつけな」と歌う。シェイクスピア劇や映画も手がけるベテラン、リチャード・エアの演出は、エロティックで、恋の駆け引きを浮き彫りにする。

　当代きってのカルメンといえば、歌も容姿も演技も存在感も抜群のガランチャだ。ガランチャの目力の強さがカルメンの意思の強さを際立たせる。モテ女は、言葉以外の力を心得ている。《ハバネラ》を歌い終わって、カルメンがドン・ホセの胸に花を投げつけたとき、ドン・ホセは心を鷲づかみにされている。教室のホワイトボードに大書した「モテる男は叫ばない」の下に、「モテる女も叫ばない」と書く。

　◇ [07] 『インパラの朝』（2009年）は、中村安希（1979年〜）がバックパックひとつでユーラシア・アフリカを旅した旅行記だが、旅のきっかけは、留学先のアメリカの大学で先生に言われた言葉だった。朗読係に読んでもらう。

「大きな声で話すことだけが、コミュニケーションではない。
　小さな声にそっと耳を傾けることこそ、コミュニケーションの核なんだよ」

「言葉ではっきり伝えること」が、コミュニケーションの肝だと思われがちだ。けれども、あらゆる行動がコミュニケーションになる。たいていのコミュニケーションは、発信ではなく、状況の受信から始まる。相手をよく観察して、相手を知ってからでないと、なかなか伝わらない。新人の営業がうまくいかないのは、相手のことをまともに「受信」しないまま、自分の営業したいことばかり必死に伝えようとするからだ。「伝える」と「伝わる」はちがう。発信より受信なのだ。

　ちなみに深呼吸のとき、最初から吸おうとするより、深く吐いてから吸うほうが、たくさん吸える。呼吸で大事なのは、まずしっかり吐き切ること。コミュニケーションで大事なのは、伝えようとする相手のことをまず、しっかり受信すること。叫ぶよりパルラ・バッソのほうが、受信する余裕も生まれる。

　精神科医の中井久夫によると、「精神科医は、よく、伝達の内容は音調その他が三割、言語の文法構造によるものが一割、あとは伝わりそこなうという」。〈魔の金４〉ではこれを拝借して、136問題と呼ぶことにしている。「伝えたいことが10あったとする。文字情報で伝わるのは１。声の調子や表情や身ぶりなどで伝わるのは３。残りの６は伝わらない」をデフォルトにする。

　品書きで、メール課題について「添付ファイルは読みません」と書いておいても、添付ファイルで送ってくる学生がいる。「ここに書いてあるでしょ」とか、「読めば猿にもわかるだろう」と思うのは、コミュニケーションのイロハを心得ていない人だ。決まり文句をだらだら並べてお礼を言うより、黙って深々と頭を下げるほうが、ずっと気持ちが伝わることがある。長いメールを書いても空回りすることが多い。手書きの手紙なら、ていねいさは伝わるかもしれないが……。しどろもどろでも会って話すほうがいい。それでも

6割は伝わらない。136問題は、いろんな場所に転がっている。誰もが経験している問題である。

ちなみに、《上を向いて歩こう》や《こんにちは赤ちゃん》で作詞をした永六輔は、ヒット曲で言葉の貢献度は低いと言っている。「歌のなかの作詞の力はそう大きいとは思えない。作曲家5、歌手3、作詞家2くらいの割合じゃないか」

136問題も〈魔の金4〉のメインキャストだ。1にすぎないからといって、言葉をいい加減に使うのではなく、1にすぎないからこそ、言葉を磨いて使う必要がある。言葉は抽象的なメディアだから、「伝わらないかも」「誤解されるかも」と覚悟しておく。言葉は軽い。言葉は簡単にウソをつく。言語には限界がある。だから、いつも不信感をもって言葉とつき合うことだ。言葉が言葉として機能するためには、信頼関係が必要だ。「あの人は言葉が軽い」を翻訳すると、「あの人の行動にはウソがある」。「言葉が軽い」を通り越して、つまりウソを避けるために、答弁すらしない政治家がいる。

---

§07 「待つ」の私は、何を／誰を待っている？

〈魔の金4〉では、南大沢キャンパスの学生の恋愛事情が定点観測できる。1回目の授業の紙メール5番で書いてもらった自己紹介を読むと、「これまで恋愛経験ゼロ」「20歳までに処女・童貞を卒業したい」「アセクシャル」など、草食化が2018年度よりさらに進んでいる。品書きにアップした◇11性交経験率の大規模調査の結果を見て、教室の多くの学生は、なぜかホッとした顔をしている(この調査を6年ごとにやっている日本性教育協会は、民間の団体である。驚いたことに文科省も厚労省も、大事な事柄なのにこの種の調査はやってないらしい)。

◇₁₁青少年の性行動全国調査　第8回2017（全国の中学、高校、大学生1万3000人が対象）

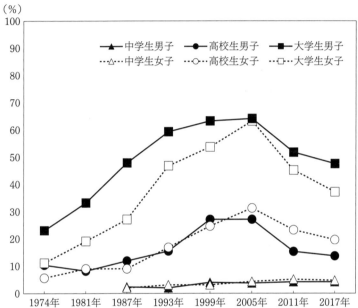

性交経験率の推移（日本性教育協会編『「若者の性」白書　第8回青少年の性行動全国調査』）

　2回目のメール課題も太宰治だ。〈「待つ」◆別紙（WEB青空文庫にもアリ）の私は、何を／誰を待っている？〉。そう聞かれても、数学の問題ではないのだから、正解はない。読んだ人がそれぞれ、どう思ったか。解答ではなく回答には、読んだ人の顔が映し出される。全文をアップする。

　◆待つ（1942年）
　省線のその小さい駅に、私は毎日、人をお迎えにまいります。誰と

も、わからぬ人を迎えに。

　市場で買い物をして、その帰りには、かならず駅に立ち寄って駅の冷いベンチに腰をおろし、買い物籠を膝に乗せ、ぼんやり改札口を見ているのです。上り下りの電車がホームに到着するごとに、たくさんの人が電車の戸口から吐き出され、どやどや改札口にやって来て、一様に怒っているような顔をして、パスを出したり、切符を手渡したり、それから、そそくさと脇目も振らず歩いて、私の坐っているベンチの前を通り駅前の広場に出て、そうして思い思いの方向に散って行く。私は、ぼんやり坐っています。誰か、ひとり、笑って私に声を掛ける。おお、こわい。ああ、困る。胸が、どきどきする。考えただけでも、背中に冷水をかけられたように、ぞっとして、息がつまる。けれども私は、やっぱり誰かを待っているのです。いったい私は、毎日ここに坐って、誰を待っているのでしょう。どんな人を？　いいえ、私の待っているものは、人間でないかも知れない。私は、人間をきらいです。いいえ、こわいのです。人と顔を合せて、お変りありませんか、寒くなりました、などと言いたくもない挨拶を、いい加減に言っていると、なんだか、自分ほどの嘘つきが世界中にいないような苦しい気持になって、死にたくなります。そうしてまた、相手の人も、むやみに私を警戒して、当らずさわらずのお世辞やら、もったいぶった嘘の感想などを述べて、私はそれを聞いて、相手の人のけちな用心深さが悲しく、いよいよ世の中がいやでいやでたまらなくなります。世の中の人というものは、お互い、こわばった挨拶をして、用心して、そうしてお互いに疲れて、一生を送るものなのでしょうか。私は、人に逢うのが、いやなのです。だから私は、よほどの事でもない限り、私のほうからお友達の所へ遊びに行く事などは致しませんでした。家にいて、母と二人きりで黙って縫物をしていると、一ばん楽な気持でした。けれども、いよいよ大戦争がはじまって、周囲がひどく緊張してまいりましてからは、私だけが家で毎日ぼんやりしているのが大変わるい事のような気がして来て、何だか不安で、ちっとも落ちつかなくなりました。身を粉にして働いて、直接に、お役に立ちたい気持なのです。私は、私の今までの生活に、自信を失ってしまったのです。

　家に黙って坐って居られない思いで、けれども、外に出てみたところ
で、私には行くところが、どこにもありません。買い物をして、その帰
りには、駅に立ち寄って、ぼんやり駅の冷いベンチに腰かけているので
す。どなたか、ひょいと現われたら！　という期待と、ああ、現われた
ら困る、どうしようという恐怖と、でも現われた時には仕方が無い、そ
の人に私のいのちを差し上げよう、私の運がその時きまってしまうのだ
というような、あきらめに似た覚悟と、その他さまざまのけしからぬ空
想などが、異様にからみ合って、胸が一ぱいになり窒息するほどくるし
くなります。生きているのか、死んでいるのか、わからぬような、白昼
の夢を見ているような、なんだか頼りない気持になって、駅前の、人の
往来の有様も、望遠鏡を逆に覗いたみたいに、小さく遠く思われて、世
界がシンとなってしまうのです。ああ、私はいったい、何を待っている
のでしょう。ひょっとしたら、私は大変みだらな女なのかも知れない。
大戦争がはじまって、何だか不安で、身を粉にして働いて、お役に立ち
たいというのは嘘で、本当は、そんな立派そうな口実を設けて、自身の
軽はずみな空想を実現しようと、何かしら、よい機会をねらっているの
かも知れない。ここに、こうして坐って、ぼんやりした顔をしているけ
れども、胸の中では、不埒な計画がちろちろ燃えているような気もする。
　いったい、私は、誰を待っているのだろう。はっきりした形のものは
何もない。ただ、もやもやしている。けれども、私は待っている。大戦
争がはじまってからは、毎日、毎日、お買い物の帰りには駅に立ち寄
り、この冷いベンチに腰をかけて、待っている。誰か、ひとり、笑って
私に声を掛ける。おお、こわい。ああ、困る。私の待っているのは、あ
なたでない。それではいったい、私は誰を待っているのだろう。旦那さ
ま。ちがう。恋人。ちがいます。お友達。いやだ。お金。まさか。亡
霊。おお、いやだ。
　もっとなごやかな、ぱっと明るい、素晴らしいもの。なんだか、わか
らない。たとえば、春のようなもの。いや、ちがう。青葉。五月。麦畑
を流れる清水。やっぱり、ちがう。ああ、けれども私は待っているので
す。胸を躍らせて待っているのだ。眼の前を、ぞろぞろ人が通って行
く。あれでもない、これでもない。私は買い物籠をかかえて、こまかく

震えながら一心に一心に待っているのだ。私を忘れないで下さいませ。毎日、毎日、駅へお迎えに行っては、むなしく家へ帰って来る二十《はたち》の娘を笑わずに、どうか覚えて置いて下さいませ。その小さい駅の名は、わざとお教え申しません。お教えせずとも、あなたは、いつか私を見掛ける。

　送られてきた回答を読むと、2019年度は、さらに草食化が進んでいる。「戦争の終わり」「穏やかな日常」「運命の人」「新しい自分」「神」などを待っている、というのが多数派だ。品書き◆別紙に「待つ（1942年）」とアップしたので、年号が認知バイアスとなって、「戦争→平和」と連想したのだろう。けれども最後の２つの段落では、気持ちの揺れがクレッシェンドして伝わってくる。国語の時間なら添削されそうなデスマスとデアルの混在がすばらしく効果的だ。自分で自分が抑えられない。◇03「〈私〉は、私という家の主人ですらない」（フロイト）。「からだ（私という家）」にそなわっている自動詞は、「私は／私が」と言う他動詞より強い。メール課題の回答で、性的なことを待っていると書いた学生は、少数派だった。

　●出会い系アプリで「会おう」と言われたときに、「会いたいかも！」と思う気持ちと、「どんな人かわからない、怖い」という気持ちの混乱状態。私自身、異性の誰かと出会ってみたくて、出会い系アプリを入れる。が、実際会おうという話になると、怖くなってアプリを消す。そういうことを月に２度はしている。「待つ」の彼女は、不安しかない現実から逃れられる快楽を求めつつも、まだ踏み入れたことのない未知の世界に飛び込んでしまうことを恐れているのではないだろうか。
　■自分に自信が持てず、口数の少ない清楚系の、長髪できれいな少女が、「男」を待っている。恋愛対象と言うよりは、身体だけの関係に近い「男」である。「私」が何度も言及している恐怖と不埒な計画から見当がつく。僕自身の経験上、清楚系の少女に限

って、そのような男性がいることが多い。【南大沢キャンパスにも
清楚系ビッチは多い】

まだ２回目の授業のメール課題だったせいもあるだろう。３回目
の授業でこれらの回答メールを紹介した後、こんな紙メールが目立つ。

● じつは性的なことなのかなと思ったけれど、授業の教材なの
で、そうは書かなかった。でも魔の金４では遠慮しなくていいん
ですね。
●「待つ」に性的な解釈があるとは思わなかったが、読み直して
みると納得するところがあった。高校生のとき、性欲が爆発し
て、出会い系の掲示板みたいなやつをのぞいていた頃の自分を思
い出した。

2010年前後の回答は、「私も「待つ」の私と同じだった。高校の
とき学校帰りに渋谷でナンパ待ちしていた」とか、「処女の喪失を
待っている」とかが、結構あった。10年前の回答数では、「ナンパ
待ち」は「平和を待っている」に負けてはいなかった。

● 2012 女が待っているのは、女を買ってくれる男なのではないか
と思う。女は人付き合いが苦手で内気な自分の形を壊してしまい
たいと思っているが、自分でそれをやるのはこわいとも思ってい
る。なので、自分の代わりに自分を壊してくれる男を待ってい
る。さらに、ただ「壊す」と言っても生ぬるいやり方ではなく、
性行為という大胆でふしだらな方法を求めている。おそらくそれ
は女が処女だからだろう。しかし、本当に女が求めているのは愛
なのだろう。女は愛をさわやかなものと思っているが、経験や知
識がないので、愛＝性行為だと思いこんでいる。20歳の女のや
り場のない性欲が抑制されて、むしろこんなに奔放なやり方にな
ったのではないかと思う。

　前の授業で「字面を追うんじゃなく、文脈を読もうね」と言った
のが、効果がありすぎたのかもしれない。1942年の時代の空気を
読むのも大事だが、空気を読みすぎて認知バイアスに縛られるのは
困る。文字情報である「待つ」をどんなふうに読むか、どんなふう
に回答するのか。136問題でいうと、文字情報は1の力しかない
が、だからこそコンテキストに縛られず、自由にビューティフルな
誤読ができるのも、テキストの醍醐味なのだ。

　行儀のいい優等生ではなく、無作法なヤンキーになろう！

　ステレオタイプの連想に揺さぶりをかけるのがねらいで、◆13伊
丹十三の映画『お葬式』（1984年）で、物議をかもしたシーンを見
てもらう。葬式のときなのに森で侘助（山崎努）が愛人（高瀬春奈）
に迫られて青姦をし、ちょっと離れた場所では妻（宮本信子）が表
情を変えずひとりでブランコを漕いでいるという場面だ（横に揺れ
るブランコは、ピストン運動を連想させる）。

　教室の照明を落とす前に、「きれいじゃない性描写なので、苦手
な人は見ないで」と予告しておく。見終わったあとの紙メールには
「どうしてこんな不快なシーンを授業で見るのか」という感想もあ
る。たしかに美しくない場面だ。だが伊丹十三監督のデビュー作
『お葬式』は、厳粛だと思われている葬式を喜劇に仕立てた傑作で
ある。私たちの認知バイアスに揺さぶりをかけてくる。

　ホワイトボードに「認知バイアス」と書く。戦争や災害と聞く
と、髪の毛をふり乱した不眠不休の情景をつい思い描きがちだが、
非常時であっても、平時の自動詞的な欲求（食べる、寝るなど）が
消えるわけではない。性欲もあるだろう。

　●作品が成立した時代背景を含めて考察することを、今まで学校
教育ですすめられていたため、今回の認知バイアスの指摘は衝撃
だった。

　私たちは自分の認知バイアスをゼロにすることはできない。もの
を見るときにはレンズを通している。レンズを捨てるわけにはいか

ない。どんなレンズにもバイアスがかかっている。けれども、自分のレンズにはこういうバイアスがかかっていると気づけば、別のバイアスでながめることができるようになる。

「性的なことに結びつけて解釈することに抵抗がある」と言う男子もいる。「セックスについて語ることが不潔視されなくなればいいのに」と言う女子もいる。この国では、「方向」や「関係」で伝わるのに、わざわざ「方向性」とか「関係性」と言う人が増えてきた。そのくせ「性」について語ることはタブーとされている。「性」と「政」について語らないことがお行儀のいいことだとする文化のマインドコントロール。それが、この国の後退国ぶり（たとえば2022年版ランキングで、男女平等度は116位／146か国、報道の自由度は71位／180か国）に拍車をかけているのだろう。

■童貞ですが、品書きのグラフ（◇[11]青少年の性行動全国調査）をみて、自分と同じ状況の人が多いということを再認識した。また「待つ」の私のように葛藤を抱え、表に出していない人がたくさんいるのかと感じた。みんな外見を取り繕うのが上手すぎて、そんな風に見えない。

『お葬式』の青姦シーンの口直しに、《自分で自分がわからない》を見てもらう。色気づいてきた年頃の小姓ケルビーノが「恋という言葉を聞いただけで胸が震える」と歌うアリアだ。「待つ」の私の揺れる気持ちを、モーツァルトは筆のひとはけで描いている。

◆[14]モーツァルト『フィガロの結婚』（初演1786年）
○《自分で自分がわからない》パリ・シャトレ座　1993年
　　ガーディナー／イングリッシュ・バロック・ソロイスツ　演出ジャン・ルイ・タマン
　　ケルビーノ（アルマヴィーヴァ伯爵の小姓）：パメラ・ヘレン・スティーヴン［Ms］
　　スザンナ（伯爵夫人の小間使い）：アリソン・ハグリー［S］

「カタログの歌」
ドン・ジョヴァンニの哲学

§08 「でもスペインではもう1003人」

　作曲家で指揮者のピエール・ブーレーズが、「孤島に1曲だけ持っていくとしたら？」と聞かれて、『ドン・ジョヴァンニ』と答えていた。日本語オペラのこんにゃく座は『フィガロの結婚』と『魔笛（＝魔法の笛）』を上演している。座付作曲家・音楽監督でもあった作曲家の林光に「『ドン・ジョヴァンニ』、やらないんですか？」とたずねたら、「歌がむずかしいからね」と言われた。〈魔の金4〉では、ドン・ジョヴァンニはヒーローだ。ドン・ジョヴァンニの哲学を披露しているのが、従者レポレロの歌う《カタログの歌》である。

◆21 モーツァルト『ドン・ジョヴァンニ』（初演1787年）
○《あのひどい男は》〜《カタログの歌》
　アーノンクール／チューリヒ歌劇場管弦楽団　演出ユルゲン・フリム
　2001年
　ドンナ・エルヴィーラ（ドン・ジョヴァンニに捨てられた女）：C・バルトリ［Ms］
　レポレロ（ドン・ジョヴァンニの従者）：L・ポルガール［B］
　ドン・ジョヴァンニ（女たらしの貴族）：R・ギルフリー［Br］

　ドンナ・エルヴィーラは、捨てられたのに未練がましくドン・ジョヴァンニを追っかけている。従者のレポレロが、「あなたはね、旦那にとって最初の女でもなければ、最後の女でもない」と言って、主人がものにした女のリストを見せて歌う。ソクラテスもイエスも、偉い人は書いたりしない。カタログはレポレロが書いたものだ。「イタリアでは640人、ドイツでは231人、フランスでは100人、トルコでは91人、でもスペインではもう1003人……」。音楽でも「スペインでは1003人」のところにアクセントがある。当時

はスペインが一番規律の厳しい国だったから、ドン・ジョヴァンニ
は、ナンパ・ゲームで難易度の高い地点の攻略に熱心だったのだ。
　ブレヒトの女好きは有名だが、21歳のとき、「マリー・Aの思い
出」*という詩を書いている。カルピスの味がする美しい抒情詩だ
が、最初に考えていたタイトルは「センチメンタル・ソング1004
番」。ドン・ジョヴァンニの「1003人」を意識していた。

　ドン・ジョヴァンニのお相手は、村娘、小間使い、町娘、伯爵夫
人、男爵夫人、公爵令嬢……。階級も年恰好もさまざまで、相手を
差別しない民主的な姿勢がすがすがしい。また、口がうまく、かな
らず相手の美点を見つけては、ほめそやす。年増に手をつけるの
は、リストの人数を増やすため。一番好きなのは、若いおぼこ。貧
乏人でも金持ちでも、ブスでも美人でも、スカートをはいていれば

---

*ブレヒト「マリー・Aの思い出」

　　　1
あの日、青い月の9月／若いプラムの木の下で、そっと／ぼくはあの子を抱い
た。青い光にそっと照らされて、あの子は／ぼくの腕のなかで、夢みたいにき
れいだった。／そして、ぼくらの頭の上、美しい夏の空に／雲がひとつ浮かん
でた。長いあいだ、ぼくは雲を見ていた。／とっても白く、ものすごく高いと
ころに浮かんでた。／もういちど見上げたとき、雲はどこにもいなかった。

　　　2
あの日から、いくつもの、いくつもの月が／そっと沈んで消えていった。／あ
のプラムの木たちも、切り落とされたんだろう。／で、あの子、どうしてる？
って聞かれたら、／忘れちゃったな、と答えるさ。／でも、わかってるぜ、何
が聞きたいのか。／でも、あの子の顔は、ほんとに覚えてない。／あのときキ
スしたことしか、覚えてない。

　　　3
でもそのキスも、すっかり忘れちゃってたかも。／もしもあのとき、あの雲が
浮かんでなかったなら。／雲のことは、まだ覚えてる。いつまでも忘れないだ
ろう。／とっても白くて、うんと高いところに浮かんでた。／あのプラムの木
たちは、今もまだ咲いているかもしれない。／そしてあの子は今、7人の子ど
もの母親かもしれない。／でもあの雲が、空に咲いていたのは、ほんの数分。
／ぼくが見上げたとき、もう、風に吹かれて消えていた。

いい。「これでお分かりでしょう。旦那が何をしているのか」

〈魔の金4〉では、セックスを3つに分けて考えることをすすめている。①子づくり　②快感　③コミュニケーション（愛の確認、体とお金の交換など）だ。紙メールでは少なからぬ女子が、ドンナ・エルヴィーラに同情して、「私も③愛の確認だと思ったのに、相手は②体目当てだった」と書いている。ドン・ジョヴァンニにとってセックスは、②快感というよりは、④記録なのかもしれない。人の心がまったく信じられなくなる絶望を経験したため、体だけを信じることにして、ゲーム感覚のコレクターになったのだろう、と私は勝手に推測している。

『ドン・ジョヴァンニ』が1対多の恋愛なら、『トリスタンとイゾルデ』は1対1の恋愛だ。後期の授業では乱暴に、1対多（ドン・ジョヴァンニ）を「18世紀的」と呼び、1対1（トリスタン）を「19世紀的」と呼んで、価値観や思考の枠組みを比較・検討することになる。〈魔の金4〉でドン・ジョヴァンニがヒーローなのは、1対多を最後まで追いかけているからだ。

---

§09　「お手をどうぞ」──2極化

〈魔の金4〉の教室では草食化がすすんでいる気配だが、肉食派も健在だ。7、8年前、紙メールの自己紹介で「今日も朝からヤッてきた」という4年女子がいた。ドン・ジョヴァンニならぬ、このドンナ・ジョヴァンナの自己紹介は、もちろん教室で紹介する。ドンナ・ジョヴァンナのサークルの後輩男子も、〈魔の金4〉に参加していた。

授業で、「男子だからといって、みんながガツガツしているわけではないよね」という話をしたとき、その後輩男子が紙メールで報告してくれた。

■ぼくは童貞。「私でよかったら相手してあげるわよ」とドンナ・ジョヴァンナさんに言われた。でもぼくは、「一票の格差というものがありますから」と断った。ぼくは、ぼくが大事だと思う人に童貞をささげたいので。

セックスなんかしないで、手をつないで添い寝するほうが幸せだ、という男子が増えてきた。女子には、もともとそういうタイプが多いが。

◇36 12 Steps to Intimacy　Desmond Morris: *Intimate Behaviour*（1971年）[『ふれあい』]

動物行動学者のデズモンド・モリスが、親密な行為を12のステップに分けている。その図解（1.目から体、2.目から目、3.声から声、4.手から手、5.腕から肩、6.腕から腰、7.口から口、8.手から頭、9.手から体、10.口から胸、11.手から性器、12.性器から性器）を品書きにアップすると、1.から12.までの順序について、紙メールでは自分の経験をもとに異論が続出する。けれども順序はそれほど問題ではない。ふれあいには多くのステップがあること、かならずしも12をゴールと考える必要はないことを確認すればいいのだから。

これから紹介するのは、2009年夏の前期期末レポートの一部である。

「愛」であったり、「愛すること」について考察する時、おおむね話題に上がると思われるのが、性に関すること、セックスである。確かに、元は動物、肉体ありきの人間であるから、性衝動はあって当然だ。それから生まれる命の営みは尊いものであるし、そもそもそれがなくては、これまでの人間の歴史、発展は生まれ得なかっただろう。

「カタログの歌」

　しかし童貞の私としては、何が気に入らないって、セックスが愛を表現する手段としてのチャンピオン的な扱いを受けていることなのだ。確かに、セックスは動物である人間には必要なのかもしれない。しかしながら、それを「愛」の王道として祭り上げるのには、悲劇的なリスクがあまりに多過ぎるように思う。「ひっついて　まぐわって　間違って　腹立って　傷ついた　失ったどうなった？　どうなった？」と、私の好きなNUMBER GIRLというバンドが歌っているが、少なくとも私は、こういったことには目も当てられない。それでも、これほどまでにセックスがもてはやされるのは、やはり快楽から来る「表現としての分かりやすさ」があるからではないか。互いに求めあい、言うなれば自身を相手に刻みつけ、快楽を得られるその行為は、曖昧な「愛」を表現する具体物として、非常にキャッチーなのだ。語弊を恐れず言うならば、「馬鹿でも分かる」のである。一応、脳の一番発達した動物として、それに対して、どうしても覚える違和感は、私が童貞であるという事実を差し引いても、そのまま残ると信じたい。

　ちなみに彼は、2010年2月の後期期末レポートの追伸に、こう書いていた。「前期、セックスは愛のチャンピオンなのか、と書きましたが、その後、彼女ができて、ぼくは童貞を喪失して、今は肉食にはまっています」

◆₁₂モーツァルト『ドン・ジョヴァンニ』（初演1787年）
○《お手をどうぞLà ci darem la mano》
○《裏切り者の手から逃げなさい》
　アーノンクール／チューリヒ歌劇場管弦楽団　演出ユルゲン・フリム
　2001年
　ドン・ジョヴァンニ（女たらしの貴族）：ロドニー・ギルフリー　[Br]
　ツェルリーナ（村娘）：リリアナ・ニキテアヌ　[S]
　ドンナ・エルヴィーラ（ドン・ジョヴァンニに捨てられた女）：チェチーリア・バルトリ　[Ms]

　◆₁₂モーツァルト『ドン・ジョヴァンニ』（初演1787年）から《お手をどうぞ》を見てもらう。女たらしの貴族ドン・ジョヴァンニが、村の青年マゼットとの結婚式を直前に控えた村娘ツェルリーナを、「君は田舎娘に生まれついてない。村の青年より私のような貴族のほうがふさわしい。運命を変えてあげよう」と誘惑する歌だ。

　アーノンクール／チューリヒ歌劇場の演奏（2001年）。ユルゲン・フリムの演出では、ドン・ジョヴァンニが甘い言葉をささやきながら、ツェルリーナの揺れる気持ちを瞬時に読み取って（ドン・ジョヴァンニはコミュニケーションの達人である）、ボディータッチで攻めていく。太宰は引いて誘うが、ドン・ジョヴァンニは、押してダメなら押し倒せの勢いだ。ツェルリーナは、大きくなったペニスをぎゅっと押しつけられて、びくっとした表情をする。「マゼットに悪いわ」と言いながら、急にスイッチが入り、すっかりその気になってしまう。

　この演奏の《お手をどうぞ》は、〈魔の金4〉の定番なのだが、紙メールは毎年、似たような反応だ。男女とも、「あんなに積極的にいくのは、気持ち悪い」「距離が近すぎる」というコメントが一定数ある。そしてそれとは対照的な内容で、けっこう多いのが、男子では「あんなふうに攻めたいが、ぼくには自信がない」。

　■ドン・ジョヴァンニはとにかく自信に満ち溢れている。（偽りの）目力には凄まじいものがあった。あれだけ見つめられて容姿をほめられれば、悪く思う女性はいないだろう。現代の女性もこういうエネルギッシュなチャラ男（死語）に食い荒らされているのだろう。われわれ非モテのもとには何も残らない。焦土。

　この紙メールを紹介したら、その日の女子の紙メールにはこんなアドバイスが。

　●そう思っているうちは一生モテないのではと思った。

●別にえり好みしなければ、きっと誰でも恋人ができるんですよね。チャラ男がきらいな女だっているし。でも非モテの理想はきっと高くて、変なプライドがあるから、出会い系アプリとかもできない。よっていつまでも非モテ。対してチャラ男はえり好みしないから、どんどんモテていく。

●ちなみに非モテタイプの男とつき合っていますが、うぶで可愛いし、育成している気分で楽しいです。女性の皆さん、おすすめです。原石を見つける気分で自分で磨けばいい。

「お手をどうぞ」について女子の紙メールで多いのは、「捨てられるとわかっていても、あんなふうに攻められてみたい」「あんなふうに迫られたら、私もその気になると思う。ただしイケメンに限る」。

「イケメンに限る」。女子が男子を欲望の対象として見るようになったことを、恥ずかしがらずに口にするようになった。それを象徴する常套句だ。昔は、女性はセックスにかんして受動的である、というような見方が多かったが、女性にもしっかり性欲があるようだ。

◆[51]山極仮説「山極壽一（霊長類学者）×関野吉晴（探検家・医師）」NHK 2015.8.15
【男の文法 ≠ 女の文法】【発情期／発情のコントロール】【一夫多妻／一夫一妻】

このビデオ（SWITCHインタビュー）で山極壽一が、こんな説明をしている。「ゴリラやチンパンジーなど、人間以外の霊長類のオスは、メスが発情しないと発情できない。人間の女性の特徴は、ずっと発情していて発情を隠すわけではなく、自分の意思で発情もできるし、発情しないこともできる。つまり性を自分の意思によって使い分けることができる」。これを〈魔の金４〉では、山極仮説と呼ぶことにしている。

〈魔の金４〉の受講者は毎年、７割か８割が女子だ。◆「産後クライシス」や◆「産後うつ」のビデオを見せると、多くの女子が紙

メールで（育児を「手伝う」などと表現する意識の低い）「男子も、この授業をとるべきだ」とつぶやいている。もぐりで友達や恋人を連れてくる女子もいる。〈魔の金4〉の女子の多くは、山極仮説に否定的だ。自分では欲情をコントロールできないという。《お手をどうぞ》のようにイケメンに迫られた場合だけではない。「高校生のとき、性欲が爆発して、出会い系の掲示板みたいなやつをのぞいていた」という女子もいる。数年前の教室には、毎日、それも数回、オナニーをしているという女子もいた。

　逆に、オナニー経験ゼロとか、ほとんどオナニーをしないという男子もいた。オナニーのほうが、相手との面倒なこともないし、感染の心配もないし、性欲処理には手軽だという男子（とくに遊び人の男子）も少なくない（ちなみに「恋愛をしようと思わない」という学生があげる理由で一番多いのが、男女とも「面倒くさいから」だ。「面倒くさい」というのは、人間の行動を左右する大きなファクターだ）。「手淫」なんて不潔な言葉が使われていた時代の罪悪感など今はない。ちなみにトーマス・マンもヴィトゲンシュタインも、自分のオナニーを日記に記録していた。たんなる記録なのか、罪悪感があったからか。

　学生は、最初から紙メールに赤裸々なことを書いてくれるわけではない。たぶん〈魔の金4〉の授業が、赤裸々なことを書いても大丈夫な空間であると、だんだん分かってくるからだろう。紹介されるときは匿名だし、少人数の教室でないから特定されにくいし（受講者数50以上が目安か）、口頭ではなく紙に書くので、本音を漏らしやすい（もちろん手紙にも、演技や嘘がまじるけれど、それは織り込みずみ）。とくにセックスの話題は、DVの場合と同様、友だちや恋人と話すことはなく、ひとりで悩みをかかえ込んでいる場合が多い。だが紙メールでは、けっこう赤裸々だ。自由記述の紙メールは、〈魔の金4〉という小さな世間の意見を聞くのに、それなりに有効な方式だと思っている。

　〈魔の金4〉は、「セックス」という言葉が南大沢キャンパスで一

番多く飛び交っている授業らしいが、セックスの話ばかりやっているわけではない。136問題とか、痕跡理論とか、認知のタイムラグとか、ネガティブ・ケイパビリティ（「わかったつもりにならない」）とか、非対称の問題とか、等価交換（1対1）への疑問符とか、オイラー図のすすめとか、非接触系の恋愛とかも考えてもらうのだが、もちろんセックスも大事な問題である。

　アセクシャルの学生もいるし、（カフカのように）セックスは汚いものだと嫌悪感をもっている学生もいるが、未経験の学生も（未経験だから、よけいに？）セックスには興味をもっている。それに学生たちは、わずかな例外もあるが、ろくに性教育を受けていない。性教育といっても、「病気に気をつけなさい」「妊娠しないように」というネガティブなものだ（〈魔の金4〉のホワイトボードにも、TAに「ゴムは知性と教養のしるし」と書いてもらうことがあるけれど。日本では2023年2月現在、緊急避難薬は、診断書が必要で、健康保険対象外で、おまけに異常に高価などの理由で、きわめて入手しにくい。女性には自分のからだを守る権利があるのに、そういう制度がまるで整っていないという後進国だ）。だから年に何回か、品書きにアップする本がある。

◇₁₉ 宋美玄『女医が教える　本当に気持ちのいいセックス』2010年

　本を買うお金は惜しいという学生も多いので、できるだけ図書館やWEBの利用をすすめている。図書館で読んで、ぜひ手もとに置いておきたいと思ってから買えばいい。ただ〈魔の金4〉では、『女医が教える……』だけは特別だ。誕生日プレゼントやクリスマスプレゼントにいいかもね、ふたりで読んでみては、とすすめている。注文履歴が残るのが気になるなら、アマゾンじゃなく現金がいいかも、とも。

§10　セックスの非対称

　授業は、先週の紙メールを紹介しながら進める。紹介してから紙
メールに、感想や異論反論を書いてもらう。来週の授業では今週の
紙メールをピックアップして紹介する。学生の興味が集中する話題
は、数週にわたって扱うことになる。先に紹介した「オナニー」
も、トレンド入りした話題だった。

　2014年度後期（履修者183名。女子７割、男子３割で、［自己申告
の］LGBTが数名）では、「フェラチオ」がトレンド入りした。チャ
ップリンの『キッド』（1921年）で放浪者チャーリーを誘惑する天
使役でデビューしたリタ・グレイ（1908~95年）が、チャップリン
（1889~1977年）を訴えた。フェラチオは、その離婚裁判（1927年）
で「おぞましい行為」として有名になった言葉だ。ちなみに『ロリ
ータ』（1955年）は、ナボコフがこの有名な離婚裁判からインスピ
レーションをえて書いた小説だと言われている。

●その行為をすることを女子が嫌がっていることに気づいていな
い男子が多いと思った。そして女子もそのことを言えないでいる。
●私の彼氏もこの講義を取っている。彼氏が、［さっき紹介された
紙メール男子の］「要求しないことにする」という意見を少しでも
聞いてくれたら、いや、彼氏がその紙メールの主だったらいいの
に……と考えていたら、涙が出てきそうになった。

　多くの男子はそれを当然だと思い、多くの女子は「すごい奴隷み
たいな感じがして」嫌いなのに、要求されると「嫌だ」と言えず、
愛情表現だと思って、がまんしてやっている。「彼が喜ぶので、私
は嫌いじゃない」と書く女子もいるが、少数派だ。このセックスの
非対称は、AVによって「作法」だと刷り込まれている。AVは商品
だから、過激な絵が好まれる。

「カタログの歌」

　「10年くらい前かな、君たちの先輩にね」と、私は本人から聞いた話を紹介する。「器量と気立てのいい子がいた。バイト先でスカウトされてグラビアアイドルになった。写真が出た週刊誌、見せてもらったことがある。彼女さ、契約書にサインしちゃってたの。ちゃんと読まないで。AVをDVDで4枚つくることになってたんだ。ギャラは4枚で50万だったかな。撮影で嫌なことをさせられて、痛いし、恥ずかしい。泣いちゃった。でもね、出来上がったDVDのナレーションは、〈○○子ちゃんは、あまりの気持ちよさのため、泣いちゃいました〉だったんだって。

　気をつけてもらいたいことがある。まず、サインするときは契約書をしっかり読もう。Facebookでも規約を全部読んでから「同意します」をクリックしてる人、そんなに多くないよね。それから、AVは編集されてるんだよ。どんなドキュメンタリーだって、フェイクじゃなくても、編集されている。編集には、すぐれた編集と、ひどい編集があるだけ。もちろんこの〈魔の金4〉の授業だって、紙メールやメール課題の紹介にかぎらず、すべて私のバイアスで編集されている。用心してね」

　どんなことでも「まずネットで検索」の時代。とくに子どもや若者は、過激な絵を「標準」だと思い込んでしまう。AVを教科書がわりにしている学生は、驚くほど多い。勘違いされたセックス像が定着する。

　これが一因となって、カフカのようにセックスを嫌悪する男子が、セックスを怖いと思う女子が、セックスが好きでない女子が、2次元好きの男女が、増えているのではないか。アウシュヴィッツは知っていても、デイル・ヤシーンを知らないのは、歴史の非対称だ。非対称の解消は、その非対称を知ることから始まる。〈魔の金4〉でセックスの非対称を知って、教室では多くの男子は反省した。セックスをタブーとして、その非対称を語らないのは、文化の野蛮である。

チカンのすすめ

§11　間奏曲：星の友情

　ニーチェは『トリスタンとイゾルデ』の音楽に感動して、ワーグナーに心酔するようになる。ワーグナーは若い優秀なニーチェが自分にとって絶好の宣伝係になると思った。ふたりは仲良しになった。しかしワーグナーが、ドイツ市民社会に迎合するようになると、ニーチェは「ワーグナーがドイツ語に翻訳されてしまったのだ！」と批判して、決別する。でも決別してからも、ワーグナーのことは気になっていた。

　ニーチェはロマン主義の嘘が嫌いだったけれど、とってもロマンチックな文章を書いている。そのアフォリズム「星の友情」は、非接触系の友情を描いた壮大なラブレターのように読める。

　星の友情。──私たちは友達だった。そして友達ではなくなってしまった。だがそれが事実である。私たちはそれを恥じねばならないかのように、ごまかしたり隠したりするつもりはない。私たちは船である。それぞれに目的地と航路をもった2隻の船だ。だから以前のように、航海中に出会い、祝杯をかわすこともあるだろう。──そう、あのとき、私たち行儀のよい船はじつに穏やかに、おなじ港に停泊し、おなじ太陽の光を浴びていた。おなじ目的地をめざしていて、すでにもう目的地に到着したかのように思えるほどだった。だが、そのとき、私たちの使命がもつ全能の力によって、私たちは無理やり離ればなれにされた。ちがった海へ、ちがった太陽の照りつける国へと駆りたてられた。ことによると、もう二度と会うことがないかもしれない。──いや、ことによると、会うかもしれないが、おたがい相手が誰なのか、見分けがつかない。ちがった海とちがった太陽が私たちをすっかり変えてしまったのだ。疎遠にならざるをえない。それが私たちを支配する掟なのである。だからこそおたがいに、もっと深い畏敬の

念を抱きあうべきなのだ。だからこそかつての友情への思いを、さらに神聖なものにするべきなのである。おそらくは、目には見えない巨大なカーブが、星の軌道が存在しているのだろう。私たちのかくも異なった道や目標は、その星の軌道のなかに含まれた、ちっぽけな道のりでしかないだろう。——自分を高めて、そのように考えようではないか。だが、私たちの人生はあまりにも短く、私たちの視力はあまりにも弱い。だから私たちは、「この崇高な可能性の意味における友人」以上のものには、なることができない。——だからこそ星の友情というものを信じようではないか。たとえ地上では敵であらざるをえないとしても。(『楽しい学問』第4巻279)

非接触系の「愛」については、カフカやトーマス・マンの回で取り上げることになるが、ワーグナーと決別したニーチェは、ビゼーを持ち上げ、『カルメン』を絶賛した。

---

§12 「お前の投げたこの花は」

『カルメン』は、初めてのオペラとしておすすめのオペラだ。すばらしい音楽に、わかりやすいストーリー。恋愛初心者ドン・ホセは、〈魔の金4〉にはピッタリの教材である。

◆ 10 ビゼー『カルメン』(初演1875年)
○《花の歌(お前の投げたこの花は)》
　J・ネゼ゠セガン／メトロポリタン歌劇場 [＝MET] 2010.1.16 NY　演出リチャード・エア
　カルメン(タバコ工場で働くロマの女):エリーナ・ガランチャ [Ms]
　ドン・ホセ(衛兵の伍長):ロベルト・アラーニャ [T]

　故郷に許嫁《いいなずけ》がいるのに、恋愛初心者のドン・ホセは、カルメンの虜になる。騒ぎを起こして牢送りになったカルメンを逃した罪で、牢屋に入れられる。自由の身となったドン・ホセは、カルメンに会いに行き、「お前の投げたこの花は」と歌いだす。しぼんで枯れてもその花を手放さず、牢屋でもずっとカルメンのことを思っていたのだ。「おお、俺のカルメン！　俺はお前のものだったんだ！　カルメン、おまえを愛している！」。この「花の歌」は、ロマンチックできれいな音楽だが、毎年、こんな紙メールがある。

●「俺はお前のものだったんだ」というセリフが気持ち悪い。
●カルメンのひざにすがりついてメソメソするドン・ホセは、私の彼みたい。
■別れ話を切り出されたとき、僕もメソメソして、彼女にすがりついた。
■僕はこの「泣きつき」で、大切な異性の友人と絶縁してしまった。もうしないが、こればっかりは男が誰でも一度はやる失敗。どうか寛大な目で見てやってくれ。

　先週の紙メールを紹介する直前には、C・クライバーの指揮でドミンゴが歌う《花の歌》を見てもらう。フランコ・ゼッフィレリの演出だが、ここでもドン・ホセはカルメンのひざに長い間すがりついている。ドミンゴが熱唱して拍手が長くつづいたからでもあるが、どの演出の『カルメン』でも、たいていドン・ホセはメソメソしている。ロマン派にかぎらず、メソメソする男子は多いようだ。
　第1回目の授業（ライブ中継）でも紹介したが、〈魔の金4〉の教室では、モテる女子は男らしく、多くの男子は女々しい。男慣れしている女子は、ドン・ホセなんかダサいと思う。逆に場数を踏んでいない女子は、一途に思ってくれるからという理由で、ドン・ホセ型にほだされる。

§13 チカンのすすめ

　教室のスクリーンの両サイドにホワイトボードがある。左側のホワイトボードに「チカンのすすめ」とTAに大きな字で書いてもらう。その日のトピックだ。「品書きの◇₉と◇₁₀を見て」

◇₉ ドン・ホセの台詞
　　"Et j'étais une chose à toi!"（俺は、お前のものだった！）
　　cf. "Et tu étais une chose à moi!"（お前は、俺のものだった！）
◇₁₀ ケネディ大統領就任演説 1961.1.20
　　"And so, my fellow Americans: ask not what your country can do for you―ask what you can do for your country."

　「ケネディ、偉そうなこと言ってるよ。政治家は勝手なこと言うから気をつけようね。さて。恋愛が、所有や支配の関係になっちゃったら、つまらない。幸せになれない。こういうチカンを考えてみて」と言って、私はホワイトボードに書く。

　A　私は君に何を求める？
　B　君は私に何を求める？

　「AとBでは視点が違う。つまり自分の立ち位置が違う。ドイツ語のLiebeや英語のloveには、セックスという意味がある。もちろん、セックスではない意味でも使われることもあるけれど、恋と愛の区別はない。でも日本語では、恋と愛の区別がある。あなたが恋してるとき、AかB、どっちの疑問文で考えてることが多い？　Aだよね。〈魔の金4〉では、Aを恋の疑問文、Bを愛の疑問文と呼ぶことにする。Bの愛のほうが、Aの恋より大人というか、グレー

63

ドが高そうだ。

　こんなチカンはどうかな？　「君」を「世界」に置き換えるんだ。

　A　私は世界に何を求める？
　B　世界は私に何を求める？

　Aの疑問文ばかりで考えていると、自分の思い通りにならないとき、絶望しそうになったりする。そんなときがチカンの出番だ。Bの疑問文で考えてみると、自分の立ち位置が変わる。視点が変わる。視野が広がるかどうかは別として、違った視界になる。Aの支点は「私」だけど、Bの支点は「私」じゃない。自分が中心からズラされている。肩の力が抜ける。そうやってチカンに救われることもあるんだよ」

---

§14　「自分で自分がわからない」

　〈魔の金4〉では、「18世紀的」の代表としてモーツァルトが、「19世紀的」の代表としてワーグナーがひんぱんに登場する。指揮者・ピアニストのバレンボイムによると、4種類の作曲家がいる。①おもしろい作曲家、②おもしろくない作曲家、③偉大な作曲家、④モーツァルトだ。「自分で自分がわからない」は、色気づいてきた年頃の小姓ケルビーノが歌うアリア。先週は、オーソドックスだがお洒落なガーディナー版（1993年）で見てもらったのだが、今週は、モダンな読み替え版で見てもらう。

◆14 モーツァルト『フィガロの結婚』（初演1786年）【読み替え版】
○《自分で自分がわからない》エクサン・プロバンス大司教館中庭
　2012.7.12

J・ロレール／ル・セルクル・ドゥ・ラルモニ　演出リシャール・ブ
リュネル
ケルビーノ（アルマヴィーヴァ伯爵の小姓）【ズボン役】：ケイト・リン
ジー［Ms］

　照明を落とす前にアナウンスする。「「愛という言葉を聞いただけ
で、胸が震える」という歌詞のところで半音がたくさん続くけれ
ど、そのあたりで「自分」はどうなってると思う？」

◆₁₇福岡伸一『スタジオパークからこんにちは』2010.5.17 NHK
　お変わりありまくり。生命現象。動的平衡。「私とは、私の食べた物
　のことである」

　福岡伸一の「動的平衡」のビデオを見てもらう。生物を構成する
分子は常に入れ替わり、その流れをくり返している。私たちの体
は、常に新しいものに更新されていて、可変的でありながら、複雑
で、永続的なシステムなのだ。骨も歯も心臓も、分子レベルでは、
変わりまくっている。私たちの体をつくっている分子は、高速で分
解され、食べ物として体に入った分子と置き換えられている。食べ
物は、たんなるエネルギー源ではなく、体を構成する大切なもの。
私とは、私の食べた物のことであり、私たち人間は、「お変わりあ
りまくり」なのだ。どんどん変わっているのに、変わっていないよ
うに見えるものが、動的平衡である。
　宮澤賢治の、「わたくしといふ現象は」ではじまる『春と修羅』
序を、詩人の吉増剛造の朗読で聞いてもらう。

◇₁₂◆宮澤賢治「春と修羅」序　1924年　朗読・吉増剛造
わたくしといふ現象は
仮定された有機交流電燈の
ひとつの青い照明です
（あらゆる透明な幽霊の複合体）

チカンのすすめ

風景やみんなといつしよに
せはしくせはしく明滅しながら
いかにもたしかにともりつづける
因果交流電燈の
ひとつの青い照明です
（ひかりはたもち　その電燈は失はれ）

これらは二十二箇月の
過去とかんずる方角から
紙と鉱質インクをつらね
（すべてわたくしと明滅し
みんなが同時に感ずるもの）
ここまでたもちつゞけられた
かげとひかりのひとくさりづつ
そのとほりの心象スケッチです

　「わたくしといふ現象」を見ている「わたくし」や、「わたくしと
いふ現象」を演じている「わたくし」もいるわけだが、とりあえず
「わたくし」を「現象」ととらえていることに注目しておきたい。
ルドルフ・シュタイナーの詩を、朗読係に読んでもらう。

◇ 13 R・シュタイナー ［Rudolf Steiner］（1861~1925年）
自分の中に「自分」を求めようとすると、
迷路に迷いこむだけだ。
自分の中に「自分」を探すのではなく、
自分の外に「自分」を求めなさい。
自分の外に「自分」を探しなさい。
外からの課題に身をゆだねることによって、
あなたは「自分」に出会うだろう。

　「芯のある自分」とか「確たる私」ではなく、コアのない「中途

半端な私」も悪くないのでは？　イギリスでは、紳士たる者、予定していたスポーツは、雨が降っても決行する。自然なんかに負けないぞ。主人が使用人に見せる、そのやせ我慢は鈍感のしるしだ。雨が降ったら傘をさし、雨がひどいときには予定を変更するほうが、弱いヒトとして柔軟で正しい態度ではないだろうか。◇14花田清輝の文章を朗読係に読んでもらう。

　昔から、百姓も漁師も徹底的に日和見をした。そして、そのあとで冒険に乗りだした。

　空気を読むだけではなく、しっかり日和見をする。平和に暮らすためには大切な心得ではないだろうか。

---

§15　ヴェルサイユ条約と村八分の思想

◆18ビゼー『カルメン』（初演1875年）
○終幕（花形闘牛士と恋仲になっているカルメンに、ドン・ホセは復縁を迫るが……）
J・ネゼ＝セガン／メトロポリタン歌劇場［＝MET］2010.1.16 NY　演出リチャード・エア
エスカミーリョ（花形闘牛士）：**テディ・タフ・ローズ［Br］
カルメン（タバコ工場で働くロマの女）：エリーナ・ガランチャ［Ms］
ドン・ホセ（衛兵の伍長）：ロベルト・アラーニャ［T］

　『カルメン』の終幕。カルメンは花形闘牛士エスカミーリョと恋仲になっているのに、ドン・ホセがしつこく復縁を迫る。このオペラのクライマックスだ。教室にはたいてい、男子にも女子にも、ストーカーした／された当事者がいる。「ストーカーになられたら困

るので、別れ話を切り出せないでいる」という女子も少なくない。スキップしながら約17分を見てもらうのだが、10分を超える長尺なので、注目してもらいたい点を3つ予告しておく。①ドン・ホセは《花の歌》のときと変わったか。②カルメンは状況を日和見したか。③別れ話のとき、捨てる側／捨てられる側は、どうする？

　背が高く、イケメンで、黒い髪のエスカミーリョが出てきたとき、ビデオを一時停止する。「このバリトンの**テディ・タフ・ローズはね、ピンチヒッターなんだ。練習はベンチでずっと見てきたんだけど、当日の朝10時に出演を告げられた。本番の開始は午後3時。ドキドキする暇もなかった。幸運の女神には前髪しかない。彼は見事にその前髪をつかんだわけ。ちなみにテディ・タフ・ローズは、つるっ禿げで、この黒い髪はかつらなんだって」

　紙メールでドン・ホセの評判は、《花の歌》のときより圧倒的に悪い。「前は「俺はお前のもの」と言っていたのに、今回は「俺のカルメン」と言っていた」とか、「お前を救いたい、と言いながら、俺も救われたい、と言ったりして、自分のことしか考えていない」とか。

　カルメンは、「捨てないでくれ」とすがりついてくるドン・ホセをふりほどき、「カルメンは人の言いなりにはならない。自由に生まれて、自由に死ぬの」と拒む。ますます女を上げたカルメンは、評判がいい。「殺されそうになっても、自分の意思を貫いて、日和見しないのはかっこいい」。「日和見したうえでの強気な態度だったのか、と感じた」

　カルメンは、ドン・ホセにもらった指輪をつけていたのだが、それを外してドン・ホセに投げ返す。ドン・ホセは、逆上してカルメンを刺し殺して、幕が降りる。

　翌週の授業では、まず、終幕のラスト5分をクライバー盤（1978年）で見てもらう。このゼッフィレリ演出では、カルメンの表情にドン・ホセへの気持ちが残っており（カルメン役のオブラスツォワは、もともと泣き顔である）、カルメンのほうから刺されに行くように見えるのだが。前の週のMET版（2010年）の紙メールを紹介する。

●ラストのドン・ホセ怖い。失恋した男って怖すぎる。気をつけよう。

■ドン・ホセが、死んだカルメンの指に指輪をはめ直すとこは最高にキモかった。

●カルメンへの愛に加えて、なびかないカルメンに対する憎しみが湧いて、ストーカーの最終形態だなと思った。

●捨てられる側はやはり最後まで、自分より相手のことを想う気持ちを忘れず、素直に受け入れるべきだと思う。

ドン・ホセは、カルメンのことを想う余裕なんかない。◇04「象（感情）＞乗り手（理性）」（ジョナサン・ハイト）を思い出してもらいたい。この不等号は、力の差だけでなく、タイムラグも表わしている。理性が動き出す前に、感情が動き出してしまう。相手がストーカーになるかならないか、予測がつかない。ストーカー被害をあらかじめ回避するために、最初から恋愛を避けている男子・女子が増えてきている。

●これまでは、自分が悪く思われてもきっぱり断るほうが、相手も次の恋に進めるだろうと考えていた。カルメンの毅然とした態度も、カルメンの優しさだと思ったが、ドン・ホセを必要以上に刺激したように感じた。捨てる側の態度は、とても難しいと思った。

●捨てる側は、カルメンのように、すっぱり言い切ることが大事だと思うが、その相手からもらったプレゼントなどは無下にせず、相手に人としての思いやりは持つべきだと思った。

●指輪を投げ返さなければ、きっと殺されなかった。

指輪が殺意の引き金になってしまったのだろう。カルメンは、「生きること」より「生きる意味」を優先させた。どうすればストーカー被害にあわなくてすむか、たぶん正解はない。ただ、捨てる側のほうには余裕があるはず。だから、感情的にならず、相手の人

格を全否定するような言動はつつしむべきだ。カルメンはドン・ホセを捨てても、ドン・ホセにもらった指輪を投げ捨てるべきではなかった。

　第1次世界大戦後のヴェルサイユ条約で、敗戦国のドイツは、植民地や領土を剥奪され、莫大な賠償金を要求され、軍備を禁止された。ヴェルサイユ条約は、ドイツの全人格を否定する「悪魔の仕業」のようなものだった。その結果、ドイツはインフレが進み、ナチスが台頭することになった。ヴェルサイユ条約のくびきからの解放が、ヒトラー人気を磐石のものにした。

　第2次世界大戦後、中国は国として日本への賠償を放棄した。ヴェルサイユ条約みたいな仕打ちをすると、日本にも「ナチス」が台頭するのではないかと考えたからだ。ヴェルサイユ条約は、国と国のつき合いだけでなく、人と人のつき合いでも、大事なことを教えてくれる。敗者を徹底的には傷つけないこと。腹八分目が肝心。恋人と別れるとき、恋人を捨てるとき、完全に論破したり、人格やプライドを100％否定したりしないこと。それが『カルメン』の指輪の教えである。

　その教えを「村八分の思想」と呼んでもいいかもしれない。（村八分の説明には諸説あるが）村から除け者にするとき、村から追放したり、一切（十分）の交流を断つのではなく、葬式と火事（二分）のときだけは世話をする。それは本人のためというよりは、共同体の安全のためだが。ストーカー被害にあわないためにも、「全力で」という大人気ない100％神話は卒業して、中途半端なスタイルを身につけたい。「いい加減」な中途半端ではなく、「よい加減」の中途半端は、なかなかむずかしいけれど。

めざせ10連敗！ ヴィトゲンシュタインの教え

§16 「少しの勇気で世界は変わる」

2012年度のレポートの一部を朗読係に読んでもらう（次の引用はその要約）。

> 　私は大学2年の半ばまでモテたことがなかったのに、ガールズバーでバイトするようになってから、「男性に気に入られる秘訣」を身につけ、モテる女になった。秘訣1は、笑顔。声を出して笑い、楽しくなくても楽しそうな「ふり」をすること。秘訣2は、気安さの演出。客と友達であるように錯覚させ、そこから恋愛関係に発展する可能性を匂わせる。手っ取り早い方法はタメ語。初対面の人に嫌味なくタメ語で話すのはなかなかむずかしいので、それが苦手な人は、相槌や感想だけタメ語を使うといい。秘訣3は、ボディータッチ。私の経験では、ボディータッチが嫌いな男性はいない。秘訣4は、彼氏がいても、「彼氏はいないこと」にする。客には「こいつを自分のものにできる」と思わせなければいけないから。

これについて書いてもらった紙メールを読むと、ガールズバーでのバイト経験のある学生がけっこう多い。次の時間の教室ではその紙メールを多めに紹介することにした。

●私はつねに笑顔だし、声をだして笑うし、タメ語で話すし、ボディタッチもするし、彼氏いない。けど全然モテません！！！
■ボディタッチは相手によっては訴えられるかもしれない。
■話をきいて、自分のまわりの女性の行動がどこまで素なのか分からなくなりそう。
●私は、このような秘訣を使う男性にひっかかってしまったことがある。

■秘訣3のボディータッチだが、友人（男）が飲み会で異性からボディータッチされて不快だったと話してた。

●私もこの前までガールズバーで働いていた。気安さについては「相手に合わせる」べきであり、タメ語を嫌う客もいる。

●私もガールズバーで働いていたことがある。秘訣2の、恋愛感情を相手に抱かせるのは良い手段でないように感じた。店外でのデートを誘ってきたり、ストーカー被害にあう子も実際多かった。長く引っぱれない私は、客の妹のような立場になり、相手にほっとけない、面倒をみたいと思わせるのが大事だと思い、わざとポンコツアピールをしていた。

●秘訣4。友達がガールズバーをやっている。友達には彼氏がおり、しかもそれをお客さんにも話しているのに、No.1もとっている。

●私もガールズバーで働いている。ガールズバーで働きはじめて、意識が変わり「女らしさ」をみがけるのは本当だ。

●ガールズバーで働いている友達は枕営業をしている。

●その方法では、下心のある、とりあえずの彼氏しかできない気がする。

　紹介後に書かれた紙メールでは、「ガールズバーのバイトって、皆ふつうにやってるもんなんかぁと、すこし驚いた。高い時給につられてなのか」といった反応が多かった。フランスでは、学費のために売春をしている学生が結構いるらしいが、たぶん日本でも似たような傾向が進行しているのだろう。

　スイーツ「重ねドルチェ」のCM（4分18秒の動画）を見てもらう。

◆37「カサネテク」2017年　主演／る鹿　曲／阿部渋一　詞／関俊洋・三條貴正　歌／中村千尋

　カサネテクは「無敵の合コンテクニック」。たとえば、できる女の「さ・し・す・せ・そ」とは、「さすが〜！」「知らなかった〜！」

「すご〜い！」「センスいいですね〜！」「そうなんだ〜！」。したたかで鮮やか、女の豊かなテクニックが紹介されていく。強くなきゃ戦えない。技がなきゃ戦えない。「少しの勇気で世界は変わるから」というわけだ。このテクニックは有名になりすぎたので、アップデート版もあるらしい。

　■茶色のアイシャドーで胸の谷間を描くというトリックに衝撃をうけている。
　■カサネテクがドンピシャでキュンときた。でも彼女らの目的はセックスではなく、「いい男をつかまえる」こと。男が合コンに求めるのは「いい女とセックスする」こと。
　■実際その場面にあったときは、気づいた方がいいのか、気づかないふりをして遊ばれてる方がいいのか。
　■高校生のとき初めて見たとき、ある種の恐怖を感じた。自分に対してオトすための工夫をしてくれているというより、他の誰に対してもやっているような人を自分が見分けられないことへの恐れだったのかもしれない。
　●穴モテになるか、ちょろい男しか捕まらないだろうな。
　●「少しの勇気で世界は変わる」は良い言葉だと思った。ゲーム感覚でやってみるのは、悪くないかも。わたしも頑張ろう。

　ちなみにカサネテクについて、紙メールでは教室の2分の1が肯定的で、3分の1が「あの程度のものにひっかかるなんて……」と否定的だった。

　テクニックや概念は、いつも通用するとはかぎらない。だが近頃は、わかったつもりになりたい人が増えたせいか、定義が人気だ。政治家までもが、「定義」を口実にして答弁を逃げる。定義からこぼれるものに目を向けるのが、政治家としては大事な仕事のはずなのに。「定義」って、そんなに偉いのかな？
　たとえば「思春期」は、ふつう「第二次性徴が現れ、生殖が可能

となって、精神的にも大きな変化の現れる時期。ふつう12歳から17歳ごろまでをいう」（『大辞泉』）と説明される。けれども、辞書に書かれているのは「説明」にすぎず、「定義」でもないのに、それを真に受けている人がいる。

ちなみに、最新の科学を駆使したNHK-BSのシリーズ〈ヒューマニエンス〉の「思春期」の回（2020.12.17）によると、思春期は30歳くらいまで続くらしい。脳神経線維のミエリン化が完成しないと、性ホルモンが脳に引き起こす「衝動」を抑えられないためだ。だが、その衝動のおかげで、性欲が高まるだけでなく、積極的に行動するようになるので、ハイリスク・ハイリターンの冒険（トライ＆エラー）の結果、ヒトの生息域が拡大する。ところが今の日本の思春期では、意欲が低い。「他人に迷惑をかけない」が刷り込まれているからなのか。

「『広辞苑』によると……」で始まる文章に出会うと、重くて厚い『広辞苑』を思い出して肩が凝る。そういう文章はたいてい、読むと損をした気分になる。だから、「恋とは……である」とか、「愛とは、……だ」なんて文章は敬遠することにしている。定義より家族的類似（§50）のほうが、話がひろがる。考えるときの、おすすめのセンテンスは、「……は、恋かな」とか「……は、愛だ」という構文だ。

AとBの恋愛は、Aがいいか悪いか、Bがいいか悪いか、という問題ではない。AとBの関係の問題だ。解答ではなく回答の世界である。鉄板のテクニックでも、通用しないケースがある。〈魔の金4〉は、恋愛学ではない。できるだけ多くの具体例をのぞき見することにしている。概念や理論だけが光をもたらしてくれるわけではない。

小さな冒険もせずにモテテクをほしがる人は、これから紹介するヴィトゲンシュタインの文章を、じっくり読んでもらいたい。ヴィトゲンシュタイン自身は自閉スペクトラム症で、生きるのがとても不器用な人だった。それなのに、こういうことを書いているのは、

ちょっと不思議な気もするけれど。

　　感情表現が本物であるかどうかについて、「専門家の」判断とい
　うものがあるだろうか？──「よりよい」判断ができる人と、
　「よりまずい」判断をする人がいる。
　　人間をよりよく知っている人の判断からは、一般に、より適切
　な予測が生まれる。
　　人間を知るということは学ぶことができるか？　できる。でき
　る人もいる。なにかのコースを受講してではなく、「経験」をと
　おして学ぶのである。──その場合、誰かが先生になることがで
　きるか？　もちろんできる。先生は生徒にときどき適切なヒント
　をあたえればいい。──こんな具合なのが、この場合の「教え
　る」と「学ぶ」なのだ。──習得するのは、テクニックではな
　い。適切な判断を学ぶのだ。ルールもあるが、システムにはなっ
　ていない。経験を積んだ者だけがルールを適切に使うことができ
　る。計算のルールとはちがう。(『哲学探究』)

「専門家」だからといって、正しく適切な判断ができるとはかぎ
らない。現実は複雑で、現場にはいろんな事情がからんでいる。
「よりよい」判断をするのは簡単ではない。実用書や啓蒙書を読む
とむなしくなることがある。「専門家」が「わかったつもりになっ
て」書いているからだ。モテテクや、「恋愛入門」なんてタイトル
には気をつけたい。ということもあって、〈魔の金４〉のシラバス
には、「恋は、傷つく絶好のチャンス。めざせ10連敗！」と書いて
いる。

----

§17　サッカーボールとラグビーボール

　ドン・ホセには故郷に婚約者ミカエラがいた。ミカエラは、カルメンの虜となって盗賊団の一味になっているドン・ホセを、取り戻そうとするのだが、その前に歌う《ミカエラのアリア（何を恐れることがありましょうか）》は、ドン・ホセの《花の歌》とならんで、『カルメン』ではロマンチックで抒情的な歌の双璧だ。

　ドン・ホセは、ドン・ジョヴァンニの1対多の哲学を知らなかった。ミカエラのことは眼中になく、今はもうカルメンしか見えていない。中心が1つのサッカーボールとちがって、焦点が2つあるラグビーボールは転がりにくい。ドン・ジョヴァンニがラグビーボールなら、ドン・ホセはサッカーボール。ミカエラを帰港地にしておいて、カルメンに惚れるという器用な芸当ができない。ドン・ホセの失敗は、1対1にこだわったことだ。転がりはじめると止まらない。ストーカーとなって一直線に転落した。

　恋愛には、破滅直線とサバイバル曲線がある。ある人に〈好意〉をいだく。ある日、気がついたらその人のことが好きになっていた。〈恋〉が始まる。まわりのことまでが美しく見え、「新しい私」が現象する。毎日、朝から晩までその人のことが気になって、夜も眠れない。〈依存〉が始まる。どれくらい依存するか、どんな具合に依存するか。そこに恋の醍醐味がある。

　依存と同時に「私」の変形も始まる。変形には、弾性変形と塑性変形の2種類がある。ある日、突然、ストンと石が胸から落ちるように、依存が終わる。恋の終わりだ。弾性変形なら、もとの形に戻る。しかし塑性変形の場合、もとの形は破断してしまっている。前者は、依存の波をうまく乗り越える恋愛サバイバル曲線。後者は、依存の波に溺れて沈む恋愛破滅直線。ラグビーボールとサッカーボール、あなたはどちらのタイプかな？

読むことはセックスである

§18 読むことはセックスである (回答と解答)

太宰治の「待つ」で、主人公は誰を／何を待っているのか。正解はない。「待つ」という作品を鏡のように読者がのぞきこんで、主人公は○○を待っているのだろうと考える。解答ではなく回答が問題になる。猿がのぞきこめば、猿の顔が映る。それが回答の構図だ。

恋愛には相手が必要だ。そして相手はいろいろ。恋愛は回答の問題だから、正解がない。紙メールで求めるのは、解答ではなく回答である。TA にホワイトボードに大きな字で書いてもらう。「読むことはセックスである」。これは、イーザーの「読者とテキストの相互作用」を教室で私が説明するときに使うパラフレーズだ。

◇25 Wolfgang Iser: *Der Akt des Lesens* 1976 (W・イーザー『行為としての読書』)
・読むことはセックスである (読者とテキストの相互作用)。空所の穴埋め。構成＞発見。回答＞解答。〈私〉の介入。人称的真理 (「受容」) と非人称的真理 (「理解」)。

エンデの『はてしない物語』は、〈現実〉と〈想像〉の友情の物語だ。チビでデブで弱虫の少年バスチアンが、「はてしない物語」という本を読んでいるうちに、その本のなかに入り込み、ファンタージエン (想像の国) でヒーローとなり、失敗や冒険を重ねながら精神的に成長して、しかしチビでデブのまま現実の世界に戻ってくる。

本を読むときに起きる理想的な化学作用 (〈現実〉と〈想像〉の友情) が、バスチアンの成長物語として見事に描かれている。

私たちは、『こころ』を読むとき (国語の時間でもないかぎり)、作者である漱石の意図とか、偉い批評家や研究者の解読した意味やメッセージとかを気にしたりはしない。『こころ』のテキストのなかに入り込んで、自分なりに『こころ』という作品をつくりあげていく。

　言葉は、とても抽象的なメディアだ。とくに文字情報には限界がある。「兄」という言葉で、西田敏行を想像する読者もいれば、ジョニー・デップの顔を思い浮かべる読者もいる。単語のレベルにかぎらない。さまざまなレベルで言葉（そして、言葉の集合であるテキスト）は、穴ぼこだらけ。本を読むときは、テキストの穴ぼこを想像力で埋めながら理解する。穴ぼこの埋め方は、人によって違うから、コミュニケーションにズレが生じる。好きな本が映画化されたとき、違和感をもつのもそのためだ。

　テキストの流れに縛られながら、テキストの穴ぼこを自分なりに埋めていく。その作業によって、自分の思考の枠組みや価値観が、きしんだり揺さぶられたりすることがある。それどころかバスチアンのように、人生が変わることさえある。

　本はテキスト（文字の集合）にすぎない。読まれてはじめて作品となる。読者とテキストのセックスによって生まれる子どもが、作品なのだ。読書はセックスに似ている。テキストの意味やメッセージは、テキストのなかに「発見」するのではなく、「読者とテキストの相互作用」（W・イーザー）によって「構成」するものだからだ。

　たとえば読者Aがテキスト『こころ』とセックスして、生まれた子どもをaとする。そのaが、読者Aにとって意味やメッセージをもった作品『こころ』なのだ。読者Bがテキスト『こころ』とセックスして、生まれた子どもはb。読者Cの場合は、子どもcという具合だ。また読者Hはテキスト『こころ』と波長が合わず、セックスもせず、子どもが生まれない。Hにとってテキスト『こころ』は、たんなる文字の集合のままで、作品『こころ』にはならない。

　また、ひとりの読者Aの場合でも、17歳のときに生まれた子どもがa_1なら、35歳のときの子どもはa_2、56歳のときの子どもはa_3。80歳のときは認知症で、子どもは生まれない……。

　映画監督の伊丹十三は、「われわれは映画を半分しか作ることができない。あとの半分は観客がつくる」と言う。絵本作家の五味太郎は、「絵本の51％は作者がつくり、49％は読者がつくる」と言う。カフカは、『変身』の初版本のカバー絵には「虫の絵を描かな

いように」と注文をつけた。どんな虫か、その想像を読者にゆだねた。『こころ』を体験した読者の数だけ、『こころ』という作品（子ども）がある。そして子どもa、b、c…、a_1、a_2、a_3…には、家族的類似（ヴィトゲンシュタイン）があるだろう。

テキストの意味やメッセージは、森のなかで「発見」されるのを待っている宝物ではない。テキストと読者の相互作用によって「構成」される。つまり読むことには、いつも読者の「私」がかかわってくる。誰が見つけても同じ宝物は、数学の解答のようなものだ。解答は、答える「私」とは無関係に成立する。けれども芸術や文学の場合、いつも受容者の「私」が介入するので、解答ではなく回答だ。回答は、誰に対しても妥当するわけではない。納得するかしないかは、人によって違う。野家啓一の言葉を借りれば、解答は「非人称的な真理」であって「理解の対象」だが、回答は「人称的な真理」であって「了解の対象」となる。芸術や文学だけではなく、恋愛も、相手との関係が問題になるわけだから、回答が決め手になる。正解はない。モテテクがいつも有効とはかぎらない。

---

§19　間奏曲：ほんとうの物語

ドン・ジョヴァンニは、ツェルリーナの気持ちを読み取りながら、臨機応変に攻める。恋愛には読解力が必要だ。相手と接することは、物語を読むことに似ている。ほんとうの物語は一筋縄ではいかない。ベンヤミンは、ヘロドトスの『歴史』第3巻第14章の話を例に説明している。

エジプト王プサンメニトスが、ペルシャ王カンビュセスに負けて捕虜になってしまった。カンビュセスは、捕虜になったプサンメ

ニトスに屈辱を味わわせてやろうと考えた。「プサンメニトスを
な、ペルシャ軍が凱旋行進することになっている道端に立たせて
おけ」。さらにカンビュセスはこんな手配を指示した。「捕虜にな
ったプサンメニトスには、王の娘がその道を通りすぎる姿も見せ
てやれ。下女となって水がめを持って泉に向かっていくところ
を」。その光景を見て、すべてのエジプト人が嘆き悲しんだ。だ
がプサンメニトスだけは、黙ったまま、じっと動かず、地面を見
つめていた。しばらくしてプサンメニトスは、処刑のため一緒に
行進させられている息子の姿を目にした。だがプサンメニトスは
同じように、じっと動かないままだった。ところがその後、捕虜
の列のなかに、自分の召使いのひとりの姿を認めた。老いぼれ
の、落ちぶれた男だ。そのときプサンメニトスは、両方の拳で自
分の頭をなぐりつけ、もっとも深い悲しみを全身であらわした。

「なぜプサンメニトス王は、召使いの姿を見てはじめて悲嘆にく
れたのか？」と、モンテーニュは考えた。「王の悲しみは、すでに
溢れそうだったので、ほんのわずかに増えるだけで、堰が切れたの
だ」。さらにベンヤミンは、友人フランツ・ヘッセルの回答を紹介
する。「王の心を動かすのは、王族の運命じゃない。それは自分自
身の運命なんだから」。ベンヤミンの恋人アーシャ・ラツィスの回
答はこうだ。「私たちはね、舞台を見ると、心をうんと動かされる
でしょ。実生活では心を動かされないことででも。この召使いだけ
が、王にとっては俳優だったんだ」。そしてベンヤミン自身も回答
する。「大きな悲しみは、堰きとめられていて、緊張が緩んではじ
めて堰を切る。その召使いの姿を見て、緊張が緩んだわけ」

　ヘロドトスは、何も説明しない。その報告は、じつにそっけな
い。ほんとうの物語は、「なぜ」を説明しない。だから、何千年も
ピラミッドの密室に閉じ込められた穀物の種のように、今日でも芽
を出す力を保っている。物語は情報とは別のものである。

　ほんとうの物語は、いろんな読みを誘う。古典は、ドン・ジョヴ
ァンニのように誘惑する力をもっている。「これは古典です」と、

どこかで誰かにレッテルを貼られたものが古典ではない。いろんな時代の、いろんな人を誘う「フェロモン」をそなえているのが古典なのだ。ちなみに科学によると、ヒトは、フェロモンを感知できないらしい。フェロモンを感知できる器官「鋤鼻器」と神経線維のあいだが切れているので。

縛られる喜び

§20 「ばらのアダージョ」

　5月下旬、ばらの季節になると、ばらを〈魔の金4〉のネタにする。
リルケ（1875~1926年）はばら好きで、ばらのトゲで怪我をし、
白血病になって死んだ。遺言により墓には彼の詩が刻まれている。
「薔薇よ、おお、清らかな矛盾。たくさんの／まぶたのもとで、誰
でもない者の眠りであるという／喜びよ」。だが今の学生は、こう
いう詩にあまり興味を示さない。ゲーテの「野ばら」はドイツ文学
ではもっとも有名なレイプの詩だが、私は曲が苦手なので、教室で
はさらりと触れるだけだ。
　バレエ『眠れる森の美女』の《ばらのアダージョ》を見てもらう
（1999年のロイヤル・オペラ・オープニング・ガラ）。軸がほんのちょ
っとプルプル揺れるが、美しく可憐なダーシー・バッセルのオーロラ姫に、はじめてバレエを見る学生は息をのむ。言葉を使わないバレエは偉い（コンテンポラリー・ダンスでは声を出すこともあるが）。バレエ・ダンサーは、群を抜いて見事な体をしている。喧嘩をしても抜群に強いらしい。鍛え方が違うのだろう。

　昔のバレエには闇の部分があった。ドガの『エトワール』（1876年頃）を見てもらう。絵の左端に、品定めをしている黒服の男が描かれている。当時のバレエ・ダンサーは、男性の欲

ドガ『エトワール』（1876年頃）

望の対象だった。南大沢キャンパスの紙メールでは、枕営業を嫌悪
し、否定する声は根強いが、その一方、「枕営業もアリ」とか「使
えるものは使えるうちに使う」などの声も、意外に多い。

　●元地下アイドルの話だが、枕をしたからといって、仕事がもら
　えるとか、センターになれるとかは、あまりなく、一度関係をも
　ってしまったら、やめたら仕事がなくなるかもと思って、やめら
　れなかった。

　バレエ『眠れる森の美女』のベースはペローの童話だが、民話
は、それぞれの時代のポリティカル・コレクトネス感覚によって書き
換えられてきた。民話→ペロー→グリム兄弟（「いばら姫」）→ディ
ズニーと編集されていくにつれ、民話のもっている生命力がどん
どん骨抜きにされていく。「元祖いばら姫」では、眠っている姫が
隣の国の王子にレイプされ、眠ったまま出産する。行儀のいいポリ
ティカル・コレクトネスには、困った側面がある。残酷な暴力を見
せないことによって、そういうものを「ないことにしてしまう」。
差別語を使わないことによって、差別の現実が見えなくなるのと同
じメカニズムだ。

---

§21　「失わないためには放棄せよ」——マラソン型とリレー型

　オペラには、こちらが恥ずかしくなるほど大げさなものが多い。
大げさだけど、真実に迫るものもある。全曲は長いから、10分以
内のつまみ食いが原則だ。教室には、オケで楽器をやっている学生
もいるけれど、クラシックになじみのない学生もいる。しかしクラ
シックという、緻密に計算された言語ゲームには、つまみ食いでも

（というより、つまみ食いだからこそ、集中してもらえるので）、強力なインパクトがある。10分以内なら、オペラが苦手の学生も退屈せずつき合ってくれる。

　音楽のつまみ食いは、教室の気分をがらりと変えてくれる。「耳から入った音情報、特に情動を喚起するような情報は、脳の高次機能が発動するより先に、感情や行動を動かしてしまう」。「そういう情報は、言葉の内容より早く、人間の感情や行動を決定してしまう。高次認知が働くには1秒近くの遅延時間があるけれど、情動の発動は数百ミリ秒、いや数十ミリ秒でも動き出すものがある」（NTT基礎研究所・柏野牧夫）

　恋は、苦しみをもたらす幸せであり、人を幸せにする苦しみである。言葉でピーチクパーチク講釈するより、音を聞いてもらえば一目瞭然。トリスタン和音や倚音も、実際に聞いてもらわないとピンとこない。偉大なる劇伴のおかげで、教室で話題にしたい状況にすばやく感情移入してもらえる。たとえば『ばらの騎士』の終幕の3重唱。これをネタに、「リレー型の恋愛」の話をする。

◆39 R・シュトラウス『ばらの騎士』（初演1911年）台本ホーフマンスタール
○《銀のばらを届ける》（第2幕）
○《愛の3重唱》（第3幕）
　C・クライバー／ウィーン国立歌劇場管弦楽団　演出O・シェンク
　1994.3.23 Wien
　オクタヴィアン（若い貴族）：アンネ・ゾフィー・フォン・オッター
　[Ms]（ズボン役）
　元帥夫人：フェリシティ・ロット　[S]
　ゾフィー（新興貴族の商人の娘）：バーバラ・ボニー　[S]

　32歳の元帥夫人は、17歳の青年貴族オクタヴィアンと恋仲（つまり婚外恋愛）だったが、オクタヴィアンが平凡な若い娘ゾフィーに惹かれていることを知って、身をひくことにする。日本語の字幕

つきで、歌手・衣装・舞台のビジュアルもよくて、名演となるとクライバー版（1994年）だ。オクタヴィアンが「マリー・テレーズ」と呼びかけるところから5分17秒。

　この1994年のDVDは編集で残念なことがある。「ここに彼がいて、ここに私がいて」と歌いはじめた元帥夫人が、「でも彼は、あそこにいる娘と幸せになるんだわ。世の男たちが考えるような幸せに」のときには映像から消えてしまっている。おまけにその箇所では元帥夫人の歌詞も、字幕がまったく出てこない（その部分は、別の日に別の演奏で補うことにする）。

　鳥肌の立つ圧倒的な音楽のおかげで、多くの学生は、「彼の愛がほかの女性に移っても、私は広い心で彼を愛していこう」と歌う元帥夫人を、かっこいいと思う。失わないためには、放棄せよ！　元帥夫人への共感が、婚外恋愛への嫌悪感を薄めたところで、「リレー型の恋愛」の出番だ。

　『ばらの騎士』は18世紀の貴族の話である。恋愛は、未婚の女性には認められていない。良家の娘は修道院付属の寄宿学校暮らし。だから、若い男がつき合えるのは、元帥夫人のような年上か、女中や娼婦ということになる。結婚は家と家の問題。好き嫌いは問題にならない。女性は結婚後はじめて、恋愛の自由を獲得する。元帥夫人とオクタヴィアンのような婚外恋愛が黙認されていた。

　学生たちの多くは、浮気はしても、本気でつき合うのは1対1で、好きになった相手と結婚して、できることなら末永く仲良く暮らしたいと考えている。ロマンチックな「マラソン型の恋愛」だ。しかし恋愛は思想とおなじで自由だが、結婚は思想なんかとちがって、地に足のついた生活である。『ばらの騎士』の時代のように、結婚と恋愛は別物だと割り切るほうが、恋愛をゲームのように楽しむことができる。ゲームをやるときは真剣だ。しかし、ゲームには終わりがあることも心得ている。失わないために、自分のほうで終止符を打つ。失恋ではなく、美しい捨恋ができる。夢中になったゲームを美しい思い出にすることができる。

　ゾフィーとオクタヴィアンは、永遠の愛を誓って結婚するわけだ

が、恋愛には賞味期限がある。オクタヴィアンも仕事で忙しくなるだろう。外で女性と仲良くなるはずだ。何年かたつとゾフィーも、うんと若い男と恋仲になる……。ところで、元帥夫人に恋愛の手ほどきをしてもらったオクタヴィアンは、ゾフィーにあれこれ手ほどきする。そして何年かして今度はゾフィーが、うんと若い男に手ほどきするようになる……。知恵や技術の、スムーズな受け渡し。このリレーにゴールはないが、自己完結をめざすマラソンとちがって息苦しくない。

　今の日本では、マラソン型や恋愛結婚が当たり前だと思われているが、恋愛結婚が見合い結婚より多くなったのは、1960年代半ばになってからのことにすぎない（国立社会保障・人口問題研究所、第15回出生動向基本調査、2015年）。

◇37 1960年代半ばに、「見合い結婚」の時代から、「恋愛結婚*」の時代へ。
　*1940年代後半（全体の2割）、50年代前半（全体の3分の1）、60年代半ば（優位）

　世界には1夫多妻の家父長制社会もある。また、標高4150mのヒマラヤのティンギュー集落では、家父長制を逆転させた1妻多夫（たとえば、兄が第1の夫で、その弟が第2の夫で、兄弟は仲良し）だ。

---

§22　縛られる喜び

　『ばらの騎士』第1幕への序奏を見てもらう。序奏の音楽でどんな情景を想像するか。それをクイズにして、「痕跡」（ナティエの『音楽記号学』）の紹介をする。

◇₂₉　ソシュール的コミュニケーションへの疑問：

signe（シーニュ［記号］）＝ découpage（デクパージュ［切断］）

signifiant（シニフィファン［記号表現］）＝ signifié（シニフィエ［記号内容］）

【1型】発信者 → メッセージ → 受信者（ソシュール的）

【2型】発信者 → 痕跡 ← 受信者（ジャン＝ジャック・ナティエ『音楽記号学』）

　　　　発信プロセス（A）：発信者は痕跡［音楽・オペラなどの象徴形式］を生み出す

　　　　受信プロセス（B）：受信者は痕跡［音楽・オペラなどの象徴形式］を受け取る

　　　　【〈Aの結果〉と〈Bの結果〉は、かならずしも一致しない】

◇₆₃↓Jastrow　アスペクト知覚障害（Wittgenstein）「…を見る」／
　　　　　　　　　　　　　　　　「…として見る」

　ここに100円のコイン（「記号」）があるとする。コインの表が「記号表現」で、裏が「記号内容」だ。コミュニケーション1型（ソシュール的）では、発信者は100円のコインをまるごと受信者に渡すことができる。100円分がきっちり伝わる。ところがコミュニケーション2型（ナティエ的）では、発信者が渡せるのはコインのかけら（痕跡）にすぎない。受信者には、100円分が伝わるわけではない。

　受信者は、そのコインのかけら（痕跡）から、発信者の頭のなかにあった「コイン」を想像することになる。〈読むことはセックスである〉のときに話した「テキストと読者の相互作用」を思い出そう。受信者は「コイン」を発見するのではなく、想像による穴埋めをして、「コイン」を構成する。発信者の頭のなかにある「コイン」

と、受信者が想像する「コイン」には、当然、ズレがある。

　ジャストロウの「ウサギ゠アヒルの頭」の図を見てみよう。発信者はその図を「ウサギ」のつもりで渡したのに、受信者は「アヒル」だと思う。ズレを恥ずかしがる必要はない。

　〈発信者→メッセージ→受信者〉という古風な図式【1型】ではなく、〈発信者→痕跡←受信者〉という図式【2型】は、音楽にかぎらずコミュニケーション一般のイロハであり、むずかしさでもあるから、ぜひ確認しておきたい。〈発信者→痕跡〉というプロセスの結果Aと、〈痕跡←受信者〉というプロセスの結果Bは、かならずしも一致しない。

　「だからね、発信者である作曲家や演奏者が考えていることと、受信者であるお客が考えることとは、ズレるのが当たり前。研究者や評論家の意見を真に受ける必要はない。研究者は発信者の代理でもないし、評論家は受信者の代表でもないんだし。しかしね」と言って、今度は、序奏の音楽につづけて、幕が上がった後の「元帥夫人の寝室」もちょっと見てもらう。

　すると、「広い草原できれいな空気を胸いっぱい吸い込んで駆けている」情景を想像していた学生も、この序奏（痕跡A）が、元帥夫人とオクタヴィアンのセックスを描いたものだと気づく。コンテキストの力だ。テキストの意味がコンテキストによって定まる。学生たちは以後、この序奏でホルンが聞こえると、17歳のオクタヴィアンの元気なペニスを想像することになるだろう。

　「とすると、発信者は受信者に勝って、古い図式〈発信者→メッセージ→受信者〉が復活したのだろうか。受信者がAではなくBのように受容・構成するのは、受信者の権利だし、コミュニケーションでは日常茶飯事だ。けれど、もしも受信者が発信者に好意をもっているなら、発信者の土俵（コンテキスト）に乗ってみるほうが、コミュニケーションは深まり、豊かに展開するだろう。惚れたら、負け。恋愛というコミュニケーションは、負けることから始まるんだよね」

§23　間奏曲：「すみれ」——等価交換か、贈与か

　ゲーテの「野ばら」はさらりと触れるだけだが、「すみれ」はしっかり扱う。詩も曲も、「偉大なものは単純である」を絵に描いたような絶品だ。

◆[35]モーツァルト【1756~91年】《すみれK476》（1785年）レクチャー
　1990年
　　モーツァルト役（ピアノも）：林光（1931~2012年）　歌：萩京子
・モーツァルトの加筆「かわいそうに。かわいいすみれ*」
　　　　　　　　*Das arme Veilchen! es war ein herzigs Veilchen!

　NHK-FMで、作曲家の林光がモーツァルトに扮して、モーツァルトの音楽を語った番組から、《すみれ》のレクチャー（12分41秒）を聞いてもらう。《すみれ》は2分06秒の短い曲だが、ピアノ・林光、歌・萩京子（作曲家）の《すみれ》は、どんな名ソプラノが歌う《すみれ》よりすばらしい。日本語訳で歌っているので、たとえば「羊飼いの娘」は、「娘」と短くなっている。最後の2行は、モーツァルトの加筆だ。モーツァルトは有名人の詩には作曲しなかったのだが、ゲーテの詩とは知らずに曲をつけた。

　　牧場のすみに
　　人知れず咲いてた
　　かわいいすみれ
　　そこへ向こうから
　　ひとりの羊飼いの娘が
　　足取り軽く

縛られる喜び

こっちへやってきた

すみれは思った
あの娘がわたしを
見つけてくれて
わたしを摘んで
すこしのあいだ
抱きしめて
くれたなら

ああ、娘は近づく
すみれには目もくれず
踏みつぶした
すみれは言いました
あの娘に踏まれて
死ぬなら
本望と

かわいそうに
かわいいすみれ（林光訳）

「踏みつぶした」の最後の和音について、林光（＝モーツァルト）はこんな説明をする。「短3度が4つ重なった和音は、この頃わたしたちは非常に大事にして、ときどきしか使わなかった。でもその後、とくにロマン派の作曲家たちが濫用に濫用を重ねて、今では何のめずらしくもない和音になってしまった。けれど、この曲では、すみれが劇的に死んでしまう場面で使われているだけ」

　すみれは、羊飼いの娘に目もくれられず、踏まれて死んでしまう。それでも犬死にだとは思わず、「あの娘に踏まれて死ぬなら本望」と喜ぶのだが、紙メールでは「ドMだ」とか「コスパの悪い恋だ」とか、否定的なコメントが目立つ。

　1990年代に新自由主義が幅をきかせるようになった。そのせいで今の若者の多くは、「勝つか負けるか」や「1か0か」の眼鏡をかけている。等価交換が当然だと刷り込まれているから、どんなことにもコストパフォーマンスを計算する。「私が5000円分のことをしたのに、彼は5000円分のお返しをしてくれない。だから別れた」とか、「私がこれだけ愛してるのに、彼はそれほどじゃない」とか。等価交換に縛られている若者は、なかなか恋愛に踏み出さない。踏み出せないのかもしれない。

　《すみれ》の恋はコストパフォーマンスが悪いように見える。けれども計算を忘れさせるところに、恋愛の醍醐味がある。恋愛は、「等価交換」で考えると、貧しくなる。「贈与」のレンズで見るほうが、豊かになる（はずだ）。

ていねいに悩む

§24　ゴリラ実験——紙メールの誕生

　〈魔の金４〉で紙メールは必須アイテムだ。１回の授業で数回、書いてもらう。必要に迫られてこの方式になった。90分の授業で数種類のビデオを見てもらうのだが、毎回、ビデオの頭出しに時間がかかる。その時間稼ぎに書いてもらうことにした。授業の最後に１回だけ書いてもらう方式より、書く方も読む方も手間がかかるが、解像度がまるで違う。どこに興味をもったか、どこが分からなかったか、どんな問題があるのか、学生の授業への参加濃度も細かくチェックできる。

　出し物は、秒単位で区切った部分を見てもらう。ビデオテープ時代は、巻き送り・巻き戻しにずいぶん時間がかかった。DVDやBDでも、市販のものならチャプター分けが固定されているので、スキップしてから目的地点までの早送り・早戻しが必要になる。その点、自炊BDは、チャプター編集が自由にできるから、飛躍的に便利だ。けれども自炊BDは、再生デッキのメーカーによってチャプター編集を読んでくれないものもあり、またディスクの経年劣化によって、再生できるデッキを選ぶようになる。2019年度は、AV263教室では、常設デッキのほかに外部接続のデッキを３台用意してもらっていた。回転系のソフトはそろそろ時代遅れになってきたようだ。使いたいソフトすべてをmp4に変換できれば、PCで対応できるのだが、私の実力ではむずかしいものもあり……。

　紙メールに慣れないうちは、学生から悲鳴や不満や注文が聞こえてくる。

♪不満その１——
　次の出し物の頭出しが完了すると、「明かりを消すよ」と言って、教室をまっ暗にする。「もっと書く時間がほしい」と悲鳴があがる。

ふふ、人生だって、たいてい尻切れトンボで終わるよ。品書きにアップした文章を朗読係に読んでもらう。

◇₇₆ 凡庸な物書きが用心すべきことは、粗削りで不正確な表現を、あわてて正確な表現に置き換えないこと。そんなことをすれば、最初にひらめいたアイデアを殺してしまう。小さな植物にはまだ命があったのに。（ヴィトゲンシュタイン『反哲学的断章』）

「理路整然とした文章なんて書かなくていい。正確さにこだわると、どんどんつまんなくなる。直感や直観って大事だ。ひと目で「あっ、この人だ」と思うことがあるよね。面接は、ドアを開けて椅子にすわった段階で決まるといわれてる。服を買うとき、いろいろ品定めしても、最初に目についた服が一番だったりする。音楽の録音や映画の撮影では、何テイクもとったのに、ファースト・テイクが一番ということが多い。法学系の人なんか、きちんとした文章を書け、って言われてると思うけど、肩が凝るよね。〈魔の金４〉は、多くの人にとって週の最後の授業。リラックスして気づいたことを、ささっと書けばいい。じっくり考えて書いてもらうのは、メール課題や期末レポートで」

　紙メールでは、いつもおもしろいコメントを書く学生が、メール課題になると、優等生になってしまい、エッジが消えている。あれこれ考えて論理を詰めるせいで、「小さな植物」の命が消えてしまうのだろう。優等生よりヤンキーがいい。

　日テレの『イッテＱ』の、身ぶり手ぶりで超ブロークンの出川イングリッシュについて、教室で手をあげてもらうと、「ダメだ」より、「けっこう通じてる」のほうが圧倒的に多い。出川イングリッシュは積算型だ。

　言語を積算型と構文型に分けてみることができる。「バナナ、３つ」というのが積算型だ。その場の状況で、「このバナナを３房ほしい」とか、「そのバナナを３本ください」とかが伝わる。それに対して、「このバナナに残留農薬が入っているなら、うちの子には

食べさせません」が構文型。コンテキストに依存する積算型と、コンテキストに依存しない構文型。俳句や詩は、受容者にコンテキストを想像・構成してもらうゲームだ。

　言葉の世界は、じつは積算型が基本ではないだろうか。テキストは、コンテキストがないと理解しにくい。テキストの意味はコンテキストで決まる。構文型の論理が、世界をすっぽり覆っているわけではない。自然科学や法律や契約では、構文型が必要だ。だが日常生活では、わざわざ言葉を定義しなくても、積算型でけっこう用が足せる（ヴィトゲンシュタインの前期の『論理哲学論考』は構文型を相手にしていたが、後期の『哲学探究』は積算型も視野に入れている）。

　律儀な人は、構文型を好む。積算型で十分伝わるのに、馬鹿丁寧に伝えようとするから、面倒がられてモテない。きちんとした構文型の文章なら、ちゃんと伝わると思っているのだろうか。「ここにちゃんと書いてあるから、わかるだろう」と甘い幻想をいだいていると、痛い目に遭う。コミュニケーションのサジ加減はむずかしい。

　オランダのスキポール空港の小便器の真ん中に、小さなハエの絵を描いておいたところ、たくさんの男子がハエめがけてオシッコをするようになった。その結果、便器の外にこぼれるオシッコの量が80％減って、清掃コストの大幅削減にもつながった。行動経済学の有名なエピソードだ。

　「もう一歩前へ」とか「いつもきれいにお使いいただき、ありがとうございます」という言葉より、ハエの絵のほうが圧倒的に効果がある。何千もの言葉より、１枚の写真や20秒の動画が世界を動かす。言葉で伝えたつもりでも、伝わらないことが多い。

　石や羊皮紙に文字を刻んでいた時代とは違って、言葉を大事に考え、言葉がすべてだという勘違いは減ってきた。今は、誰もが手軽にSNSで発信できる。小便器のハエの絵の威力も知っている。言葉でウソをつくことも、演技することも、発言の階層（タイプ）を上げ下げして逆説をつくることも、朝飯前。馬鹿と言葉は使いよう、かも。

♪不満その2――

　紙メールについての不満は、「もっと書く時間がほしい」だけではない。ビデオを見る前に、「紙メールは何について書くのか」や「ビデオのどこに注目したらいいのか」を予告してほしいというのだ。

　「うーん、まず、この実験を見てもらおうかな」と、教室を暗くする。

　被験者が言われる。「これから見るビデオで、白いシャツを着た人が何回パスするか、数えてください」。ビデオでは、白いシャツを着た人と黒いシャツを着た人がバスケットボールのパスをしている。そしてそのなかを黒い着ぐるみのゴリラが通りすぎていく。ビデオが終わり、被験者がパスの回数をたずねられる。それから「選手のほかに何か見えましたか？」と質問される。

　有名な「見えないゴリラの実験」だ。心理学の授業でも見たという学生もいるが、はじめてこのゴリラ実験のビデオを見た学生のうち、約半数がゴリラに気がつかない。パスの回数も正確に数えられたし、ゴリラにも気づいた学生は、紙メールで「わたし、集中力に欠けているのでしょうか」と、要らぬ心配をしている。〈魔の金4〉の成績の70％は、授業参加濃度で測るのだが、濃度アップ用のオプション課題として、「ゴリラ実験を下敷にした恋愛の話を書く。600字」を出す。

　なにかに集中すると、ほかのものが見えなくなる。「恋は盲目」だ。『トリスタンとイゾルデ』でトリスタンはイゾルデしか、イゾルデはトリスタンしか見えなくなる。ふたりは合体して、心までひとつになる。究極の1対1で、当事者は陶酔して幸せだが、まわりが見えなくなる（でも、まわりが見えると、陶酔が醒めてしまう）。権力者は昔から、この1対1を、支配のツールとして愛用してきた。白いシャツに集中して、パスの回数だけを数える人は、視野狭窄。がんばる人は偏狭になる。

「お前しか見えない」というのは、ところで本当なのだろうか。
◆69宮藤官九郎『ごめんね青春！』第2話（2014.10.19 TBS）で、愉快な実験を見てもらう。

先生（錦戸亮）が高校の教室で、「恋愛に溺れた男が口にする常套句」について教える場面だ。女子ビルケン（トリンドル玲奈）と男子ゆたか（矢本悠馬）を黒板の前に呼んで、ちょっとドキドキ、プッと吹き出してしまいそうな実験をする。矢本にトリンドルへの距離を少しずつ詰めさせては、錦戸亮が矢本に「何が見えている？」とたずねる。トリンドルしか見えなくなる鼻先2cmまで近づいたとき、「どうだ、そのビルケンは見えるか」と聞かれて、矢本が「ぼんやりしか見えません」と答える。その答えを聞いて、教室のみんなが納得する。「お前しか見えない」と言う人間は、じつは「お前のことも見えていない」のだ。

集中することは今日では美徳とされているが、あまのじゃくの〈魔の金4〉は、こういう集中型を「19世紀的」と呼んでいる。そしてドン・ジョヴァンニのような1対多の分散型を「18世紀的」と呼ぶ。一途や1対1を理想としがちな学生たちを挑発するために、〈魔の金4〉は「18世紀的」の肩をもつことにしている。コアをもたない分散型のドン・ジョヴァンニがヒーローだ。

ビデオを見る前に、見てもらいたいポイントを予告するかどうかは、出し物しだい。予告すれば、ゴリラ実験のように、ほかのものに目を閉ざしてしまう可能性がある。出し物で学生が「なに」を見たのか、を知りたいときは、予告しない。

◇58「私たちが観察しているのは、〈自然〉そのものではなく、私たちの問いに照らし出された〈自然〉なのだ」（ハイゼンベルク）

問いが、ある意味では答えを導き出してしまう。猫なで声の「これ、わかりますかぁ」は、できるだけ避けたい。〈魔の金4〉には毎年、リピーターがいる。たとえば、きわめつきのアーノンクール

版《お手をどうぞ》を見るときは、「はじめての人は、ドン・ジョ
ヴァンニの攻め方に注目して。リピーターは、誘惑されるツェルリー
ナの表情をよく見て」と予告する。うぶに見えるが、だまされた
いツェルリーナは結構したたかな女性なのだ。

---

§25　ていねいに悩む——洞窟の比喩

　「恋は傷つく絶好のチャンス。めざせ10連敗！」は、〈魔の金４〉
の合言葉だ。失恋で傷つくことを恐れて、一歩踏み出さない若者が
増えている。失恋したら、どうするか。柔道の受け身の練習ではな
いが、失恋のシミュレーションをする。

◆₄₉シューマン『詩人の恋』（1840年）
・1840年、シューマン（1810~56年）は裁判のすえ、クララ・ヴィー
ク（1819~96年）と結婚。
・1840年は「歌の年」。『詩人の恋』『リーダークライス』『女の愛と
生涯』などを作曲。
【歌詞】ハイネ（1797~1856年）『歌の本』（1827年）「抒情的間奏曲」
から
①美しい５月に　②私の涙から　③バラに百合に鳩に　④君の瞳を見
つめるとき　⑤私の心を百合のうてなに　⑥神聖なラインの流れに
⑦恨みはしない　⑧花が知ったなら　⑨鳴るのはフルートとバイオリ
ン　⑩恋人の歌を聞くとき　⑪若者が娘に恋をした　⑫明るい夏の朝
⑬夢の中で泣いた　⑭夜ごとの夢に　⑮昔話の中から　⑯忌まわしい
思い出の歌
I・ボストリッジ［T］／内田光子［KI］2011年　Salzburg
【a】失恋した友達に、『詩人の恋』の流れを紹介してから、ひとこと！
【b】『詩人の恋』のクライマックスは何番？　なぜそう考えた？

【c】⑯のピアノ後奏は何を語ってる？

『詩人の恋』は、失恋の歌である。ロマン派の男子は、メソメソしている。いや、ロマン派にかぎらず、男子はメソメソするのが相場だ。統計をとれば、「男子は女々しく、女子は男らしい」ということになるだろう。全曲29分40秒を通して見てもらうので、うんざり防止のためにも、紙メールのお題【a】【b】【c】を品書きにアップしておく。お題を予告してプリントまでするのは、『詩人の恋』のときだけだ。

> ■ある女性に熱い恋をして、まもなく失恋し、その記憶に苛まれて苦しむ。最終的には、こんな酷い記憶は捨ててしまえと決心するけれど、乱暴に切り捨てるのではなく、ちゃんと棺に納めて沈めようとする。（【a】流れの紹介）
> ●失恋をすぐに受け入れようと頑張るのではなく、気が落ち着くまで悲しみに沈んで、じっくり、恋人だった人との思い出にお別れしよう。（【a】失恋した友達に、ひとこと！）

『詩人の恋』は、第1曲の《美しい5月に》恋の花が咲くと、第5曲ではもう失恋の予感。後は、泣いたり、恨んだり、夢で見たり。ていねいに悩んでいる。恋の醍醐味は失恋にある。そこが《詩人の恋》の味噌なのだが、紙メールには、「さ、前向こう」とか、「さっさと忘れて、次の恋に進もう」と慰める言葉が一定数ある。プラトンの「洞窟の比喩」で人間は、洞窟で手足と首を縛られていて、前しか見ることができない。けれども囚人でないなら、失恋したときくらい、じっくり後ろを向いて悲しみに浸ればいいのに。

第12曲《明るい夏の朝》。若者は悲しみに沈んで庭を歩いているのだが、ピアノは、きれいに澄んだメロディを響かせる。ていねいに悩んでいるうちに、失恋が昇華されていくかのようだ。第7曲では、歌詞は「ぼくは恨まない」だが、ピアノはしっかり「恨んでるぞ」を響かせる。歌がピアノの伴奏をしているみたいだ。最後の第

16曲で、テノールのボストリッジが1分58秒かけて、忌まわしい思い出を巨大な棺に入れて葬ることにする。それから内田光子が2分24秒かけて、心が洗われるようなきれいなピアノで、「喪の作業」を完了させる。『詩人の恋』は、「回想と服喪追悼」（ジュディス・ハーマン）をたっぷり歌ってから、回復を予感させる。

失恋が昇華して、美しい思い出になる。記憶は、VTRではなく単語カードみたいなもので、都合よく編集されがちだが、だからこそ、「思い出は、われわれが追放されることのない唯一の楽園である」（ジャン・パウル）。

傷ついた筋肉は、前より大きくなって回復する。この超回復は、筋トレのメカニズムでもある。心が傷ついたとき、私たちはPTSDを心配するけれど、PTG（Posttraumatic growth）という超回復もあるのだ。

フクシマのニュースを聞いて、ドイツはすぐに倫理委員会をつくり、核は人間の手に負えないことを確認して、脱原発へ方向転換した。ところが日本の政治は3.11後も、失敗を反省しない。洞窟の囚人のようにずっと前を向いたままだから、「アンダー・コントロール」と平気でウソをつく。2014年につくられた内閣人事局のせいで、官僚は悪しき忖度にはげむようになり、政策の途中報告はおろか、事後報告もしないようになった。それどころか記録すら残さない。だらしないメディアはそれを批判しない。この国は、後ろを向かず、ていねいに悩むことを放棄している。国会で審議もせず、閣議決定だけで政策を進めていく、お馬鹿で行儀の悪い独裁政治のせいで、あったことがなかったことにされて、日本は前を向いたまま後退をつづけている。ベンヤミンの「歴史の天使」のように。

『詩人の恋』のクライマックスは何番だと思う？　第11曲《若者が娘に恋をした》が、いつも投票で上位をしめる。全16曲のうち、この曲だけとび抜けて異色なのだ。

■第11番《若者が娘に恋をした》。失恋の話を理路整然と客観視

して並べているから。感情表現抜きの主張は説得力があり、逆に一番気持ちが籠っているように思える。

この第11番には、恋愛詩には定番の、つぶらな瞳も、星も、花もまったく出てこない。第1連と第2連のたった8行で、若者3人と娘2人の行動が即物的に報告されている。ハイネは自分のことを語らない人だった。しかしこの詩には彼自身の体験が反映されている。

若者［B1］が娘［G1］に恋をした。
娘［G1］は別の若者［B2］をえらんだ。
その若者［B2］は別の娘［G2］に恋して、
その娘［G2］と結婚した。

娘［G1］は怒って結婚した。
相手は、たまたま出会った男［B3］、
誰でもよかった。
若者［B1］は苦しんだ。

よくある話だ。
だが、いつもくり返される。
そして当事者の胸は
はり裂けて、まっぷたつ。

第3連は、遠くから見ると喜劇だが、近くで見ると悲劇である。詩人は、自分の失恋を俯瞰して、立ち直りはじめる。〈魔の金4〉は、「わかったつもりにならないこと」に軸足を置いている。具体例にこだわり、まとめない。あまり一般化はしない。けれども、たまには一般化をして、整理するとスッキリする。だが、あわてて（他動詞的に）前を向くことはない。じっくり後ろを向いているうちに、気がついたら（自動詞的に）前を向いていた。「わかったつもり」の客観視が、一歩を踏み出す支点になることがある。

「俺たちは最強の家族だ」

§26 「俺たちは最強の家族だ」

映画『重力ピエロ』を第1弾として、〈子ども〉や〈血のつながり〉を考える。この第10回（2019.06.14）の授業の品書きは、巻末の付録③にした。

◆42 森淳一『重力ピエロ』2009年　原作・伊坂幸太郎2003年
○「最強の家族」　cf. 新潮文庫版 pp. 94~98
　泉水：加瀬亮、春：岡田将生、父：小日向文世、葛城：渡部篤郎

連続レイプ魔（渡部篤郎）に襲われて妊娠してしまった妻（鈴木京香）は、夫（小日向文世）の助言で、春（岡田将生）を産むことにする。妻は出産後、病死。春と、その兄（実の息子）に、父（小日向文世）が長年の秘密を打ち明ける。「春は俺の子だよ。俺の次男で、おまえ（加瀬亮）の弟だ。俺たちは最強の家族だ」

遺伝子鑑定で春の父親だと確認されたレイプ魔の葛城は、火に包まれた家のなかで、春に、「俺の父親は、がんと闘ってるあの人（小日向文世）だけだ」と言われ（原作では、「赤の他人が父親面するんじゃねえよ」とも言われて）、バットで殴り殺される。

以上のシーンをピックアップして見てもらってから、紙メールを書いてもらう。

　●原作を読んで、当時すごく泣いたのを覚えてる。愛情があれば血のつながりは関係ない。「最強の家族」だと思う。
　●レイプされてできた子どもを出産する気持ちが理解できない。
　■加瀬亮に見られてほほえんでから、岡田将生が血のつながった父を殺したのは、仲良しの兄に自分自身と世界が浄化されるのを見届けてほしかったからなのか。

§27 『浄められた夜』

〈魔の金4〉の出し物は、たいていビデオだが、ごくたまに音楽をBGMにして話をする。

◆₄₃アルノルト・シェーンベルク『浄められた夜』（初演1902年）
　Schönberg（1874~1951年）
○弦楽六重奏版（1899年 Wien）：Juilliard SQ［Vla］Trampler［Vc］Yo-Yo Ma　1991年 NY
○弦楽合奏版（1917 / 43年 Wien / NY）：Boulez / NY Philharmonic　1973年 NY
　R・デーメル（1863~1920年）「浄められた夜 Verklärte Nacht」（『女と世界』1896年）◆別紙₁

　『浄められた夜』は、後期ロマン派の作品だ。調性を捨てる前のシェーンベルクが、透明で濃密な音楽で、月夜の森を歩く男と女を描いている。まず弦楽合奏版をブーレーズ指揮NYフィルの演奏（28分54秒）で聴いてもらう。下敷きにしたデーメルの詩を追いかけながら。

　ちなみにこの詩の翻訳は以前はよく、LPやCDの解説に添えられていたが、残念なものが多い。また、音楽之友社『最新名曲解説全集』第13巻（1981年）で紹介されている全訳も、初級文法もあやふやな翻訳で、こちらの顔が赤くなるほどメチャクチャだ。WEBの記事が玉石混交なのは誰でも知っているが、紙の事典や辞書に書かれていても、簡単に信じてはいけない。デカルト主義者になって、できるだけ疑うべきだ。

　（私は文学系の「論文」をあまり信用しないことにしている。文献を

やたらありがたがる癖があるからだ。なぜ、紙に書かれているものが「証拠」になるのだろう？　たとえば歴史の文献は、権力者が自分に都合よく書かせた可能性があるので、「こう書かれている」からといって、そのまま信じられるわけではない。クラシック音楽でも1800年以前の楽譜では、一般によく知られていること・自明なことは書かれていないので、「原典に忠実に」と譜面だけを鵜呑みにするのは問題だ。モーツァルトは、当時の演奏家なら知っていたはずの基本的なことは書いていないので、「19世紀後半の色眼鏡」（アーノンクール）で演奏すると、トンチンカンなことになる。書かれているものを特別あつかいするのは偏狭だ。コンテキスト（テキスト）を無視して文献にこだわる人は、規則や前例にこだわるお役人みたいで、私は苦手だ）

　品書き◆別紙₁の訳は、初級文法はなんとかマスターしているつもりの私が訳したもの。

【1】ふたりの人間が、枯れた寒い森のなかを歩いている。
月もいっしょに動き、ふたりは空をのぞきこむ。
月は、高いオークのうえを動いている。
雲ひとつなく、空の光が明るくまぶしい。
光のなかに、木の葉の黒いギザギザが食いこんでいる。
聞こえてきたのは、女の声だ。

【2】お腹に子どもがいるの。あなたの子じゃない。
あなたの横を歩いてるのは、罪な女。
あたし、自分にひどいことしちゃった。
あのときは、もう、幸せなんか信じてなかった。
なのに、どうしても手に入れたかった。
生きがいを、母としての幸せを、
母としての義務を。そこで、恥も忘れて、
ふるえながら、知らない男に
あたしのからだを抱かせたの。

そしたら、子どもまでできちゃった。
いま、あたし、人生に復讐されたんだわ。
いま、あなたに、ああ、あなたに出会ったんだから。

【3】女は、ぎこちなく歩いている。
空を見あげると、月がいっしょに動いている。
女の暗い視線が、空の光に呑みこまれていく。
聞こえてきたのは、男の声だ。

【4】お腹のなかの子どものことは、
負担に思わなくていい。
ほら、世界が、なんと明るく輝いていることか。
すべてが輝きにつつまれている。
君と僕は、いっしょに冷たい海を漂っている。
だが、独特のあたたかさが伝わってくる。
君から僕のなかへ、僕から君のなかへ。
このあたたかさが、父親を知らないその子を浄めてくれるだろう。
君はその子を、僕のために、僕の子として産めばいい。
君は、僕のなかに輝きをもたらしてくれた。
君は、僕自身を子どもにしてくれた。

【5】男は、女の、がっしりした腰を抱く。
ふたりの息が空中でキスをする。
ふたりの人間が、高くて明るい夜のなかを歩いている。

　ブーレーズ指揮の弦楽合奏をBGMに、『カフェ・グリーンシュタイドル 1896』の絵や、クリムトの絵（『接吻』、『マルガレーテ・ストンボロー゠ヴィトゲンシュタインの肖像』）を見せながら、世紀末ウィーンの話をする。

　　19世紀末のウィーンは、ほかの都市とちがってカフェやサロ

「俺たちは最強の家族だ」

ラインハルト・フェルケル『カフェ・グリーンシュタイドル 1896』（1896年）

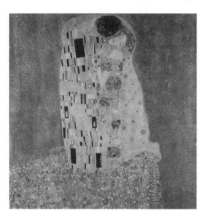

グスタフ・クリムト『接吻』（1907~08年）

グスタフ・クリムト『マルガレー テ・ストンボロー＝ヴィトゲンシ ュタインの肖像』（1905年）

ンが、文化人の溜まり場として機能していた。皇帝フランツ・ヨーゼフ1世の寛容政策のおかげで、優秀なユダヤ系がウィーンにたくさん集まっていた。20世紀以降の文化、思想、芸術をリードすることになるような、目覚ましい仕事が目白押しだった。

たとえば、美術のクリムト、ココシュカ、建築のゼンパー、アドルフ・ロース、音楽のブラームス、ブルックナー、マーラー、シェーンベルク、ヴェーベルン、ベルク、演劇のラインハルト、文学のホーフマンスタール、シュニッツラー、カール・クラウス、ムージル、ヘルマン・ブロッホ、トラークル、哲学のヴィトゲンシュタイン、カール・ポパー、精神分析のフロイト、心理学のアドラー、物理学のボルツマン、マッハ、経済学のシュムペーター……。さながら小ルネサンスだった。

理性と信仰を十分に発揮すれば、社会はよくなり人間は幸せになる。長いあいだそう考えられてきたけれど、世紀末ウィーンは、その考えに疑問符をつけ、「人間は合理的な動物であると同時に、感情と本能の被造物である」ことを確認した。たとえばフロイトは第2のコロンブスとなって、無意識という大陸を発見した。「私は、私という家の主人ですらない」。私というものは、私の意識や精神や理性によって、完全にコントロールされるわけではない。

『浄められた夜』の音楽は、デーメルの詩が描いている世界を、とくに人間の感情を、詩以上に雄弁に描いている。言葉は感情を上書きするが、シェーンベルクの音楽は、デーメルによる言葉の上書きを外して、感情の振幅や起伏を豊かに伝えている。

【4】の直前になると私は合図する。「あったかーいチェロの音が聞こえてくるよ」。チェロが男の声で語るように歌う。〈お腹のなかの子どものことは、／負担に思わなくていい〉。1対1の関係や血のつながりを重視するなら、男の言葉はジャンプしているように思えるが、このときシェーンベルクの音楽には、世界を浄化する宗教的な光が射してくる。〈ほら、世界が、なんと明るく輝いているこ

とか。／すべてが輝きにつつまれている〉。キラキラとあたたかい光が〈君から僕のなかへ、僕から君のなかへ〉伝わって、ジャンプをジャンプだと感じさせなくする。あたたかく包みこむ男の声が聞こえる。〈君はその子を、僕のために、僕の子として産めばいい〉。紙メールを書いてもらう。

●感動した。でも、あんなに包容力のある男性っているのかな。

■ぼくは、この寛大な男のようなことは言えそうにない。

■連れ子なら大丈夫だけど、お腹のなかにいる場合は、産んでほしくない。

●あれは一時的なもので、子どもが大きくなると、うまくいかないかも。

●わたしは母の連れ子だけど、うちは「最強の家族」です。

■論理のない飛躍はコミュニケーションでは有効だと思う。会話で論理的だと逆に面倒な感じがする。

　世間の常識から外れていたり、論理に断絶があったりしても、深く納得することがある。『私の聖書物語』で椎名麟三が、ドストエフスキーの『悪霊』について、こんなことを言っている。「人間はすべてが許されている」と言うキリーロフに対して、ニヒリストのスタヴローギンが、「では、子どもの脳味噌をたたき割っても、少女をレイプしてもいいのか」とたずねる。それに対してキリーロフは、「それも許されている。ただ、すべてが許されているとほんとうに知っている人間は、そういうことをしないだろう」と答える。「すべてが許されているとほんとうに知っている人間は」と、「そういうことをしないだろう」との間には断絶がある。そしてその深い断絶から、なにやらまぶしい新鮮な光がサッと椎名麟三の心に射したという。

　『浄められた夜』の音楽に、その光を感じることができる。論理的に断絶があるとき、断絶のすき間に「輝き」がさし込んで、魂が浄化される。芸術や文学や宗教で、ごくたまに経験する幸せな出会

いだ。崇高なものや、魂を揺さぶるものは、たいてい論理をジャンプしたところにある。世界のすべてを論理がおおっているわけではないのだろう。

　メール課題を出す。〈『重力ピエロ』『浄められた夜』を重ねて、「できちゃった婚の顛末」（クンデラ『存在の耐えられない軽さ』千野栄一訳、集英社文庫 pp. 55~58）について300字〉

　「できちゃった婚の顛末」は、こんな話だ。テレザの母親は美人で、求婚者が9人もいたのだが、9番目の男を選ぶ。愛し合っているときに彼女が耳もとで「気をつけてね、うんと注意してね！」と、ささやいたのに、彼はわざと注意しなかったし、おろしてくれる医者を見つけるのが間に合わなかったからだ。そうやってテレザは生まれたのだが、テレザの母親は、テレザとテレザの父親を残して、別の男のところへ走る。悲しんだ父親は獄中死し、テレザは母親のもとへ追い払われる。その後、母親は3人の子を産んでから、鏡を見て、自分が年老いて、醜いということを見出した。そして何もかも失ったということを確認したとき、母親は犯人を探した。母親はテレザに何度も言った。母親であることは何もかも犠牲にすることだ、と。

　品書きには、ちょっと古い統計しか見つからなかったが、それをアップしておく。

◇₄₆【できちゃった出産】25.3％　厚労省「出生に関する統計」2010年度
　15~19歳：81.5％、20~24歳：63.6％、25~29歳：24.6％、30歳 以上：約10％
　【できちゃった婚の離婚率】19歳以下：58.4％、20~24歳：42.5％
　10代のできちゃった婚の夫婦が5年以内に離婚する確率：80％

「ゴムは知性と教養のしるし」とホワイトボードに書く。ゴムで

「俺たちは最強の家族だ」

100％避妊できるわけではないが、感染防止には有効だ。みんなの
メール課題を紹介する。

●「浄められた夜」にでてくる女性には、お腹の子どもの父親と
なってくれる男性がいた。また『重力ピエロ』では、春の母親を
支える決心をした小日向がいて、血の繋がりはなくとも「最強の
家族」となった。しかし、テレザの母親には自分を支えてくれる
人がいなかった。なので、彼女は母親になったこと自体を犠牲と
みなし、生まれたテレザは罪な存在というレッテルから逃れられ
なくなった。
●私の母の姉は、母と血の繋がりはない。祖母がその伯母を家族
の一員に迎えたそうだ。私は最初きいた時は驚いたが、「それが
どうした」というくらいの祖母と母を見て、もっと大切なものが
あるのだなと実感した。
■兄は、僕と腹違いで、僕の母とは血が繋がってないが、2人は
本当の親子みたい。
■インターンシップの面接で、「嫌いな人はどんな人か」と聞か
れた。「無責任に避妊を拒否する男が嫌いだ」と答えた。私の両
親は結婚していない。今までほとんど同居もしていない。私が産
まれたとき、遺伝学的な父は、「僕はこの子を育てるつもりはな
い」と言ったそうだ。私は婚外子だ。その後、弟が2人産まれ
た。父親は、私たち兄弟の養育には物理的にも経済的にもほとん
ど参加してこなかった。私は彼のことを父親だと思っていない。
しかし私の中には彼の遺伝子が残っている。私の母は彼に避妊を
求めていたそうだ。しかし彼は避妊に応じず、母は4人目の子ど
もを妊娠したが、流産した。その一連の出来事で母は深く傷つい
たと言っていた。彼は東大法学部出身だが、避妊もできないよう
な人間に教養があるとは到底思えない。そんな男の血が自分の中
にも流れているのかと思うと、ぞっとする。母は子どもたちを女
手一つで育て上げた。小学生の頃、なぜうちには父親がいないの
か、友達に聞かれ、答えられなかった。経済的にも苦労し、金が

ないことで選択肢が狭まるということを、残酷なほどに味わって
きた。だから私は無責任な男が嫌いだ。【『重力ピエロ』を見たと
きの紙メールでは、「春と似た環境で育ったため、父を殺したいとい
う気持ちがよくわかる」と書いていた】

　情報過多の時代になっても、避妊をしない男が少なくないよう
だ。「無責任に避妊を拒否する男が嫌いだ」というメール課題のコメ
ントを聞いて、こんな紙メールがあった。

●私の友人も、彼氏が行為の時にゴムをつけなくて困っていた。
私は、どんなに顔がよかろうが、性格が優しかろうが、「ゴムを
つけられない」ということだけで、「私のことを大切にできない
男だ。さようなら」と思ってしまう。だから、ゴムをつけない男
と3人もの子どもをつくってしまった母親についても、すこし不
思議に感じた。

---

§28　ヒトは油断すると感動してしまう動物である

◆ 45 ワーグナー『トリスタンとイゾルデ』(初演1865年、ミュンヘン)
○第1幕　幕切れ【ふたりは、毒薬のつもりで媚薬を飲んでしまい……】
　メータ／バイエルン国立歌劇場管弦楽団【演出】P・コンヴィチュニ
　1998年　München
　トリスタン［マルケ王の甥］(ウェスト)、クルヴェナール［Tristanの従
　者］(ワイクル)
　イゾルデ［アイルランドの王女］(マイアー)、ブランゲーネ［Isoldeの侍
　女］(リポヴシェク)

　『トリスタンとイゾルデ』第1幕のおしまいで、イゾルデはトリ

スタンを道連れにして、毒薬を飲んで死ぬつもりだった。だが侍女のブランゲーネが媚薬にすり替える。媚薬を飲んだふたりは「お前しか見えない」状態になって、幕が降りる。『トリスタン』は、話の内容に合わせて、舞台も衣装もたいてい暗いトーンで上演される。だがそれでは、はじめての学生にはとっつきにくいので、ペーター・コンヴィチュニ演出の明るい舞台を見てもらうことにしている。メータの指揮は切れ味と繊細さがいまひとつだけれど、コンヴィチュニの舞台では、トリスタンとイゾルデが毒薬のつもりで飲んでしまう媚薬までもが、フルーツカクテルみたいなポップなグラスに入っている。

◇44 窒息する脳／セックスは脳を麻痺させる
　伊東乾『「笑う脳」の秘密！』（祥伝社、2009年）p.30〈図3〉とp.179〈図6〉

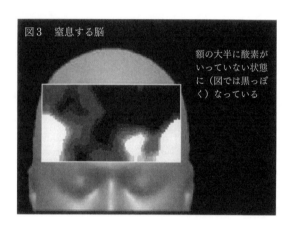

図3　窒息する脳

額の大半に酸素がいっていない状態に（図では黒っぽく）なっている

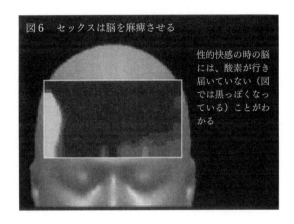

図6　セックスは脳を麻痺させる

性的快感の時の脳には、酸素が行き届いていない（図では黒っぽくなっている）ことがわかる

　媚薬は脳内麻薬だ。昔は政略結婚が多かったので、子づくりのため媚薬が常備されていた。セックスのときも「お前しか見えない」状態になる。性的快感をおぼえたときは、脳に酸素が行き届かず、脳が窒息する。そうなると、ものを考える力が鈍る。音楽も麻薬の働きをする。感覚や感情（象）のほうが乗り手（理性）より強いだけではなく、早くヒトを支配してしまうタイムラグがあるから。ヒトは油断すると感動してしまう動物である。感動して頭が働かなくなるのは困る、と考えて仕事をしたのがブレヒトだ。

「さあ聞け。男（女）が思ったが、言わなかったことを」

「さあ聞け。男（女）が思ったが、言わなかったことを」

§29　反オペラ

　ヒトラーは自分の権勢を拡大するために、感動させ麻痺させるワーグナーの音楽を大いに利用した。ブレヒトは、「国民はヒトラーを指導者に選ぶほど愚かではない」と思っていた。

◆₄₆映画『三文オペラ』（1931年）監督 Pabst ［←ブレヒトが訴訟］
　メッキー Forster　ポリー Neher　大道歌手 Busch
（1）冒頭《メッキー・メッサーのモリタート（マック・ザ・ナイフ）》
（2）《ソーホーの月（Siehst du den Mond über Soho?）》
　　"Die Liebe dauert oder dauert nicht/ An dem oder jenem Ort." （第
　　1幕2）
（3）《この世で生きてくには、ずるくなきゃ》

　ドタバタ劇の『三文オペラ』（初演1928年）は、ブレヒトが台本を用意し、クルト・ヴァイルが音楽をつけた。失敗するだろうと思われていたのに、大成功し、20世紀で一番ヒットしたオペラとなった。『三文オペラ』は、今日のドイツ語にもっとも影響をあたえた作品だ。初演は、ベルリンの小さなシッフバウアーダム劇場。ヴェルディやワーグナーのように大劇場ではない（その伏線として、授業開始前のビデオは『アイーダ』MET（2009年）の「大行進曲」を流しておく。本物の馬で行進する絢爛豪華な舞台だ）。演奏するのも大オーケストラではなく、小編成のジャズバンド。オペラというよりは、「反オペラ」と呼んだほうがいい。
　オペラは感情をMAXに表現するのが普通だ。『トリスタン』第1幕のおしまいで、媚薬を飲んだトリスタンとイゾルデは、陶酔して相手しか見えなくなる。圧倒的な音楽の力によって観客も、「今を忘れて夢を見る」ことになる。逆にブレヒトは、劇場で「夢の中に今を見る」工夫をした。シニカルな『三文オペラ』では、愛のさ

さやきも醒めている。ギャングの大親分メッキー（＝メック）・メッサーが乞食王ピーチャムの娘ポリーに一目惚れして、さっさと結婚するのだが、結婚式の日に歌うラブソング《ソーホーの月》を、パープスト監督の映画『三文オペラ』（1931年）で見てもらう。

　　メック：ほら、ソーホーの上に月が。
　　ポリー：ほんとだ。あたしの胸ドキドキしてるの、わかる？
　　メック：ああ、わかるよ。
　　ポリー：あなたがどこへ行こうとも、あたし、どこまでもついて
　　　　　　行くから。
　　メック：お前がどこにいようとも、俺も、一緒にいるつもりだから。
　　［以下、原作では「ふたりで」と指定されているが、映画ではメック
　　がひとりで歌う］
　　　　　　　　役所で結婚証明書もらえなくても
　　　　　　　　結婚式の供物台に花がなくても
　　　　　　　　お前のウエディング・ドレス、どこで手に入れたのか、
　　　　　　　　　　知らなくても
　　　　　　　　髪にミルテの花飾りを挿してなくても——
　　　　　　　　皿のパンを食べちまったなら
　　　　　　　　そんな皿、いつまでも見てないで、捨てちまえ！
　　　　　　　　愛はつづくか、つづかないか
　　　　　　　　ここでか、あそこでか

　このラブソングは教室でも「心に染みる」と好評だ。メックはささやくように歌う。ロマン派のように愛を歌い上げるわけではない。「長い」は永遠ではない。人は死んだら灰になる。（ブレヒト／ヴァイルのオペラ『マハゴニー市の興亡』で、2羽のツルについて静かに息を呑むほど美しく歌われるように）愛する者たちが、すぐに別れることになっても不思議はない。この『三文オペラ』でも最後の2行は、「愛はつづくか、つづかないか／ここでか、あそこでか」とシニカルだ。

「さあ聞け。男（女）が思ったが、言わなかったことを」

―――――――――――――

§30　間奏曲：「わかったつもりにならない」

　だが、この最後の２行が、市販DVDの日本語字幕では（この
DVDには翻訳者や字幕制作者の名前がない）、「愛は永遠に／それがす
べて」と耳慣れたフレーズで訳されている。「品書き◆46 (2) のブ
レヒトのドイツ語を見て。ブレヒトはね、「愛は永遠に／それがす
べて」という普通の見方に揺さぶりをかけてるんだ。字幕、あんま
り信じないように。私がこの教室で言ってることだって、ふふ、あ
んまり信じないように。しっかり勉強して、自分の目を養おう」

　シェイクスピアの魅力が奥深いのは、なぜ？　理由のひとつは、
「人間とはこういうものだ」と断定するのではなく、「人間とはこう
いうものでもある」ということが、いや、「人間とはわからない」
ということが、わかるからかもしれない。

　シェイクスピアが偉大なのは、ネガティブ・ケイパビリティ
（「わかったつもりにならない」能力）があるからだ、と、イギリスの
詩人キーツ（1795〜1821年）が弟に宛てた手紙（1817年）に書いて
いる。キーツは科学に否定的だったが、「わかったつもりにならな
い」というセンスは、大事なベクトルで、すぐれた科学者の目印に
なる。まともな科学者なら、答えに満足せず、問いつづける。

　「わかる」を漢字で書けば「分かる」。私たちは、私たちにはたぶ
ん分からない「全体」を、「一部」だけ切り取って（つまり線を引い
て、分けて）、それでわかったつもりになっていることが多い。「定
義」が人気なのは、定義から外れたものを無視できるからだ。オイ
ラー図（§36　優等生とヤンキー）で、優等生はAしか見ず、Aの外
側にあるBの存在を無視する。「わかったつもりにならない」は、
頭から「わからない」と開き直ることではない。「わからない」か
ら追求しつづけようとする謙虚な姿勢のことだ。

「パープストの映画『三文オペラ』を見て、これがブレヒトの『三文オペラ』だ、とわかったつもりにならないで。原作と映画が違うことは、みんなもよく経験することだよね。ちなみにブレヒトは、原作が改変されたと映画会社を訴えたが、示談で手を打った。映画化ではよくある話だ。でもパープストの映画は、原作を改変しているけれど、よくできた映画だ。M・エンデは、W・ペーターゼン監督の映画『ネバーエンディング・ストーリー』が、ファンタジーの力を描いた原作『はてしない物語』をねじ曲げているとして訴訟をおこした。裁判にはずいぶんエネルギーを使ったけど、ぺらぺらのハリウッド映画に負けて、ショックを受けた」

〈魔の金4〉では、たとえば『フィガロの結婚』でも、2種類の演出で見てもらっている。舞台によってガラリと違った作品になるからだ。たったひとつの『フィガロの結婚』を見て、『フィガロの結婚』って、こういうものなのだと決めつけないでもらいたい。フィールドワークをする人類学者には、こんな戒めがある。「ある土地に3日間滞在すると、本が1冊書ける。その土地に3か月滞在すると、論文が1本書ける。3年滞在すると、なにも書けなくなる」。

同じ本でも、読む人によって違った作品になる。それだけじゃない。同じ本を同じ人が読んでも、読む年齢によって違った作品になる。オペラや本にかぎらない。恋人や友達のことだって、ひとつの「正解」ではなく、いろんな「回答」があるはずだ。朗読係にカフカの文章を読んでもらう。

◇71「真実を言うことはむずかしい。たしかに真実はひとつだが、真実は生きているので、生き物のように顔を変えるからです」(カフカ『ミレナへの手紙』)

「さあ聞け。男（女）が思ったが、言わなかったことを」

§31　恐ろしきは善行への誘惑

◆47 ブレヒト『コーカサスの白墨の輪』（初演1948年）音楽パウル・デッサウ
ベルリーナー・アンサンブル　演出ペーター・クプケ　1982年
女中グルシェ Troegner。兵士シモン Reinecke。領主夫人 Gloger。子どもミヒェル。
歌手 Tepper。裁判官アツダク Schall［＝ブレヒトの娘バーバラの夫］。

　パウル・デッサウの乾いた音楽のついた芝居『コーカサスの白墨の輪』を見てもらう。これは、短編「アウクスブルクの白墨の輪」（『暦物語』に所収）を、うんと豊かにふくらませた芝居だ。最後にミヒェルは、実の母親である領主夫人の子どもではなく、育ての親である女中グルシェの子どもだ、と裁判官に認められる。それまでの経緯を知っている観客は、「血は水より濃い」という常識がひっくり返されて、よかったと思う。
　芝居の途中で歌手が、ときどきギリシャ悲劇の合唱（コロス）のように、「さあ聞け。男（女）が思ったが、言わなかったことを」と割って入る。観客の感情移入にストップをかけ、舞台で起きている事件の状況を考えてもらうためだ。たとえば——
　領主夫人は自分の赤ん坊を置き去りにして反乱軍から逃れる。その赤ん坊を女中グルシェが見つけたときに、歌手が歌う。

　教会の扉と館の門のあいだに立ったとき、娘が聞いた、
　あるいは聞こえたと思ったのは、かすかな呼び声。子どもが
　呼んでいるのだ。泣いているのではなく、はっきりと呼んでいる。
　娘にはそう思われた。「女よ、われを助けよ」。
　そしてこう続けた。泣くのではなく、はっきりと、こう言ったのだ。
　「女よ、知るがいい。*助けを呼ぶ声を聞こうとせず、*
　耳をふさいで通りすぎる者は、二度とふたたび、

いとしい男のかすかな呼び声も、
朝まだき黒つぐみの声も、夕べに祈る
疲れた葡萄摘みたちの、ここちよいため息も、聞くことはないだ
ろう」
［中略］
恐ろしきは、善行への誘惑！

◆47の舞台では、斜体部分がカットされているが、カットされた部分にブレヒトの魅力がぎっしり詰まっている。そこには、抒情的でありながら、理性的なメッセージが込められている。歌には理性があり、理性には歌がある。ブレヒト自身、これを可能にする実力をたっぷりもっていたので、「国民はヒトラーを指導者に選ぶほど愚かではない」と思ってしまったのだろう。

ブレヒトは理性に訴えたが、ヒトラーは感情に訴えた。扇動者としてヒトラーのほうがブレヒトより上手だった。「大衆は馬鹿だ。感情と憎悪でのみ動かすことができる」と見抜いていた。感情のほうが理性より早く動きはじめる。そのタイムラグを存分に活用することによってヒトラーは権勢を拡大した。私たちは「ヒトラー」と聞くと、頭から拒絶して目をそらせがちだが、ヒトラーの宣伝の手口は今日でも喫緊の問題なので、しっかり注目したい。

ブレヒトは日本に輸入され、「社会派」というレッテルで売れた。異化だとか、教育劇だとかで、社会変革の旗手として神格化されてきたようだ。馬鹿でなければ、コミュニズムの正しさがわかる、などと本人も言っていた。ソ連を賛美し、アメリカを軽蔑したけれど、十数年にわたる亡命期間中、ソ連には住もうとせず、合衆国で暮らすことを選んだ。

演劇青年だったエンデは、『肝っ玉おっ母』のミュンヘン公演で端役をもらった。演出はブレヒト自身。じつに尊大で、感じの悪い演出家だったらしい。しかしエンデたちは大物ブレヒトに興味があった。劇場の中庭にブレヒトの車が止めてあった。古いポンコツな

のに、こっそりボンネットを開けてみると、積んでいたのは、なんとメルセデス製の、ピッカピカのエンジンだった。スターリン賞をもらったブレヒトは、賞金をスイス・フランでスイスの銀行に振り込んでもらい……。

　資本主義の悪口を言い、世界の変革を口にしても、本気で考えていたかどうか疑わしい。ずるいところも、ブレヒトの魅力なのだ。『三文オペラ』でも、「豊かでなければ、快適に暮らせない」とか、「ずるくなけりゃ、生きていけない」と歌っている。

　ブレヒトにとって重要だったのは、おもしろい芝居であって、世界の変革や教育ではなかった。世界の変革や教育は、芝居のネタや小道具にすぎない。ブレヒトがやったのは、お説教や教育ではなく、演劇の革命だった。厚化粧の感動や陶酔にゆさぶりをかけ、考えることをエンターテインメントにした。

　ブレヒトの芝居は、NHKのクイズ番組のように、さあ、考えてみてください、と呼びかける。しかし、ブレヒトの用意した道を歩いていけば、誰でもおなじ答えに出会う。20世紀の難解な詩人パウル・ツェランは、「逆立ちすると、足もとに深淵が見える」と言う。ブレヒトなら、「逆立ちすると、地球を両手で支えてるみたいだ」（ダンサーの近藤良平）に拍手を送るだろう。観客を謎の深淵に誘いこんだりしない。

　しかし、ちょっと考えれば誰でも「正解」にたどり着けるような問題は、それなりに楽しい。しかも、それまで当然だと思っていたことが揺さぶられて、認知の逆転や新しい発見につながれば、強い快感が生まれる。それに、ちょっと考えるということが癖になれば、「悪の凡庸さ」（H・アーレント）に陥ることもないだろう。「今を忘れて夢を見る」ではなく、「夢の中に今を見て」*ちょっと考える。それが、ブレヒトの提供するエンターテインメントの方式だ。

　状況をクリアに見せるブレヒトの異化は、古い脳（低次脳）ではなく、新しい脳（高次脳）をねらった新種のカタルシスといえるかもしれない。

　特別な想像や解釈を動員しなくても、砂漠に水がしみ込むよう

に、すっとわかる。この、ブレヒトの仕掛けは、芝居にかぎらない。

---

*「寄席と教室、アトリエとサーカス小屋が一緒になったような」未来のオペ
ラ劇場について、林光がこんな文章を書いている。
　〈そこでは、針一本落ちる音にもピリピリと神経を立てるのではなく、だれ
かの連れてきた子どもが、たまに笑いながら走っても、風がひと吹きしたくら
いにしか感じられないような、悠々たる秩序があって、そこで人びとは、「い
ま」を忘れて夢をみるのではなく、夢のなかに「いま」を見るだろう〉(「オペ
ラ・新しい舞台空間の創造」1982年／『日本オペラの夢』1990年)。

「うっせー、童貞は黙ってろ‼」

「うっせー、童貞は黙ってろ!!」

§32 「彼のところからの帰り道」

　パウル・ツェランの詩は、深くて痛くて息苦しくなる。けれども、私たちの考えもしない別の場所に連れていってくれる。魅力的だが、むずかしい。それと対照的なのが、ブレヒトの詩だ。たとえば、たった8語のドイツ語で書かれている「弱み」という詩。

　　きみには弱みがなかった。
　　わたしにはひとつあった。
　　恋していたから。

　ドイツ語ではたぶん最短の、この恋愛詩は、すっきりしていて風通しがよく、脳は窒息しない。ブレヒトが古典作家として後世に残るとすれば、（彼にとって大切な仕事だった）芝居ではなく、（彼にとってそれほど重要でなかった？）恋愛詩によってだろう。「ドイツ文学の教皇」と呼ばれた、辛辣な批評家マルセル・ライヒ゠ラニツキは、そう言って、18世紀のゲーテ、19世紀のハイネの横に、20世紀のブレヒトを置く。たとえば、そのブレヒトの詩「彼のところからの帰り道」——

　　あのあと、あなたのところから帰るとき
　　そう、あのすばらしい日、ぼうっとなっていた。
　　だんだん目が見えるようになると
　　まわりには、明るい顔の陽気な人ばかり

　　あの夜、あの時から
　　わかるでしょ、いつのこと言ってるのか
　　あたしの唇はきれいになり
　　あたしの脚はしなやかになった

そう感じるようになってから
木も茂みも草原も、緑が深くなり
顔を洗う水も
冷たくて気持ちがいい

　この「彼のところからの帰り道」は、〈魔の金４〉の定番だ。250字のメール課題にするので、南大沢の学生の性意識の定点観測にもなる。

●彼の家でセックスをして、一夜を明かし、翌朝自宅に帰る時のことを言っている。私はセックスの経験などないが、似たような気分を味わったことが何度かある。好きな人と話すことができた日、心がそわそわして落ち着かない気分になり、いつもと同じ帰り道が違って見えた。
■第１連は「明るい」や「陽気」など暖色系。第３連になると「茂み」「緑」「水」「冷たい」など寒色系になっている。だがこの寒色系には暗いマイナスのイメージがなく、澄み切った気持ちのよい青だ。
●私はまだセックスをしたことがない。ただ、つき合った人とは、帰り道にハグをし、キスして別れるのが定番だった。その時、浮き立つような気持ちになって、周りが実際に輝いて見える。普段なら腹が立つようなカップルの行いも、許せてしまう。愛されていることが確認できて、世界の美しさに気づける。【多幸感→虹彩】
■ドリカムは《うれしはずかし朝帰り》という曲で、「信号の赤無視して車が急ブレーキ」と歌っている。「あの夜」を思い出しながら、まだ夢見ごこちな気分。私は男だが、この気持ちはよく分かる。初めてのセックスには恐怖が伴う。裸になって自分をさらけ出し、相手と向き合わなければならない。自分のコンプレックスを馬鹿にされるかもしれない。そんな時に、相手が肯定して

「うっせー、童貞は黙ってろ!!」

くれれば、安心し、幸せな気分に包まれる。
●「わかるでしょ、いつのこと言ってるのか」がすごくなまめかしい。彼に抱かれて女の喜びを知ってしまった彼女は、きっとすぐに彼を求めてしまうだろう。私は彼氏と初めてするまで、セックスという行為はどこか、いけないもののように感じていた。しかし、体験してみると、想像とは違った世界が見えた。私は汚い大人になったのではなく、素敵な大人になれたように感じた。
【喪失（花が散る）→花が開く】

初体験。処女を「喪失」したのではない。好きな彼とはじめてセックスをしたあと、自分に自信がわいてくる。処女でなくなったことによって、「あたし」が開花する。まわりの世界もすばらしいものに思える。幸せを感じると、虹彩がひろがって、世界が明るく見える。花が散るのではなく、花が開く。「処女喪失」というのは、古い男目線の言葉だ。

●セックスをすると女は綺麗になる。【1989 anan特集】

メール課題で多くの学生が書いている。「セックスで、きれいになる。」は、雑誌『anan』が1989年4月にセックス特集を出して以来、すっかり定着したフレーズだ。「20歳までに卒業しなくては」と思い込んでいる学生も、けっこう多い。〈魔の金４〉では、「あせる必要はないのでは？」と折に触れて言っている。

●この詩のように世界が明るく見えるなら、大学生のうちに好きな人と触れ合う喜びを経験してみたい。
■初めてをソープランドに捧げた友人によると、気持ちよさよりも虚しさを強く感じたそうだ。愛のあるセックスは、体よりも、心を気持ちよくするのかもしれない。
●初めてセックスしたあとの帰り道はとてもさびしかった。悲しかった。彼は冷たかった。わたしが思っていた「初めて」とはま

るで違っていた。

●はじめてセックスをしたときは、この詩ほど感情は高ぶらなかった。漠然とした憧れや不安から解放された喜びはあったが、終わってしまえば再び日常に戻される。今でも毎回その繰り返し。セックスは、いっときの快楽に過ぎない。【「こんなものか」】

10年ほど前は、2019年度ほど草食化が進んでおらず、「強引に奪われた」とか、「好きだ！と叫んで、ベッドスポーツ」と書いている学生が多かった。参考までに教室では、2010年度のメールも紹介する。

■最近の（私の周りだけなのかもしれないが）女性は自分を大事にしないというか、自分の価値を下げているというか、残念な人が多い。授業後の夜に久し振りに友達と会ったのだが、彼女は先月赤ちゃんが出来、その相手とは所謂遊びだったので、堕ろしてしまったと言っていた。今は新たに恋をしているらしいが、正直、彼女は以前よりも老けこんでいたし、美しいとは程遠かった。

●処女喪失時がこんなにもただただ明るく楽しいものであったという感想は、周りにいる友達からもあまり聞いたことがなく、私自身のことを思い出してみても少し違和感がある。実際問題、初めての時は痛みが勝り、想像していた甘美な快楽とは程遠い。耳年増になっていた私は「まぁこんなものか」という印象であった。何より、「この人が初めての人で良かったんだろうか」という、いまさら考えてもどうにもならない悩みが頭をよぎる。

ブレヒトは女たらしだった。ブレヒト（1898~1956年）の女性関係の、主なところを書き出しておこう。ブレヒトの創作には、彼の女性たちからの借用も多い。

1898年

2月10日、オイゲン・ベルトルト・ブレヒト、南ドイツのアウクス

ブルクで生まれる。

1919年

　最初の息子フランク・オット・ヴァルター・バンホルツァーが生まれ
る。パウラ・バンホルツァー（1901〜89年）との間の婚外子である。

1922年

　オペラ歌手マリアンネ・ツォフ（1893〜1984年）とミュンヘンで結婚。
ベルリンで女優ヘレーネ・ヴァイゲル（1900〜71年）と知り合う。

1923年

　マリアンネ・ツォフとの間に娘ハンネ・ブレヒトが生まれる。

1924年

　ヘレーネ・ヴァイゲルとの間に息子シュテファン・ヴァイゲルが生ま
れる。エリーザベト・ハウプトマン（1897〜1973年）と親密になる。
彼女は、ブレヒトの強力な秘書となる。

1927年

　マリアンネ・ツォフと離婚。

1929年

　ヘレーネ・ヴァイゲルと結婚。

1930年

　娘バルバラ・マリー・ブレヒトが生まれる（母親は、ヘレーネ・ヴァイ
ゲル）。

1932年

　女優マルガレーテ・シュテフィン（1908〜41年）と親しくなり、共同
作業をはじめる。

1933年

　女優ルート・ベルラウ（1906〜74年）と親しくなり、共同作業をはじ
める。

1944年

　ルート・ベルラウとの間にできた息子ミヒェルは、早産で生後すぐに
亡くなる。

1956年

　8月14日、心筋梗塞で死去。8月17日、遺言によりベルリンのドロ

テーエンシュタット墓地に埋葬。

ちなみに「彼のところからの帰り道」は、52歳のブレヒトが女性になりきって書いた詩だ。「彼のところからの帰り道」の詩には、初体験という言葉はどこにも書かれていない。書かれていないけれど、何が語られているのか、よくわかる。すぐれた恋愛詩によく見られる作法だ。すっきりした日常の言葉で、恋の喜びがみずみずしく歌われている。洗練された技巧は技巧を感じさせない。「朝な夕なに朗読する」という詩を紹介する。

大好きな人が
言ってくれた。
わたしのことが必要だ、と。
だから
わたしは自分をたいせつにし、
歩く道にも気をつかい、
雨の日にも用心する。
雨粒に打たれて死なないように。

この詩も教室では好評だ。

●「好きな人に言われたから、死なないように気をつける」が本当に素直で大好き。相手からの愛をきちんと受け止め、自分が相手にとっていかに大事かを自覚し、行動に起こすのがとってもステキ。まねします。
■「死んでも君を守る」ではなく、「君のために僕は死なない」が新鮮。
●ブレヒトという人は女遊びが激しかったようだが、もしそうならなおさら詩の内容に疑問を感じる。【？】

いろんな女性と関わったからこそ、女性の気持ちがわかり、女た

らしになれるわけだが、「なおさら詩の内容に疑問を感じる」という紙メールについて、コメントする。「ワーグナーはね、嫌なやつだったし、反ユダヤ主義者だった。おまけにヒトラーに政治利用もされていた。だからイスラエルでは、タブーのように嫌われている。2001年にはエルサレムでバレンボイムが『トリスタン』を指揮して、物議をかもした。日本でも1960年代くらいまではナチス絡みで毛嫌いする人が結構いた。でもね、ワーグナーは、息をのむほど美しく、天に昇るほど清らかな音楽も書いている。ここに肉の塊があるとしよう。一部が腐っている。あなたは、「腐ってる」と言って、まるごと捨てちゃう？　それとも、腐ってる部分は捨てて、腐っていない部分を食べる？」

●嫌いな人がしたことは全部否定したくなりがちだが、おいしい部分もあるのだと思って、腐った部分は排除して、おいしい部分は肯定していける大人になりたい。

———————————

§33　「うっせー、童貞は黙ってろ!!」

〈魔の金４〉は、南大沢キャンパスの学生に「恋愛学」と呼ばれている。そのせいか、「20歳までに童貞／処女を卒業しなければ」と思っている学生も教室にやってくる。けれども、そんなふうにあせっている学生は、この10年でずいぶん少なくなってきた。

◆28宮藤官九郎『ゆとりですがなにか』第４話　2016.5.8 日テレ
　　小学校４年２組担任（松坂桃李）　教育実習生（吉岡里帆）　大学生（北村匠海）

吉岡里帆が教育実習をしている小学校の職員室に、吉岡の年下で

19歳の大学生が怒鳴り込んでくる。「やったんですか、俺の女と、なあ童貞先生?」と、松坂桃李を追及する。松坂は「無実」の証拠として自分のケータイを差し出す。大学生が大声で吉岡とのSMSのやりとりを読み上げる。

　——本当に気にしない?——しません、むしろ誇りに思う——よかった、童貞なんかキモイって言われるかと——言わない。だって私も——なに?——私も経験ないから——

　これを読んで大学生が立ち上がる。「はぁ?　経験ない?　どの口が言うかね。経験してますよ。俺と知り合う前から経験済みですよ」……

　職員室でのやりとりは、ONになっていたマイクで全校に流れ、4年2組では「童貞」というワードがトレンド入りする。

●松坂桃李が「童貞」と打ち明けると、吉岡里帆も「私も経験がない」と返していた。ウソだとしても、「私も一緒」と言うことで相手との距離を縮めることができると思った。
■相手を束縛し1対1の関係を求めるより、いいのかな。すました顔でいろんな人と関わりをもてるのは、すごい。【南大沢キャンパスでも、清楚系ビッチは結構いるようだ。男子は自慢したがるけれど、女子の口は固い】
●童貞だとバラされても平然とし、自分からカミングアウトする潔さにスカッとした。
●童貞を卒業したら一人前、というのはもう古いと思う。風俗とかで卒業してイキがってる人よりも、人のことを思いやる童貞のほうがいい。
●童貞は恥なんかじゃなく、すごく魅力的。変に女慣れしていたり、元カノと経験があるほうが嫉妬する。慣れてないほうが、うぶで可愛い。初めてを奪うほうが興奮する。

優等生とヤンキー

オイラー図のすすめ

§34　学校の野蛮

　「関係性」とか「方向性」という言葉が人気だ。前にも触れたが、「関係」や「方向」で十分わかるのに、やたら「性」をつけたがる人が増えた。頭の悪い社長が、頭の悪い社員を集めて、えんえんと会議しているのだが、ろくなアイデアが出てこない。そんな場面が目に浮かぶ。

　「……性」という言葉を濫用するくせに、この国では、性について語るのは行儀が悪いとされる。とくに学校では、性について語ること、それから政について語ることが、ほとんどタブーとされている。話題にされることがないので、セックスの非対称が「当たり前」のこととして放置される。政権の横暴もまともに報道されない。政治に距離をおく学生は、「そんなものなんだ」と現状を受け入れる。「女が無自覚なのも、実のところ長い間、男たちの圧制が女をそうさせているのだと思うのです。抑え込まれた女の自覚を揺さぶり動かすのは重要なことですが、それに先立ってまずは男子から自覚してほしい」。これは、100年前の伊藤野枝（1895~1923年）の指摘だが、悲しいことに、今も鋭い意見でありつづけている。フェミニズムの本は、まず男子が読むべきなのだ。

---

§35　Noと言わなければ、Yesである？——文法Aと文法B

　「女性の約15人に1人は異性から無理やりに性交された経験がある」という朝日新聞の記事のグラフを見てもらう。

〈同意ない性的接触は性暴力 学ぶ若者「#WeToo」へ〉2018.3.4
https://www.asahi.com/articles/ASL2W5Q04L2WUTIL03J.html

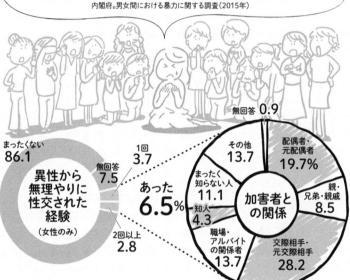

（朝日新聞2018年3月4日、三島あずさ・山本奈朱香・岡崎明子・千葉雄高、朝日新聞社提供）

　伊藤詩織は、「私は、被害者Aではない。伊藤詩織です」と顔を出して、元TBS記者のレイプ疑惑を公表したジャーナリストだ。就職相談のため元TBS記者の男性と食事をした夜に「お酒などを飲まされて、望まない性交渉をされた」という準強姦容疑で告訴したが、東京地検に不起訴処分とされ、検察審査会にも「不起訴相当」とされた。ブラックボックス化したその経緯を、伊藤詩織は

『Black Box』という本で報告している。

　元TBS記者は、「でございます」を連発する当時の総理と近い記者で、不起訴になったのは警視庁刑事部長の判断だと言われている（準強姦逮捕状を握り潰したこの刑事部長は、2021年に警察庁長官になっている）。忖度がデフォルトの日本社会では、まともな（つまり正義をつらぬこうとする）裁判官は、裁判官の１割にすぎないらしい。伊藤詩織が顔を出して実名で声をあげたことは、日本での #MeToo のきっかけになったが、残念ながら大きな運動になっていない。どうしてだろう？

　AとBの違いを学生に考えてもらう。
【A】Noと言わなければ、Yesである（Noでない）
【B】Yesがなければ、Noである（Yesではない）

　●Noと言わなければ合意ということになるんだと、今までの自分の身の周りのできごとに納得がいきました。今まで浮気した人の中で、１人だけ私の方から誘った人がいるのですが、その人は、私がNoと言わなくても、拒否するそぶりを見せると、やめてくれます。めずらしい男の人だなと思ったけれど、Aの考えが彼の頭の中になく、きちんと私の気持ちを尊重してくれるところがすてきで、人としてもとても大好きです。こういう人がモテるんだろうなと思います。女側からしたら、Noと言ってなくても拒否するそぶりをしたら、嫌だという意思表示なのに、それを分かってないのか、認めたくないのか、やめてくれない男性が多いです。

　同意のない性的接触は性暴力である。だがAだと勘違いしている男子が多い。文法Aから文法Bへのシフトチェンジは、原発から再生エネルギーへの移行と同様、ただちに必要なことなのに。

　●Aは、セックスについてだけでなく、政治でもそうだと思う。

日本ではこの風潮がいたるところに見られる。はっきりNoを言わないことが美徳とされているのは、相手を否定してはいけないという優しい心遣いに基づくものだと思うが、それは、相手がこちらの気持ちを理解できるという前提があってはじめて成立するのだ。はっきりNoと言われないことに甘えず、どんな局面でも相手の意思を尊重する姿勢を、もっと日本人はもつべきではないか。

「すべての行動はコミュニケーションである」（ベイトソン）。なにか聞かれて返事をしないことは、いろんな意味が考えられる。だから、意味はあいまいだけど、なんらかのメッセージとして確かに働く。ベイトソンをパラフレーズすれば、「すべての行動は政治的である」。「個人的なことは政治的である」はフェミニズムの合言葉だ。おかしなことがあっても、声をあげなければ、黙認したことになる。これは公理のように大事なイロハなのに、多くの学校では教えられない。逆に、ナンセンスな「非政治的」や「中立」が要求される。学校で教えられる「非政治的」とは、声をあげないことだ。
　声をあげないことが、どんな政治的な意味をもつのか。それこそ学校が教えるべきことである。しっかり政治に翻弄されているのに、翻弄されている自分に気づかず、政治なんか自分には無関係だと思っている若者が多い。現代史をちょっとのぞけば、「すべての政府はウソをつく」（オリバー・ストーン）ことがわかる。けれども高校の歴史の授業では現代までいかなかったという学生も少なくない。どうして現代史から教えないのだろう？　それでは、「クニを政府から守る」とか「インターネットで政府を監視する」いう感覚が育たない。
　政治を話題にしなければ、権力が批判されることもなく、良い子のみなさんの沈黙によって、既得権益が守られる。太陽光エネルギーは、2023年現在、もっとも安いエネルギー源になっている。それなのに日本では、地震があり、フクシマを経験しているのに、脱原発に舵を切ろうとしない。既得権益にしがみついて、経済・産業

の仕組みに手をつけようとしない。

沈黙は金。黙っていることが美徳だと刷り込まれる。黙っていることが権力を肯定することになる、とは教えない。上の者・強い者に逆らったり、しきたりを破ることは、行儀が悪いことです。世の中はこんなものだから、長いものに巻かれましょう。このすばらしい日本の義務教育は、どうやって生まれたのか。

マキアヴェリは『君主論』で、〈すべての政体が、新しくても、古くても、あるいは複合のものであっても、持つべき土台の基本とは、良き法律と良き軍備である〉（河島英昭訳）と言う。そして傭兵は役に立たず危険だと指摘する。〈彼らがあなたの兵卒たらんと欲するのは、あなたが戦争をしないあいだだけであって、戦争が始まれば、逃げ出すか、立ち去るか、のいずれかである〉（河島英昭訳）。プロイセンは、愛国心のある自国軍を擁したフランスに負けたので、大急ぎで自分たちの国の兵隊を作ろうとした。

そのプロイセンの兵隊教育を、明治時代の日本が輸入した。国民を、市民として育てるのではなく、兵隊として育てるために（「右へ行け」と言われたら、右へ行くのが兵隊で、「右へ行け」と言われても、自分で状況を判断して、左へ行くこともあるのが市民だ）。今の教育もその伝統が根強く、学校を出ても、見えない制服を着ている人が多い。格差がひどくなると、「歯車なんかになるものか」と思う人より、「歯車になりたい。自分は歯車ですらないんだから」と考える人が増えてくる。歯車でありつづけるために、不都合な真実に口を閉ざす。日本が教育で胸を張れるのは、読み書きソロバンではなく、兵隊根性の刷り込みだ。だから、誰かが国のてっぺんでヴァイオリンを弾けば、下にいる者たちは踊りはじめる。歯車であっても、歯車でなくても、おかしいことにNoと声をあげなければ、社会が腐っていく。

なにかを信じて、夢中になって熱狂しておけば、ものを考える必要もなく、よい行動をしなくても許される。マニュアルの学習には兵隊教育が有効だろう。けれども暗記重視の兵隊教育は、教育の一

部でしかない。悪いマンネリズムでしかない慣例が、「こういうことになっているのだから」と教え込まれる。ルールや規範を守ることは教えても、自分で考えることを教えない。「今あなたのいる世界のほかにも、世界があるんだよ」ということは教えない。閉鎖空間では、いじめが頻発する。

---

§36　優等生とヤンキー（オイラー図のすすめ）

　男子でも、女子でも、つき合っている相手がいる学生は、その相手以外にセフレをもっていることが結構多い。「南大沢にもセフレ持ち、結構いるみたいだよ」と言って、教室で紙メールを紹介する。すると紙メールにこんな反応が。「私は、遅れているのでしょうか？」とか。「授業を聞いていると、自分が今まで正しいと思っていた価値観が、本当に正しいのか分からなくなってくる」とか。

　私はホワイトボードに図を描く。「オイラー図のすすめ」だ。〈図２（ヤンキー）〉がオイラー図である。覚えておいてもらいたい構図なので、〈魔の金４〉では何度も登場してもらう。

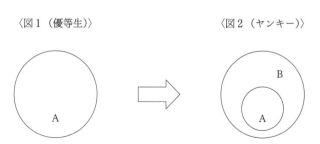

〈図１（優等生）〉　　　　　　　　〈図２（ヤンキー）〉

　AはBの一部である。または、AはBの特殊な一部にすぎない。これがオイラー図で確認しておきたいことだ。

　高校までの学校という閉鎖空間で、生きづらさをかかえてきた学生が多い。期待されたように振る舞わなければならないと思っていたからだ。

●中学の頃、"いじり"に苦しんでいました。その頃の私の"世界"は学校だけで、やっとの思いで生きてきました。今でこそ趣味を見つけ、新たな世界を手にしましたが、当時はすごくつらかったです。

●私は小中高と、長い間ずっと人間関係に悩み、生きづらさを感じてきました。人とうまくつき合えなかった私は、きっとこれからも苦しい思いをするだろうと絶望して、毎日死にたいと思っていました。しかし大学生活に慣れた今、急に"生きづらさ"を感じなくなりました。オイラー図のすすめを見て、その理由に気づきました。きっとつき合う人が、大学、高校、サークル……と私の世界が分散されたからだと思います。生きていてよかったなーと思っています。

　羊のようにまじめな優等生ほど、閉鎖空間ではマインドコントロールされやすい。部活でも、学校でも、会社でも、どんな組織でも、秩序や統一を大事にして、上の人間がコントロールを優先すると、風通しが悪くなって、閉鎖空間になってしまう。誰かが屋根の上でヴァイオリンを弾けば、下にいる者たちが踊りはじめる。踊らない兵隊には罰が待っている。しきたりから逸脱すれば、気まずくなる。

　Aの円のサイズを比べてほしい。〈図1〉のほうが、〈図2〉よりうんと大きい。優等生はよそ見をしない。小さなAを世界のすべてだと勘違いしている。ヤンキーは、AのほかにBがあることを知っている。兵隊教育は、教育の一部でしかない。

自分の無力に思い上がるな

§37　スウェーデンの小学校の社会科の教科書

　この国の性も政も、既得権益が文法Aによって守られている。「今の社会はこうだから、よく覚えておけ」と教えるのか、「今の社会だって変わるし、変えることもできるよ」と教えるのか。文法Aによる「文化のマインドコントロール」は、いろんな局面で見られる。「批判」や「変化」という見出し語は、この国の学校の辞書にはない。あったとしても、その記述はほんのわずか。声をあげないことを刷り込まれている私たちは、「助けてもらえない子ども」になっている。

　　泣きじゃくっている少年がいたので、通りがかった男が、どうして悲しんでいるのか、理由をたずねた。「映画に行こうと思って、銀貨２枚もってたんだ」と、子どもが言った。「そしたらね、男の子がやってきて、ぼくの手から１枚ひったくって行っちゃったんだ」。子どもは、遠くに見える少年を指さした。「助けを呼ばなかったのかい？」と、男がたずねた。「呼んだよ」と言って、男の子は前よりちょっと激しくしゃくり上げた。「誰にも聞こえなかったんだね？」と、男はさらにたずねて、男の子の頭を優しくなでてやった。「うん」と、男の子がしゃくり上げた。「もっと大きな声で叫べないんだね？」と、男がたずねた。「じゃ、それも寄こすんだ」。男の子の手から、残っていた銀貨をとって、知らん顔をして行ってしまった。（ブレヒト「コイナーさんの物語」in『暦物語』）

　不当な扱いを受けているのに黙って耐えているのは、不作法なことだ。日本とちがってスウェーデンの学校では、正しい作法が教えられている。

◆81「『スウェーデンの小学校社会科の教科書を読む』を読む」
　久米宏　ラジオなんですけど〈空白の12分〉TBSラジオ　2017.11.11
◇20「大人だろ、勇気だせよ。子どものころのように」（忌野清志郎）

〈魔の金4〉の出し物は映像がメインだが、たまにはラジオの音だけ聞いてもらう。

久米宏のこの番組（2006年10月開始）は、惜しまれながら2020年6月に終わってしまった。原発やオリンピック（どちらも日本の宿痾である設定不良問題）にもはっきりNoと言う久米宏は、かけがえのないキャラクターだ。久米宏の師匠ともいうべき永六輔（1933~2016年）は、体調を壊して呂律が回らなくなっても、TBSラジオに出つづけていた。久米宏も永六輔のように居すわりつづけてもらいたかった。この回の番組では教科書を読むときに、「今日では」を「こんにちでは」ではなく「きょうでは」と読んでしまっていた。かすかな衰えが、ダンディな久米宏の美意識には許せなかったのだろうか。

同じくTBSラジオの『荒川強啓　デイ・キャッチ！』（1995年4月開始）も、お上に忖度せず、遠慮なくNoを言っていた人気報道番組だったのに、惜しまれながら2019年3月に終了した。ふたつの人気報道番組の終了は、以前は報道を売り物にしていたTBSの弱腰を象徴するだけでなく、ラジオ・テレビ・新聞の「報道力」の衰えをも象徴している。かつての報道関係者には、それなりの数のヤンキー（図2）がいたのに、今の報道関係者（とくにその上層部）には、兵隊教育の優等生（図1）がどんどん増えている。

スウェーデンの小学校で社会科の肝は、「すべての社会は変化する」ことを教えることだ。

「たとえば、髪型やファッションを変えて、規範をうち破ってやろうとするなら、それを何度もくり返しているうちに、それでいいのではないか、と思われるようになるかもしれません」。たと

えば、髪の毛を真っ赤に染めて学校に行ったら、最初は変な目で見られるかもしれないが、それをがんばって続けたら、ルールや規範が変わるかもしれない、ということをしっかり教えているのです。

兵隊教育がまだ根強いこの日本では、自分の無力に思い上がっている人が多い。でもこの教科書で授業をやれば、「どうせ私なんか」ではなく、「私だって社会を変えられるかも」と考える感覚が育つだろう。この教科書は、8歳から10歳の子どもを対象にしているそうだが、こんなことも書かれている。

「昔に比べて離婚が増えました。結婚していない両親と暮らすことになるかもしれません。離婚すると子どもたちの多くは、新しい家族で暮らします。1週間をお父さん［この箇所だけ久米宏は「おとうしゃん」と読んでいた］と暮らし、つぎの1週間をお母さんと暮らすこともあります。2人のお父さん、もしくは2人のお母さんがいる家族で暮らす子どももいます。2009年から同じ性別の同性愛の人が結婚できるようになりました。こうして結婚した人たちは、結婚している他の人たちと同じ権利をもっています」。お父さんが男でお母さんも男の場合もあれば、お母さんが女でお父さんも女である場合もあるから、覚悟しておきなさいと言っているのです。こういうのを「新しい教科書」と呼びたいですね。

2005年に自民党は、ジェンダーフリー教育を批判するチームを立ち上げた。2000年代になって日本では、「過度な性教育」に対する批判が保守右派・宗教右派の圧力で強まっている（バックラッシュ現象）。

日本とちがってスウェーデンでは、赤ん坊が生まれたら、その瞬間からその子は社会人と見なされるそうだ。こういう教科書で育っているせいか、スウェーデンの投票率は、80％を超えている。（し

かし、日頃から政治をウォッチしていないと、選挙公約を読んだだけで投票しても、「適切な」投票はできない。下手をすると、あなたの首を絞めている政治家に投票してしまうことになる。選挙が「気分」でなく「意見」で投票されるようになったら、ちょっとは政治がましになるだろう。そのとき「世論」の適切な英訳は、public sentimentではなく、public opinionになるだろう）

「自分の受けてきた教育とスウェーデンの教科書はどう違うか」。紙メールに書いてもらった。ごく一部を紹介しておこう。

●ルールや制度を学ぶだけで、社会が変わるとか、社会を変えられるとかは、教えられなかった。
■「次の選挙でふたたび当選することが、政治家の目的となっています」と書かれているスウェーデンの教科書で勉強したかった。
●勉強するのは自分の考えを伝えるため、というのが素敵。
●授業で、性や離婚について触れられることがなかった。
●私の教科書にはLGBTのことは書かれていなかった。

教育には、いろんな思惑がある。階級をシャッフルするため？いや、社会的不平等（格差）を再生産するため？ 公教育の理想は前者だと思うが、日本で実際に行われているのは後者だ。日本の義務教育は、読み書きソロバンについては、それなりの成果を上げてきた。しかし、それ以上に胸を張れるのは、「みんなで一緒に」という同調圧力や、ヒツジのような従順さの刷り込みだ。上の言うことには文句を言わず従いなさい。ルールや規範を守りましょう。

教員はかならずしも兵隊教育に賛同しているわけではないだろう。だが仕事があまりにも多いため、管理教育のほうが楽なのかもしれない。兵隊教育・管理教育には「効率」という取り柄もあるだろうが、やっぱり教育の大黒柱は、ヤンキーのオイラー図のはずである。今あなたのいる世界のほかにも世界があるんだよ、ということをしっかり伝えること。

_____

§38　間奏曲：大人だろ、勇気だせよ。——3.5％ルール

　金メダルめざして奮闘するアスリート。それを絵に仕立てて伝えるテレビ。「勇気をもらった」と感動する見物人。この構図は、格差社会の現代のものだが、身分社会の古代ローマにも、似たような構図があった。奴隷の剣闘士（グラディアートル）が、貴族に命じられて闘技場で殺し合いをして、貴族と見物客を楽しませた。自分の競技に集中して、政治については発言しないアスリートは、奴隷に似ている。貴族に抵抗しない奴隷から、どんな「勇気」をもらうのだろう？

　◇20大人だろ、勇気だせよ。子どものころのように——といった内容の歌を忌野清志郎が歌っているが、今の格差社会の底辺にいる子どもたちにとって、「勇気」は古語になっているのかもしれない。昔はよく、「組織の歯車なんかになるな」と言われたものだ。しかし今は、「自分は無力で、歯車にもなれない。せめて歯車になりたい」と思う若者が増えている。その組織がどんなに虫歯だらけでも。

　子どもが、自分の無力に思い上がることをやめ、「変わること・変えることができるぞ」という勇気をもつには、どうしたらいいんだろう。まず大人が、元気になることだ。ポパイ、助けて！　ほうれん草、どこだ？

◆19忌野清志郎（1951.4.2~2009.5.2）『COVERS』1988年　cf.東芝EMI
○『SONGS 忌野清志郎』2015.5.2 NHK　○『ラストデイズ 忌野清志郎』2014.5.2 NHK
○00《ひとつだけ》with 矢野顕子／《い・け・な・いルージュマジック》with 坂本龍一
◇15a「愛し合ってるかい？」（cf. クニを政府から守る）↓（井上ひさし）
【むずかしいことをやさしく、やさしいことをふかく、ふかいことをおもし

　ろく】
◇ 15b「こんな夜に　おまえに乗れないなんて／こんな夜に　発車できな
　　いなんて」
　　「大きな春子ちゃん　君が好きさ／ぼくは小さな男だけれど　認めて
　　おくれよ」

　忌野清志郎には、長く生きてもらいたかった。手術をすると声が
出なくなる、と言われて、喉頭がんの摘出を断念した。切ない声で
核と原発をストレートに批判した歌を収めたアルバム『COVERS』
は、レコード会社（東芝EMI）の判断で発売中止になった。東芝
EMIの親会社は、原発をやっている東芝だ。ガラパゴスの日本で
は、スポーツ界だけでなく芸能界も、政治について発言する人が少
ない（政治について物言わないロックなんて、ロックだろうか？）。そ
んななかで、ストレートに発言する忌野清志郎は特別な存在だっ
た。「むずかしいことをやさしく、やさしいことをふかく、ふかい
ことをおもしろく」。井上ひさしの座右の銘だが、スーパースター
忌野清志郎の流儀でもある。ノートにたくさん言葉を書いて、歌詞
を磨いたという。

　「3.5％ルール」というのがある。政治学者エリカ・チェノウェス
によると、市民の抵抗や活動は、暴力的なものより非暴力的なもの
のほうが、なかなか強力で成功率も高い。20世紀の数百の市民活
動を調べたところ、3.5％の人が声をあげると、失敗しないという。
キング牧師の公民権運動、グレタ・トゥーンベリの環境運動などが
その例だ。ノイジー・マイノリティには、「公園の遊具が危険だか
ら撤去せよ」と役所に迫るクレーマーのような負のイメージがある
が、3.5％ルールのようなプラス面もある。
　「結果がすべて」は新自由主義の残念な考え方だが、それに飼い
慣らされた人が増えてきた。けれども結果は、プロセスの一部にす
ぎない。勝つか負けるか、という2項対立で考えるから、気持ちが
暗くなる。世界はオセロゲームのように白と黒だけではない。白と

黒のあいだには灰色があり、その灰色にもグラデーションがある。98対2で負けるのと、51対49で負けるのとでは、勝者の気分も、敗者の気分も、そして観客の気分も変わってくる。選挙で圧勝したか、僅差の勝利だったかで、その後の政治はずいぶん違ったものになる。政治家は、次の選挙をいつも気にしている。グラデーションに敏感な動物だ。どうせ負けるから、と選挙に行かない人は、勝つか負けるかという2項対立で考えている。だがグラデーションで考えれば、「死に票」は死んではおらず、自分の声を反映させている。

---

§39　見えない制服

　YAHOO!ニュース（2021.2.15配信）によると、公立女子校の2年生が「寒いから」という理由で、それまで認められていなかったスラックスで通うようになった。朝日新聞（2021.2.17配信）によると、千葉県立行徳高校では、1人の女子生徒が制服のスカートに違和感を感じ、校則変更を求めて、スラックスで登校するようになった。生徒の訴えを聞いた池田浩二校長がイニシアチブをとって校則が変更された。今度は、生まれた性に違和感をもつ男子生徒が、スカートで登校するようになった。その動きは周辺校に波及している。ちなみに「自認する性別の制服の着用を認める」と文科省が通知したのは2015年だ。

　西郷孝彦『校則なくした中学校』（2019年）によると、2010年に西郷は世田谷区立桜丘中学校の校長に赴任してから、時間と手間をかけて2016年に校則を全廃した。授業の開始と終了のベルがない。中間・期末テストがない。宿題なし。服装や髪型は自由。スマホやタブレットを持ち込んでもいい。登校時間は自由。授業中に廊下で学習してもいい。授業中に寝てもいい。NHKの番組ノーナレ『校長は反逆児』（2020.5.11）は、そのドキュメンタリーだが、最後に

映し出された西郷孝彦校長（2020年3月定年退職）の自然体の後ろ姿が印象的だった。

　区立の中学でもこんなに変えることができる。校長の権限は大きい。それなのに、あいかわらず不都合な校則に縛られている学校が多い。教員も兵隊教育の犠牲者だからだろう。保育園から大学まで、「指導する」や「ルールだから」を連発する先生には用心しよう。見えない制服を着ているからだ。兵隊教育でないのなら、なぜそのルールが必要なのか、どうしてそのルールが生まれたのか、誰が／何がそのルールに力をあたえているのか、を棚に上げたままにはせず、一緒に考えるはずだが。

　リーダーが変わると、学校はずいぶん変わる。会社や組織だけでなく、社会だってずいぶん変わる。こんな人たちにまかせていいのか、と思うほどひどい日本の政治も、リーダーが変わると、ずいぶん変わるはずだ。「リーダーが変わる」、いや「リーダーを変える」手段は、ゼロではないよね。

　「日本の教育は兵隊教育だ」と十把一絡げにして冷笑するのではなく、西郷孝彦校長のような、兵隊教育ではない具体例をひとつずつ積み上げていく。小さな穴からブレイクスルーが始まる。

---

§40　「草食化」というバンドワゴン

　〈魔の金4〉で観察したところ、中学・高校で豊かな性教育を受けた学生はごくわずかだ。たいていは、「妊娠や感染症の心配があるから、できるだけ性から目をそらしなさい」というネガティブな性教育（？）だけで、性の喜びは教えられていない。喜びや快感は、神様のくれたごほうびなのに。

　◇22b「人間は、存在するようになって以来、喜ぶということをしなさす

> ぎた。それこそが、兄弟よ、俺たちの原罪なのだ！」（ニーチェ『ツァ
> ラトゥストラ』）

「政」から目をそらさせ、「性」からも目をそらさせて、いったいこの国の教育は何を教えているのだろう？　世界経済フォーラムが発表するジェンダー・ギャップ指数2022で、日本は116位／146か国。堂々たる後進国だが、最近のこの国の政治や官僚や報道の劣化を見ていると、「後退国」と呼ぶほうがよさそうだ。政治は環境問題に似ている。よくなることはないとしても、ウォッチしていないと、ますますひどくなる。これ以上後退しないためには、若者よ、「政」と「性」に目覚めよう！

たしかに草食化は進行しているようだが、バンドワゴン効果にも注目したい。AはBの一部でしかない、というオイラー図の出番だ。AVのハードセックス（A）は特殊なものにすぎず、『女医が教える　本当に気持ちのいいセックス』のようなソフトセックス（B）もあるのだと知れば、セックスが「痛いだけ」とか「汚い」という嫌悪感もやわらいでいく。

期末レポートの付録に「〈魔の金４〉ビフォーアフター」を書いてもらうのだが、恋愛未経験の男子も女子も、恋愛やセックスをポジティブにとらえるようになっている。たとえば、

●私は「処女」や「童貞」という言葉をきくと恥ずかしい気持ちになっていたが、恋愛学の講義を通して、セックスはけがらわしいものではなく、むしろ愛の形が表現された美しいものだと考えられるようになった。人生が変わったと思います。

もちろん、「やっぱり私は恋愛に向いてなさそう」という女子や、「俺には関係ねえ」という男子もいるけれど。

選挙運動では、名前を連呼するだけでも、それなりの効果がある（昔から選挙は、理性ではなく感情で投票されてきた）。何度も「若者の草食化」という言葉がくり返されていると、「そうなんだ」と若

者の頭に草食化が刷り込まれてしまう。レッテル貼りは恐ろしい。検証されることもなく拡散する。

　草食化の進行は、環境ホルモンが影響しているという説もある。最近は、「草食化」ではなく「中性化」という言葉をよく耳にする。NHKスペシャルのジェンダーサイエンス（1）『男X女　性差の真実』（2021.11.3）は、「男性脳」と「女性脳」に分けるのではなく、「モザイク脳」と考える最新研究を紹介している。コンパクトにまとまっていて、おすすめの番組だが、ここでも「中性化」という言葉が使われている。

　草食化の若者をヘタレと冷笑するのではなく、経済的な支援をし、子育てしやすい労働環境にしたり、フランスのように婚外子を育てやすい制度に変えたり、〈家〉や〈血のつながり〉に関する考え方や価値観をゆさぶったりするのが先決だ。恋愛は、ヒトが命のバトンを渡すためのサバイバル・プログラムなのだから、そのプログラムの実行を「面倒くさい」と思わせない工夫が必要だ。「面倒くさい」は、踏み出そうとする一歩に強いブレーキをかけてしまう。

手紙に書いたキス

§41　ヤギの手紙——カフカの恋愛サバイバル曲線

寄りかからず？

「倚りかからず」という詩がある。その詩を収めた本は、詩集なのにベストセラーになった。

　「倚りかからず」（茨木のり子）1999年
　もはや
　できあいの思想には倚りかかりたくない
　もはや
　できあいの宗教には倚りかかりたくない
　もはや
　できあいの学問には倚りかかりたくない
　もはや
　いかなる権威にも倚りかかりたくはない
　ながく生きて
　心底学んだのはそれぐらい
　じぶんの耳目
　じぶんの二本足のみで立っていて
　なに不都合のことやある
　倚りかかるとすれば
　それは
　椅子の背もたれだけ

「じぶん」にたいする絶対の自信。こういう詩を読むと肩がこる。肩こりをほぐすにはパロディだ。品書きでは、この詩の横に斜体でパロディを並べる。

　「寄りかかりたい」

やっぱり、
すぐれた思想には寄りかかりたい。
やっぱり、
すてきな宗教には寄りかかりたい。
やっぱり、
おもしろい学問には寄りかかりたい。
やっぱり、
まともな権威には寄りかかりたい。
長く生きて、
中途半端に学んだのはそれくらい。
自分の鼻と目と耳、
自分の足だけで立っていると、
いろいろ不都合なことがある。
背筋をきたえて、
寄りかからないとすれば、
椅子の背もたれだけ。

　私の愛用の椅子は、年季の入ったヤマハのピアノ椅子No. 5。座面が固くて、ほぼ水平で、高低の調節ができる。背もたれはついているが、毎日の有酸素運動で背筋をきたえているので、ほとんどもたれることがない。背筋がついたら、不思議なことに、寄りかかることに抵抗がなくなっていた。

　寄りかかることは、あまり評判がよくない。だけど依存って、そんなに不都合なことだろうか。依存の程度にもよるが、寄りかかれるものがあると、人生、ずいぶん楽になる。人間は弱い存在なのだから。自立とは依存先をたくさん持っていること、と考えることもできる。

　恋も、寄りかかれるもののひとつである。カフカは主体性や自立にはあまり縁がなかった。恋愛にも寄りかかっていた。

手紙に書いたキス

ミレナ・イェセンスカは、カフカの妹オットラとならんで、もっともカフカを理解した、つまり（？）もっともカフカを愛した女性といわれている。

1896年プラハ生まれだから、カフカより13歳年下である。1919年秋、カフカの短篇のチェコ語翻訳をきっかけにカフカと知り合った。人妻だった。ジャーナリストで翻訳家であり、非凡で奔放な女性として知られていた。

カフカとの文通は、1920年春にはじまっている。その夏のウィーンで数日間、親密な関係になったらしい（けれどもハルトムート・ビンダーによると、「肉体的にもある程度の接近をもたらしたわけだが、それをカフカは性的な合体と解釈したのではないか。たとえ事実はそうでなかったとしても」）。1920年8月以降しだいに疎遠になる。

カフカはミレナの手紙を破って捨てた。が、ミレナはカフカの手紙を保存していた。自分の身に危険がせまったとき、カフカの手紙を友だちに託したのだが、プライバシー保護という点で、ミレナは礼儀知らずの人間だった。

新版『ミレナへの手紙』（Fischer Verlag 1983）は、旧版『ミレナへの手紙』（Schocken Books 1952）とちがう。旧版は、保存されていた手紙から10通の手紙をカットし、62のパッセージを省略している。手紙の並べ方も恣意的で、カフカが手紙につけた曜日しかわからない。だが新版では、忍耐づよい調査によって推定した発信地と日付がついており、その時間順に手紙が並べられている。

『ミレナへの手紙』は、カフカ印がついていないと、ちょっと退屈で、ちょっと気持ち悪い手紙が多い。が、たまに、ハッとするほどおもしろいものがある。

ミレナとの文通は1920年11月からブランクがあったが、1922年3月末、カフカは久しぶりに手紙を書いた。これから引用するのは、その最初の部分。

それまでの手紙ではミレナに距離感のない親称（du）で呼びかけ

ていたが、このプラハ発の手紙は、距離感のある敬称（Sie）をつかっている。

　ずいぶんごぶさたしていました、ミレナさま。きょうの手紙も、たまたまペンをとったまでのこと。手紙を書かなかったからといって弁解する必要などありませんね。私がどんなに手紙を憎んでいるか、ご存じでしょう。私の人生の不幸はすべて、いやはや、手紙のせいだ。手紙を書くことができるということのせいだ。と言って、嘆こうというのではありません。これは一般的な教訓のつもりなのですから。これまで私は、生身の人間にだまされたことはほとんどない。だが手紙にはいつもだまされてきた。しかも、他人の手紙ではなく私自身の手紙にだまされてきた。それは私というケースの特殊な不幸なので、くわしく話すつもりはありませんが、こういう不幸はまた、誰の身にも起きるものです。簡単に手紙が書けるというせいで──まったく理論上の話ですが──きっとこの世では、魂がおそろしくそこなわれることになってしまった。手紙を書くということは、幽霊とつき合うことなのです。しかも手紙の受取人の幽霊とつき合うだけじゃない。手紙を書いている本人からこっそり生まれた幽霊ともつき合うことなのです。おまけに何通も手紙を書いていると、一通の手紙が他の手紙を裏づけては、裏づけたその手紙を自分の証人に仕立ててしまうことすらある。人間は手紙によってつき合うことができるなどと、いったい、どうして思いついたのでしょう。その人が遠くにいれば、想いをはせることができる。近くにいれば、手でつかむことができる。それ以外のことは、人間の力を超えている。手紙を書くということは、幽霊たちの前で裸になることです。舌なめずりして幽霊たちはそれを待っているわけですが。手紙に書いたキスは、あて先に到着することがない。途中で幽霊たちに飲み干されてしまうからです。この栄養をたっぷりとって、幽霊たちは猛烈に増殖している。人類もそれに気づき、戦っています。人間と人間のあいだに存在する幽霊をできるだけ締めだし、自然なつき合い、魂の平和を手にいれるために、鉄道、自動車、飛行機を発明してきました。だがそれも焼け石に水。すでに人類の転落中になされた発明であるらしく、敵陣の幽霊たちのほう

が、はるかに強くて落ち着きがある。郵便の後には電報を発明し、電話を、無線電信を発明したからです。連中は飢えることがなく、われわれは没落するでしょう。

　この手紙は確信犯的なウソである。たとえば、〈私がどんなに手紙を憎んでいるか、ご存じでしょう〉。いや、ご存じなのは、カフカが手紙魔だったことだ。新版『ミレナへの手紙』に収録されているカフカの手紙320ページのうち、280ページは、1920年春から秋にかけて4か月のうちに書いたものだ。
　〈私の人生の不幸はすべて〉、〈手紙を書くことができるということのせいだ〉。とんでもない。不幸どころか、幸せだった。手紙を書くことは、幸せのパスポート、陶酔への助走。

クンデラ

　カフカは実際のセックスを汚いものと考えていたらしい。たしかに実際のセックスは気持ちはいいが、美しいものではない。〈女の子をほんとうに文字で縛ることができるとしたら？〉と、友人ブロートにあてて書いている。
　手紙が、実物のミレナのかわりになる。ミレナにはもっと手紙がほしいとせがむ。〈大きく身をのけぞらせて、手紙を飲みこむ。わかっているのは、飲みこむのをやめる気がないことだけ〉（1920年5月29日）。
　カフカは、手紙を食べるヤギの親戚だ。カフカは黒ヤギさんだろうか、白ヤギさんだろうか。ミレナとひんぱんに文通していたころの体重は50数キロ。
　ミレナの手紙は〈読むためにあるのではなく、広げられるためにある。顔をそこにうずめ、正気をなくすために〉。〈また君に手紙を書こうとしている。あのときウィーンの森で君のそばで横になっていたように、手紙におおいかぶさっているのだ〉（1920年7月16日）。
　手紙は何度でもくり返し、好きなときに楽しめる。メールより生なましい。ミレナが触れた紙に、ミレナが書いた文字にじかに触れ

ることができる。カフカの作法はオタクの作法だ。いや、こういうことは誰でもやっていることかもしれない。

　クンデラによると、ヨーロッパの重要な愛の物語は、セックス外の空間で展開される。19世紀小説のエンドマークは結婚が多い。愛の物語を結婚の倦怠から守るためではなく、ベッドシーンの描写を避け、愛をセックスから守るためだった。ヨーロッパの愛の観念は、セックス外の土壌に根ざしているという。

　抜群のカフカ読みでもある作家クンデラは、『城』の第3章で、Kとフリーダのセックスを描写したワンセンテンス（批判版68頁26行目〜69頁6行目）に、カフカの独創性が凝縮されていると言う。

　カフカは、フロイトの同時代人として20世紀の新しい小説を書いたけれど、自分の恋愛にかんしては、ゲーテ的な19世紀の愛の局面にとどまっていた。

幸せの作法

　さっき引いたプラハ発の手紙では、一見したところ、健康なコミュニケーション論が展開されている。〈手紙を書くということは、幽霊とつき合うことなのです〉

　手紙には——というより、どんなテキストにも——どうしてもウソがまじる。まじってしまう。手紙は書いている端からウソになっていく。テキストは人をだます。言葉はウソをつく。言語には限界がある。こういうことを鋭く意識したのが、ウィーン・モデルネ（世紀末ウィーン）だった。ホーフマンスタールの『チャンドス卿の手紙』（1902年）やヴィトゲンシュタイン『論理哲学論考』（1918年、出版1922年）が、その代表作だ。136問題やナティエの「痕跡」も思い出そう。

　だがカフカは、言葉がウソをつくことを嘆いているのではない。彼は何百通、何千通という手紙を書いてきた手紙魔だ。〈転落中〉の〈人類〉ではなく、〈敵陣の幽霊たち〉の仲間である。自分の〈不幸〉を語りながら、じつは自分の幸せの作法をこっそり披露し

ているのである。

　ミレナにあてた2通目（1920年4月）でカフカは、〈あなたの目鼻立ちをはっきりとは思い出せないのです〉と書いている。フェリーツェのことも、〈骨ばった、空っぽの顔。空っぽであることを隠していない顔〉と日記（1912年8月16日）に書きつけていた。

　顔のない女性なら、自分の想像を投影できる。現実のミレナよりも、想像のミレナのほうが好都合だった。カフカが必要としたのは、自分を守ってくれるけれど、絶対に邪魔をしない女性だった。

　実際に会うと、せっかく描いていた願望像がこわれてしまうかもしれない。恋は盲目。

　ミレナが会いたがっても、カフカは拒否しつづける。ミレナに何度もくり返して、〈こっちに来ないで／そちらには行けない〉と書いたのも、それとおなじ理由だろう。何通ものやりとりによって、カフカは自分の願望像を確実なものにしていく。〈おまけに何通も手紙を書いていると、一通の手紙が他の手紙を裏づけては、裏づけたその手紙を自分の証人に仕立ててしまうことすらある〉

　カフカの平和は、生活に他人がはいりこまないこと。幸せな想像の世界に現実の他人がはいりこめば、不幸になる。フェリーツェとの結婚だって、最初から実現するはずがなかった。いっしょに暮らしていると、些細なことでも衝突のきっかけになる。ふわふわした厚手のタオルがいいか、薄手の日本手拭いがいいか。結婚は、文化の衝突なのだ。

　カフカが愛していたのは、現実のミレナではない。想像のミレナだ。想像のミレナは、自分とは正反対の、若くて潑剌とした人間である。カフカはそういうミレナをまぶしく思い描き、その想像のミレナに寄りかかりながら、正反対の自分をいとおしんだ。宝塚の男役は、現実の男より男前として演じられる。「想像のミレナ」の舞台版だ。

　ミレナとの恋が燃えあがっていた最中に、カフカはミレナにあて

てこう書いている。

　しかし私が愛しているのはあなたなんかじゃない。じゃなくて、私がは
　るかに愛しているのは、あなたを通じて私にプレゼントされた私のこと
　なんです。（1920年7月13日）

　ライヒ゠ラニツキに言わせれば、「自己中心的な自己愛への、も
っともラディカルな信仰告白」である。

　この手紙を独文のゼミで読んでいたとき、学部3年の女子がつぶ
やいた。「愛とはなにか。考えれば考えるほど、行きつく場所は自
己愛です。でもカフカのように言ってしまっては、もともこもな
い。相手のミレナだってきっと自分自身への愛をもっているはず。
そのへんがカフカは礼儀知らずではないかな……と」

　そうだ。きっとそうだ。だからミレナは仕返しの機会をうかがっ
て、カフカの手紙を捨てなかったのだ。

　〈手紙に書いたキスは、あて先に到着することがない。途中で幽
霊たちに飲み干されてしまうからです〉。飲み干したのはカフカで
ある。キスを送ったのは、ミレナではなく自分に対してなのだか
ら。

Ich liebe mich.

　9歳年下のレギーネ・オルセンと婚約した27歳のキルケゴール
は、「婚約した翌日には、私はもう後悔した」と日記に書き、1年
後に婚約を解消する。レギーネ・オルセンを深く愛していて、自分
はレギーネ・オルセンに値しない人間だと思ったからだ。キルケゴ
ールは42歳で死に、カフカは40歳で死んだ。カフカが婚約を解消
したのは、相手ではなく自分を深く愛していたからだ。

　ミレナは人妻だった。カフカは離婚を期待していたが、離婚が実
現しても、実際にミレナと結婚しただろうか。『ミレナへの手紙』
でカフカが書いているのは、ほとんど自分のことばかりだ。恋の疑
問文（A：私は君に何を求める？）と、愛の疑問文（B：君は私に何を

求める？）を思い出してほしい。〈魔の金４〉語で区別するなら、カフカには恋はあったが、愛はなかった。

「大好きだ」とか「愛してる」にあたるドイツ語は、liebenである。これを辞書で引くと他動詞しか出ていない。liebenをつかって簡単なセンテンスをならべてみよう。

イ	Ich liebe dich.	わたしはあなたを愛してる。
ロ	Ich liebe (dich).	わたしは（あなたを）愛してる。
ハ	Ich liebe.	わたしは愛してる。
ニ	Ich liebe (mich).	わたしは（わたしを）愛してる。
ホ	Ich liebe mich.	わたしはわたしを愛してる。

ドイツ語では他動詞なら、目的４格（dichとかmich）をとる。liebenはふつう他動詞だけど、センテンスのなかに目的４格がなければ（例文ハ）、自動詞とみなされる。

カフカの場合はどうなるか。ミレナへの手紙では、現実のミレナにあてて書いているのだから、イだ。でもカフカの本心は、想像のミレナを愛しているのだから、ロ。でも、究極の愛は、学部３年の女子も指摘するように、ホだろうけれど、それを言うのはマナー違反。だから普通の人は、ハでがまんする。もうすこし踏みこんで、ニをほのめかすこともある。

だが、カフカはミレナに面とむかってホと告白してしまう。ホホホ、やっぱりカフカは幽霊だ。

「倚りかからず」の詩が気持ち悪いのは、偉そうにホを宣言しているからだ。

ウィーンでミレナと過ごした後の手紙は、情緒不安定だ。自分の恋愛にかんしてカフカの文法は、liebenの目的４格としてmichしか許さない。例文イのように目の前に現実のdichが目的４格として登場すると、自分の世界が大きく揺さぶられて、異常警報が鳴

る。ユダヤ人として虐げられてきたカフカは、サバイバルに敏感
だ。

　カフカの場合、例文イは、非日常的な無酸素運動に似てしまう。
体力のないカフカはすぐに息切れする。

　手紙をとおしてでも、恋をすると、駆け引きが必要になる。数学
者のようにあらゆる条件、あらゆる可能性を考えるから、脳を使
う。恋は、苦しみをもたらす幸せであり、人を幸せにする苦しみだ
から、心臓もドキドキする。適度な負荷がかかる有酸素運動だ。

　たくさんではないが、ちょっとだけ日常から逸れることができる
例文ロが、カフカにとっては幸せな恋のスタイルだった。

　手紙によって〈魂がおそろしくそこなわれる〉のではなく、むし
ろ元気になる。

魂のエアロビクス

　カフカは結核で死んだけれど、トリスタンとイゾルデのように愛
で死ぬことはなかった。愛を乗り物にたとえたカフカは、恋愛サバ
イバル曲線を知っていたのではないか。

　恋という病気には、すでに紹介したが、好意、恋、依存という３
段階がある。

　なにかのきっかけで、わけもなく、ある人に好意をいだくように
なる（好意）。それから、あるときわけもなく突然、その人が大好
きになる（恋）。大好きになってしまうと、寝ても覚めてもその人
のことを思い、その人なしではやっていけなくなる（依存）。

　依存の程度によっては、陶酔状態となり、ときには責任能力まで
怪しくなる。恋愛破滅直線に乗って、天国または地獄に直行するケ
ースもある。

　だが、恋の病いはたいてい自然に治癒する。あるとき突然、わけ
もなく、ストンと胸から落ちるように消える（ミレナへの手紙の大
部分は、1920年春から秋にかけて４か月のあいだに集中している。恋の
賞味期限は、ヘレン・フィッシャーによると３、４年だが、カフカの場

合は4か月だったと計算することができる。ちなみに〈魔の金4〉が推奨する賞味期限は3か月だ）。しかし依存がなければ恋の醍醐味はない。ポイントは依存をどう乗り切るか。まさしく人生の分かれ目だ。

モーツァルトのドン・ジョヴァンニは窓辺でセレナードを歌う。手紙は書かず、自分の声でくどいた。言葉ですること以外に、したいことがたくさんあった。性の狩人は、現実の女とからだを合わせることを求めた。

カフカのしたいことは書くことだった、らしい。ラブレターもたくさん書いた。書いているうちに、現実の目的4格がだんだん抜けていく。手紙で恋をしたおかげで、陶酔がほどほどにコントロールされる。

恋に寄りかかったが、依存症にはならず、サバイバル曲線にうまく乗れた。「ほどほど」は有酸素運動の要諦である。

『ヴェネツィアに死す』のアッシェンバッハは、カフカ同様、ゲーテ的愛に忠実だったが、ラブレターは書かず、陶酔にしがみつき、コレラで命を落とすことになった。

私としては（ミレナ、お願いです、言葉にはつくせないことをわかってほしい）、私としては（どもっているわけではありません）、ウィーンに行くつもりはない。緊張のため精神がもたないだろうからです。精神が病気なのです。肺病なんて、精神の病気が岸辺からあふれ出たものにすぎない。（1920年5月31日）

最後のセンテンスをS・ソンタグは、非科学的な隠喩の例として紹介しているが、心とからだの回路の存在は、現代の医学では常識だ。

カフカは結核だった。苦しいときもあるだろさ。だけどカフカはくじけない。恋することが魂のエアロビクスとなって、体調不良や病気の苦しさをまぎらせた。

カフカは手ぶらで帰った恋愛弱者である、と、よく言われる。でも40年の生涯で、けっこうたくさん恋人がいた。フェリーツェ・

バウアー、グレーテ・ブロッホ、ミレナ・イェセンスカ、ミンツ
ェ・アイスナー、ドーラ・ディアマントなど。

　恋のおかげで、カフカは41歳になる1か月前までも、長生きで
きたのだ。

「現実のミレナ」と「想像のミレナ」

　ドン・ジョヴァンニが1対多、トリスタンが1対1なら、カフカ
は1対（1）といったところだろう。〈魔の金4〉の教室でも、年
を追うごとに、カフカ的2次元でいいという学生が増えてきた。

●LINEでとても話が合って、優しい人だと思ったけれど、実際
に会って「この人、無理だ」となったことがありました。
■アイドルを本当に好きな人が「実際には会いたくない」と言っ
ているのを聞いたことがある。カフカもそんな気持ちだったのだ
ろうか。
●昔、恋してる相手に会えない間に、頭の中で美化しすぎてしま
い、実際に会うと「あれっ？」って経験があった。
●想像のミレナに恋をする。恋をしている自分が好き。理解でき
るし、共感する部分も多い。今だと、「推し」をたくさん作るの
に似ている。複数の推しがいれば、優先順位はあっても誰かに依
存することはなく、また自分の理想が反映されるので傷つくこと
もなく、コスパがいい疑似恋愛だと思った。
●愛する人や大切な人と心から繋がるためには、手紙より電話、
電話より直接会うことが必要。
■カフカはハリネズミだった。
■ぼくは2次元好きだが、現実の彼女もいて、セックスしたりする。
●自分が一番愛してるのはミレナじゃなく、ミレナを通じてプレ
ゼントされた自分だ、というのが印象に残った。イロハニホのよ
うに、愛がグラデーションのようになっていて、自分が本当に愛
しているのは誰か分からなくなってしまっている人は、多くいる
と思う。

●身近にカフカみたいな人がいたら、あまり関わりたくない。ただ、私は自分が嫌いなので、自分を愛しているカフカが少しうらやましい。

●私は今、彼にプレゼントされた自分に気づけず、自分のことが愛せず、彼に依存している。どうしたら自分を愛し、依存ではない感情で彼をきちんと愛せるだろうか、分からない。自分が嫌いだ。

「自分が嫌いだ」と紙メールに書いた人には、「しっかり自分の尻ですわり、勇敢に自分の足で立っていないと、愛することなどできない」というニーチェの言葉（『この人を見よ』）を紹介した。

有名なミュラー゠リアー錯視図がある。

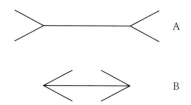

図Aの水平線と図Bの水平線は、同じ長さなのだが、Aの水平線のほうがBの水平線よりずいぶん長く見える。ここで、水平線を「事実」とし、斜線を「想像」としよう。ふつう私たちが見るのは、水平線と斜線がつながっている図Aまるごとや、図Bまるごとだ。水平線だけを見ることはむずかしい。つまり「事実」＋「想像」のセットを、私たちは「現実」だと考えている。水平線の長さだけでなく、斜線の長さや角度によって、「事実」は、そのときそのときによって違った顔を見せる。ときには顔が見えないこともある。「想像」のチカラは大きい。

フロイトは、クライエントが見ている「現実」を「心的現実」であると考えて、仕事をするようになった。だから、『ヒステリーの病因について』（1896年）に後でつけた脚注（1924年）で、以前の

自分は「事実」を過大評価し、クライエントの「想像」を過小評価していた、と反省している。私たちはそれぞれ自分の人生という物語の主人公だが、それぞれの主人公の「想像」が大きなベクトルとなって、物語を動かしている。

---

§42　カフカの恋、ジブランの愛。

　カリール・ジブラン［ハリール・ジブラーン］が見ていた星は、カフカが見ていた星とは違う。ジブランの詩「子どもについて」（1923年）は、カフカの手紙とはずいぶん違う。

　赤ん坊を抱いた女が言った。「子どものことを話してください」
　そこで預言者が言った。

　あなた達の子どもは、あなた達のものではない。
　かれらは、命が命を望んだことの息子であり娘である。
　あなた達を通って生まれてくるが、あなた達から生じたわけではない。
　あなた達と一緒にいるけれど、あなた達の持ち物ではない。
　かれらに、あなた達の愛をあたえてもよいが、あなた達の考えをあたえ
　　てはならない。
　なぜなら、かれらは自分自身の考えをもっているのだから。
　あなた達は、かれらの体を住まわせてもよいが、かれらの魂を住まわせ
　　てはならない。
　なぜなら、かれらの魂は明日の家に住んでいるのだから。
　　明日の家をあなた達は訪れることができない。たとえ夢のなかであっても。
　あなた達は、かれらのようになろうと努めてもよいが、
　　かれらをあなた達のようにしようとしてはならない。

なぜなら、命は後戻りもせず、昨日とともに躊躇_{ためら}いもしないのだから。

あなた達は弓。その弓からあなた達の子どもが、生きた矢となって放たれる。

矢を射る神は、無限の道のうえにある的をねらい、力を込めてあなた達をしなわせる。わが矢よ、速く、遠くまで飛ぶがよい、と。

矢を射る神の手によって、あなた達がしなわせられることを喜ぶがよい。

なぜなら、神は、飛んでいく矢を愛するのと同じように、

じっとしている弓のことも愛しているのだから。

　子どもは所有の対象ではない。コントロールの対象でもない。「かれらは、[…]／あなた達を通って生まれてくるが、あなた達から生じたわけではない」。子どもは誰のもの？　こういう問いを考えるときは、神を信じていなくても、一神教の神のような絶対者を想定してみるといい。数学で虚数iを想定するように。すると、違う風景が見えてくる。傲慢な人間が謙虚になれる。ジブランの預言者は、詩の前半では否定詞（not / nor）を頻出させ、後半ではthe archer / He / His を出してきて、「絶対者」の視点から、愛の構図を描いている。

　あなた達は、かれらのようになろうと努めてもよいが、

　　かれらをあなた達のようにしようとしてはならない。

　「自分」のコピーや「自分の理想」のコピーを相手に求めない。愛の大事な作法が告げられている。

　カフカの自己愛は、恋（疑問文A）であって、愛（疑問文B）ではない。ジブランの詩で「子ども」を「恋人」とか「パートナー」にチカンしてみるといい。そうやって大人の階段をのぼっていって、私たちは、グレードの高い「愛の作法」を身につけるのかな。

　恋は自動詞である。しようと思ってするものではない。してしまうものだ。だが愛は、他動詞でもある。前頭前野の出番だ。詩の前

半に、否定のno（と nor）が 9 回も出てくる。前頭前野（理性）からのコントロールの要請だ。「俺たちは最強の家族だ」に心を打たれるのは、理性的な判断を美しいとする癖がヒトにはあるのかもしれない。動物には損得はあるが、善悪はない。だからこそ「わが頭上の星空と、わが内なる道徳律」（カント）が、残念な動物である人間の心に響くのだろう。

ウソは弱者の武器

§43 「そよ風に寄せる歌」

◆ 66 『ショーシャンクの空に』1994年　監督フランク・ダラボン
　アンディ・デュフレーン（ティム・ロビンス）、レッド（モーガン・フリ
　ーマン）

　エリート銀行員アンディは、無実なのに妻殺しの罪を着せられ
て、ショーシャンク刑務所に収容される。映画『ショーシャンクの
空に』は、そこから脱獄する話だが、その一部（57:25~1:13:05）を
見てもらう。

　50年も収容されていたブルックスは、仮釈放になったのだが、
塀の外の暮らしになじむことができず、首をつって自殺する。知ら
せを聞いて、映画の語り手でもある囚人レッドが、「収容病だった
んだ」とみんなに説明する。

　アンディは刑務所の囚人が本を読めばいいと考え、何度も当局に
手紙で図書の寄贈を頼んでいた。ようやく届けられた箱には、本の
ほかにレコードもあった。所長室でその整理を命じられたアンディ
は、所長が用を足しに行ったすきに、こっそりその1枚をかける。
レコードのジャケットには『フィガロの結婚』という文字が。イタ
リア語で女性ふたりが歌っている。

　アンディは鍵を内側からかけて所長室に閉じこもり、音量を最大
にし、音楽を所内全体に響きわたらせる。ベッドに寝ている囚人は
起き上がり、部屋で作業をしている囚人は窓から外を見、運動場で
体操をしていた囚人たちもみんな、ショーシャンクの空を見上げ、
運動場のスピーカーから聞こえてくる音楽にうっとりしている。

　語り手のレッドが言う。「俺は、これが何の歌か知らない。知ら
ない方がいいことだってある。よほど美しい内容の歌なんだろう。
心が震えるくらいの。この豊かな歌声が、われわれの頭上に優しく
響き渡った。美しい鳥が訪れて、塀を消すかのようだった。短い間

だが、皆が自由な気分を味わった」。所長はかんかんに怒り、アンディは懲罰房に２週間入れられる。

「あの歌はどんな内容の音楽に聞こえたか」。紙メールに書いてもらう。

　■アンディが流した曲からは、どんな境遇にある者でも、希望を自由に抱く権利があるといったメッセージが伝わってきた。
　●きれい。こころが安らいだ。現実の厳しさや辛さから、どこか違う美しいものだけであふれた世界へ連れていってくれるような歌だ。

　『アマデウス』は、凡才サリエリの嫉妬を軸に天才モーツァルトを描いた傑作だ。

◆[67]映画『アマデウス』1984年　監督ミロシュ・フォアマン
　（ピーター・シェーファー作　舞台初演1979年ロンドン、1980年NYブロードウェイ）
　サリエリ（F・M・エイブラハム）　モーツァルト（トム・ハルス）

　映画版『アマデウス』で『フィガロの結婚』の部分（1:33:56~1:34:35と1:47:12~1:50:24）を見てもらってから、朗読係に、林光が書いた『フィガロの結婚』のあらすじを読んでもらう。

　フィガロは、領主アルマヴィーヴァ伯爵に仕える召使い。そのフィアンセのスザンナは、伯爵夫人に仕える女中頭。女好きのアルマヴィーヴァ伯爵が、権力をかさに着てスザンナを狙っているのだが、それをフィガロが阻止しようとする。最初は、周囲がフィガロとスザンナに敵対するが、だんだん味方となっていく。最後には、夫の愛が冷えたのを嘆いている伯爵夫人までがフィガロの味方となり、伯爵をこらしめる。

『フィガロの結婚』は、セクハラやパワハラという言葉がなかった時代の、セクハラ＆パワハラの話だ。〈魔の金４〉では136問題などで、言葉の力の弱さを話題にすることが多いのだが、言葉は捨てたものではない。「セクハラ」という言葉の登場によって、セクハラの行為に光があたり、セクハラがあぶり出されて問題となる。言葉はタダで使えて、強力なツールになる。けれども逆に、たとえば「中立」という言葉が、問題を見えなくしてしまう弊害もあるのだが。

オペラ『フィガロの結婚』（台本ダ・ポンテ）は、1786年にウィーンで初演された。原作はボーマルシェの戯曲で、1784年にパリで初演されたが、上演禁止になった。民衆が貴族をやっつける話だからだ。ちなみに1789年にフランス大革命が起きている。

『フィガロの結婚』は、喜劇的オペラの、ずば抜けた傑作である。色恋の話として語られるのだが、同時にそのまま、「権力」を倒す話として示されている。革命の予告編になっている。スザンナは「自由」の象徴というわけだ。じつは〈魔の金４〉も、『フィガロ』のように２股路線でありたいと思っている。

映画『ショーシャンク』でアンディが大音量で流したのは、伯爵夫人とスザンナが歌う２重唱《そよ風に寄せる歌》。ベーム指揮／ベルリン・ドイツ・オペラ（1968年）の演奏だったが、それをガーディナー指揮／イングリッシュ・バロック・ソロイスツ（1993年）のピリオド奏法で見てもらう（2:06:10～2:09:46）。

◆68モーツァルト『フィガロの結婚』（初演1786年ウィーン）cf. フランス大革命1789年

台本ダ・ポンテ（原作は、ボーマルシェの戯曲［初演1784年パリ］→上演禁止）

♪○00《序曲》レヴァイン／MET 2014年　演出リチャード・エア

○#20《そよ風に寄せる歌》【松の木の下】

ガーディナー／English Baroque Soloists 演出タマン1993年パリ・

シャトレ座
伯爵夫人 [S]（マルティンペルト）女中頭スザンナ [S]（ハグリー）

「甘く優しいそよ風がさわやかに吹く今宵、庭の茂み、松の木の下で」と、伯爵夫人がスザンナに手紙を口述している。スザンナがこれを伯爵に渡せば、誘いの手紙だとわかるだろう。伯爵夫人がスザンナの服を着てスザンナに化け、松の木の下で待っていれば、伯爵の浮気の現場を押さえることができるぞ。

オペラでこの場面を見てもらい、紙メールに書いてもらう。「この歌は、『ショーシャンク』のときと同じに聞こえたか、ズレがあったか。そのズレをどう思うか」

●違った。映画は美しい感じ。聴く人の心を慰めている。オペラはふたりの女性がいたずらをしようとして、茶目っ気たっぷりに歌っている感じ。ウキウキ楽しそう。
●復讐を企てる女ほど恐ろしいものはない。男の人は、今となりにいる女の人を大切にしてほしい。
●女たちの恋の作戦会議。女性は、恋はすばらしいと言いながらも、本当は現実をいつも見ているんじゃないかと思った。
■フランス大革命時の民衆と刑務所の囚人が重なる。民衆が貴族の手から自由を手に入れようとしている点では似ているのかと少し感動。
●アンディは博識だから歌の意味がわかっていて、みんなに呼びかけていたのだ。

紙メールで気になるのは、自分の書いたズレを「弁解」しようとする学生がいることだ。ズレたって構わないから、笑い飛ばせばいいのに。§22の「ウサギ゠アヒルの頭」の図◇63でいえば、《そよ風に寄せる歌》の音楽は、ショーシャンクのコンテキストでは「ウサギ」に見え、フィガロのコンテキストでは「アヒル」に見える。テキスト（《そよ風に寄せる歌》の音楽）の意味は、コンテキストに

よって違って当然なのだ。

　これは後期の２回目の授業。「痕跡」の説明をするためのクイズでもある。「痕跡」は、136問題とつながる話で、コミュニケーションのイロハなので、前期では『ばらの騎士』の第１幕への序奏を例にして説明したが（§22　縛られる喜び）、後期から参加する学生もいるので、【１型】ではなく【２型】がコミュニケーションの基本であることを、板書を使ってあらためて説明する。

---

§44　ウソは弱者の武器

　アルマヴィーヴァ伯爵の初夜権（領主が新郎より先に新婦と寝る特権）の餌食になりそうな女中頭のスザンナは、伯爵夫人と《そよ風に寄せる歌》を歌いながら、ウソの手紙を書いて、アルマヴィーヴァ伯爵を罠にかける。

　無実の罪で収監されたアンディは、あの手この手のウソをついて、脱獄に成功する。レッドには「君が仮釈放になったら、ぼくの故郷バクストンの大きなオークの木の下を掘ってくれ」と言い残して。映画『ショーシャンクの空に』のおしまい（2:10~2:18）を見てもらう。仮釈放になったレッドは、オークの木の下に、アンディの手紙とお金の入った缶を見つけ、アンディの指示どおり国境を越えて、アンディに再会する。

　『フィガロ』の《そよ風に寄せる歌》の「松の木の下」は、「バクストンの大きなオークの木の下」の伏線になっている。『ショーシャンク』の収容所で《そよ風に寄せる歌》が大音量で流されるとき、映画の語り手でもある囚人レッドは、思わせぶりなセリフを口にする。「俺は、これが何の歌か知らない。知らない方がいいことだってある」

　『相棒』（テレビ朝日）の杉下右京にとって、法律は絶対に守るべきものだ。カントは、ウソは絶対についてはならないと言う。ふたりとも、世間知らずなのかも？　法律がどんな力学でつくられ、動いているのか、よく観察してもらいたい。ホワイトボードに大きく〈ウソは弱者の武器〉と書く。◇64を朗読係に読んでもらう。

◇64 サバイバルの論理「たしかに論理はゆるがないものだが、生きようとする人間にたいして、論理は抵抗しない」（カフカ『訴訟』）

「じゃ、紙メール5番で書いて。〈ウソは弱者の武器〉について」

● 小さい頃から、ウソは絶対についてはいけないと教わってきた。時にウソをつくと、胸が信じられないほど痛みます。ウソをつかないと乗り越えられない場面でも、どうしてもウソをつくのがいやで、損をすることがあります。
■ クモがアリのようにふるまう。ナナフシは木の枝のようにふるまう。弱いものがウソをついて生きのびるのは、生物に共通だ。
● 〈ウソは弱者の武器〉であり、生きのびるためにつくウソは仕方のないものだとする教えは、〈ウソは泥棒の始まり〉などと、ウソを悪だと教えるよりも、よっぽど論理的で社会性のあるものだと思った。
● 私は結構ウソつきだ。自分のセクシュアリティがわからないこと（Q or B？）を隠している。好きな男性のタイプを聞かれたら、適当にウソをついて誤魔化す。嘘をつくことを一切禁じる世界は、生きづらい。
● 弱者はウソをついて、自分の立場を回復しようとする。だからウソが許される。権力者は自分の利益をさらに拡大しようとしてウソをつく。だから許されない。

　毎年、時間の都合で教室では紹介できなくなるのが、『三文オペラ』のフィナーレだ。乞食王ピーチャムの台詞、「だから不正は、

あんまりしつこく追及するもんじゃない」を引き取って、全員がこう歌う。

不正は、あんまりしつこく追及するな。そのうち
不正もひとりで凍え死ぬ。寒くて冷えるのが、この世の常。
この世は谷、嘆きの声が響いている。
忘れるな、その谷の闇と厳しい寒さを。

映画『三文オペラ』(1931年)で名優エルンスト・ブッシュが大道芸人となって歌う「この世で生きてくには、ずるくなきゃ」も、教室では大好評だ。「生き抜こうとする者を／見るのは気持ちのいいものだ」。サバイバルの知恵がたっぷり詰まっているからだろう。

---

§45　手のひら返し

『フィガロの結婚』でアルマヴィーヴァ伯爵は、浮気の現場を押さえられ、それまで偉そうにしていた態度を手のひらを返したように神妙に謝る。伯爵は、スザンナとの一時的な色恋よりも、伯爵夫人との生活を大事にした。ひざをついて「伯爵夫人よ、どうか許してくれContessa, perdono!」から始まる音楽の、息をのむ美しさ。その美しい音楽でモーツァルトは、この手のひら返しをしっかり応援している。生活は大事だからね。

アルマヴィーヴァ伯爵はゲーテ (1749~1832年) の「同時代人」だった。ゲーテは1832年まで生きていたが、その思考や感覚は、現代人とはちがう18世紀の人間だった。作家でゲーテ学者の柴田翔によると、ゲーテは、自分の作品を商品としてではなく、友人たちにあてた私信として書いた。職業作家ではなかったから、不出来

な作品を世に出すこともためらわなかった。文学など、文学にすぎ
ない。出来・不出来など問題ではない。秩序維持のためにメッセー
ジを出して、現実の自分の安定した生活を守ることのほうが、はる
かに大事で、はるかに必要なことだった。フランス革命は宮廷に依
存する自分の安逸な生活を脅かす。問題は、理想よりも生活、議論
よりも日々の秩序だった。

　アンバランスや矛盾があっても、気にせず悠然としている。それ
が貴族のマナー。自分事を優先して、他人事には知らんぷり。貴族
はそれを優雅にこなしてみせる。

　『フィガロの結婚』は、アルマヴィーヴァ伯爵が伯爵夫人に謝っ
て、みんなが笑顔で合唱して終わる。この幕切れをオーソドックス
な演出の、お洒落なガーディナー版で見てもらったが、この終わり
方に釈然としない学生が多い。翌週の授業ではその部分を、ブリュ
ネル演出の読み替え版で見てもらう。

◆₆₈モーツァルト『フィガロの結婚』(初演1786年) 台本ダ・ポンテ
○₁第4幕　幕切れ【「伯爵夫人よ、どうか許してくれ！」】
　J・ロレール／ル・セルクル・ドゥ・ラルモニ　演出リシャール・ブ
　リュネル
　エクサン・プロバンス大司教館中庭　2012.7.12〈読み替え版〉
　スザンナ：パトリシア・プティボン [S]、伯爵夫人：マリン・ビスト
　レム [S]
　アルマヴィーヴァ伯爵：パウロ・ショット [Br]

　読み替え版は、演出家が作品をねじ曲げて、自分のアイデアや解
釈を前面に出して奇をてらい、空回りすることが多い。だから「読
み替え版」の上演には、期待せず身構えてしまうのだが、このブリ
ュネルの演出は、人物をていねいに描いていて、学生にも「舞台美
術や衣装が18世紀というより、現代に寄せた雰囲気が素敵だと思
った」と好評だ。紙メールは、重複する内容のものもあるが、舞台

の様子を想像してもらうため、多めに紹介する。

●ガーディナー版より現実的でシビアな終わり方。伯爵夫人は離婚はしなくても心は裏切られたままで、つらい。娯楽として見るなら、ガーディナー版のほうが丸く収まっていて好き。

●今回の演出は、伯爵はひざまずきもせず、伯爵と夫人はほとんど目を合わさず、とくに伯爵は夫人から目をそらした。お祝いムードに紛れて伯爵が使用人に手を出したときの、夫人の「やっぱりね」という表情が印象的だった。単純明快なハッピーエンドではない、細やかな表情を描いた今回の演出のほうが好き。

■夫婦は目を合わせない。夫は妻の様子をうかがうのだが、妻は夫を見ようとはしない。

●伯爵夫人の顔からは、許すというより、感情を抑え、自分の品位や社会的立場を守ろうとする決意が読めた。

●伯爵は許された後、夫人の目を少し気にしながら、今度はスザンナではなく別の使用人に手を出そうとする。夫人は気づかないふりをしながら、悲しそうな顔をしている。点滅する照明がその顔を浮かび上がらせて幕になり、居たたまれない気持ちになりました。

●伯爵夫人は、「ああ、これで誰もが満足するでしょう」というセリフに反比例するような、暗い表情をして、揺れる照明のなかでの棒立ちがとても印象的で、楽しく踊っている人びととの対比に引き込まれた。

ウソがばれたとき、強者であるアルマヴィーヴァ伯爵は、自分のそれまでの生活を守るため、さっと手のひらを返して謝った。このブリュネルの演出のように、心の底からではないにしても。権力者たる者、せめてその程度の誠実さがほしい。

生きるため、生き延びるため、2011年にドイツは見事な手のひら返しをした。物理学者のメルケル首相は、原発維持派だったが、3.11フクシマの直後に「倫理委員会」を設置し、その提言を受けて

脱原発へ政策を転換した。ドイツは地震国ではないが、人間には原発をコントロールする力はないと、国のリーダーが正しく判断した。

　メルケルは、もうひとつ手のひら返しをしている。コール前首相のヤミ献金疑惑が問題になったときだ。政治家としてはコールに育ててもらい、「コールのお嬢さん」と呼ばれていたほどなのに、すばやくフランクフルター・アルゲマイネ紙に寄稿して、疑惑を批判した。政治家に倫理がなければ、社会がボロボロになることを承知していたからだ。

ツルツルからザラザラへ

§46 「18世紀的」と「19世紀的」

　元気がないときには、ポパイのほうれん草のようなワーグナーの音楽がいい。《ワルキューレの騎行》で口直しだ。映画『地獄の黙示録』では米軍ヘリの空爆のBGMに使われて印象が悪いが、アグレッシブな気持ちにしてくれる。『指環』のハイテク舞台装置に1600万ドルかけたといわれるMETの上演をのぞき見する。

◆₇₃ワーグナー『ワルキューレ』[〈ニーベルングの指環〉第1夜]（初演 1870年）

○《ワルキューレの騎行》→ライトモチーフ Leitmotiv（指導動機）
　ジェイムズ・レヴァイン／MET（メトロポリタン歌劇場）2011.5.14 NY
　演出　ロベール・ルパージュ（cf. シルク・ドゥ・ソレイユ）

　《ワルキューレの騎行》のライトモチーフが鳴ると、舞台でワルキューレたちが騎行する。ワルキューレたちの騎行の場面では、《ワルキューレの騎行》のライトモチーフが聞こえてくる。〈ニーベルングの指環〉全4夜は、演奏に15時間ほどかかるので、人物や物や出来事や感情に1対1で対応したライトモチーフを案内役にして、そのモチーフを駆使しながら音楽が書かれている。
　『フィガロの結婚』の終幕を見る前に、学生たちには「アルマヴィーヴァ伯爵の表情も追いかけて」と言っておく。第3幕の結婚式の場面で、アルマヴィーヴァ伯爵は、恋文（例のウソの手紙）を受け取ると、これでスザンナと浮気できるぞ、とウキウキした顔になる。ところが終幕では最初、殿様然として「許さんぞ」と偉そうにしていたのに、浮気未遂がバレると、神妙な顔になる。モーツァルトはライトモチーフを使わず、アルマヴィーヴァ伯爵の、それぞれの場面、それぞれの感情にふさわしい音楽をつけている。「アルマ

ヴィーヴァ伯爵のライトモチーフ」のようなコアがあるわけではない。

◇ 69〈アルマヴィーヴァ伯爵〉の描き方 vs. ワーグナーの〈ライトモチーフ〉
　　モーツァルト（1756~91年）vs. ワーグナー（1813~83年）
　　近世の〈私〉vs. 現代の〈私〉

　ここで、〈魔の金4〉限定のローカルな名札を使うことにする。
「18世紀的」と「19世紀的」だ。18世紀的な私、近世の私では、
「自分」のあり方が拡散している（そもそも「個人」という概念が弱
いのだが）。矛盾をあまり気にしない。手のひら返しなど朝飯前。
それに対して19世紀的な私、ロマン派の私は、「自分」のコアを気
にし、矛盾には敏感だ。現代人は多くの場面で19世紀的な考え方
や価値観に縛られている。それに風穴を空けるには、18世紀の流
儀がヒントになりそうだ。だから〈魔の金4〉ではドン・ジョヴァ
ンニをヒーローに指名している。

―――――――――――――

§47　あまりん問題

　宮藤官九郎『ごめんね青春！』の第1話（2014.10.12 TBS）をち
ょっと見てもらう。
　県内随一の名門女子校と落ちこぼれの男子校が、経営難などの理
由で統合されることになった。だが反対が強いので、実験的に、女
子の半分と男子の半分を入れ替えたお試しクラスをつくることにな
る。阿部あまり（森川葵）と海老沢ゆずる（重岡大毅）は、お試し
クラスで同級生となるのだが、以前からふたりはつき合っていた。
海老沢くんとふたりだけのとき、「あまりん」は穏やかで優しい女
子だ。しかしお試しクラスの初日、あまりんは、女子校で見せてい
るヤンキー顔負けの強面を海老沢くんの前で見せることになる。

このことを〈魔の金4〉では、「あまりん問題」として考えてもらう。

- ●『ごめんね青春』は撮影が地元だったので、錦戸亮と満島ひかりを見た。
- ●自分も女子校だったのですが、女子たちのあの反応は、自分たちの平和な空間を汚された、という攻撃に対する防御だと思う。
- ●学校の閉鎖空間は、そこで求められているキャラを演じなければならない場所だ。期待されたように振る舞わなければならない生きづらさを感じた。
- ■海老沢君の前でしか素が出せない、と、あまりんは言っていたが、はなはだ疑問だ。彼にかわいいと思われたい、という気持ちが作り上げた姿であって、本来のあまりんは教室でのあの姿なのかもしれない。
- ●人によって態度や対応が変わるということは、しばしば絶対悪とされるが、私はそうは思わない。私は相手に応じて、その人にベストだと思う振る舞いをしているつもりだし、ベストを尽くして相手に自分の魅力を伝えたい、相手を楽しませたいという気持ちの結果、人によって態度が異なってくる。だから、あまりん問題が生じる。

精神科医で小説家の加賀乙彦は、犯罪心理学者として、死刑囚の正田昭と長年の交流があり、手紙のやりとりもしていた。もらった手紙からは、言葉づかいが丁寧で、熱心に神を信じるまじめな人間だと感じられた。正田は、英語教師をしている女性とも文通をしていたのだが、600通を超える手紙を読ませてもらうと、くだけた言葉づかいで、ユーモラスで明るい青年のイメージだ。正田のお母さんに見せてもらった獄中日記を読んでみると、そこには悩める正田がいた。洗礼を受けながらも、神は本当に存在するのかと疑っていた。

ひとりの人間に3つの違った姿がひそんでいる。加賀乙彦は、それを書かなければ、本当の小説家ではないと痛感する。そして正田

昭をモデルに、小説『宣告』で死刑囚の最後の4日間を描いた。

　××宛の〇〇の手紙を読んで、「ああ、〇〇はこういう人なんだ」と断定するのは危険だ。「世界は舞台／そして男も女も役者にすぎない」（シェイクスピア『お気に召すまま』）。私たちは、そのときどきの舞台により、また相手によって、いろんな自分を演じ分けている。〈魔の金４〉では通奏低音のような、おなじみの文章を、朗読係に読んでもらう。

◇71「真実を言うことはむずかしい。たしかに真実はひとつだが、真実は生きているので、生き物のように顔を変えるからです」（カフカ『ミレナへの手紙』）

　権力者のアルマヴィーヴァ伯爵は、いろんな場面でいろんな顔を見せる。そのどれもがウソではなく正直なので、あまり憎めない。私たちは、誰もいないとき、あまり演技しない。誰かがいても、その誰かに心を許しているなら、あまり演技しないかもしれない。それが「素の自分」とか「本当の自分」と呼ばれるものだろう。他人を意識しない、肩の凝らない時間をもてることが、小さな幸せの素になる。

　本当のあまりんは？　あまりんの本質は？　ということを気にするのが、19世紀的な意識である。海老沢君の前でのあまりんも、女子校の教室でのあまりんも、どちらもあまりんだ。あまりんのコアを求めすぎず、両方ともアリだとするのが、18世紀的である。

---

§48　ノン・ヴィブラート

　「◆88を見て。ベートーヴェンはね、ドイツ語じゃ、ベートホーフェンって発音するんだよ」と言いながら、ホワイトボードに「恋

愛のピリオド奏法」と書く。「これから指揮者ノリントンの《エロイカ》のリハーサルを見ます。ノン・ヴィブラートを提唱してる指揮者なんだ。ピリオド奏法って呼ばれてるもので、それをヒントに恋愛を考えてみたい」

◆ 88『ベートーベンの探究』第2話第1部、2001年NHK-BS
　ロジャー・ノリントン（1934年~）のリハーサル　Non-Vibrato
　《交響曲第3番（エロイカ）》Op. 55　（初演1804/5年）Beethoven
　（1770~1827年）cf. Beet-hoven

　「ピリオド」というのは、「終止符」のことではなく、「時代」のこと。ベートーヴェンの時代には、昨今のようにヴィブラートをかけまくることがなかった。ヴィブラートをかけないで演奏するほうが、ベートーヴェンの考えていた《エロイカ》に近づいて、深く心をえぐるような音楽になるというリハーサルだ。

　南大沢キャンパスには大学オーケストラがある。〈魔の金4〉は、オケの学生の必修科目（？）になっているらしく、毎年何人かが教室にやってくる。10年ほど前は独文の学生が指揮者をやっていた。「ピリオド奏法やってるの？」とたずねたら、「いえ、ぼくらにはむずかしくて」。6、7年前、オケに入ってからヴァイオリンを始めた学生がいた。授業でヴィブラートに否定的な話を紹介すると、紙メールで「必死に練習してヴィブラートができるようになりました。よく響くようになったので、ヴィブラートがそんなに悪いものだとは思いません」と怒っていた。私はカラオケに行ったことがないが、カラオケの採点機ではヴィブラートをかけると加点されるそうだ。

　私の師匠（といっても作曲を教わったわけではないが）、作曲家の林光がヴィブラートについて書いている。

　フィガロ、ドン・ジョヴァンニ、夜の女王、レオノーレ、パパゲーノ、トリスタン、イゾルデ、ファルスタッフ、イヤーゴ、マ

クベス夫人、ヴィオレッタ、カルメン、トスカ、……

　変化は、ほんのすこしずつだったが、ながいあいだつづいた、のか？　それとも、あるとき決定的な変化が起こったのか？　いまとなっては、よくわからない。ただ、モーツァルトの「手紙」のなかの一節、「人間の歌う声には、もともと適度のヴィブラートがついていて、それが美しいのだから、そのうえことさらにヴィブラートをつけることは、自然な美しさを台無しにするものだ」が、そのころ起こりつつあったことを、間接的に伝えているといえるだろう。つまり、モーツァルトは、人間の声が自然に発する適度のヴィブラートが、彼のオペラにとって理想だ、と言っていると思っていいだろう。もちろん、モーツァルトが、手紙（モーツァルトの手紙は、彼の音楽論の断片がちりばめられている宝庫だ）でそのことを強調しなければならなかったのは、その頃すでに、わざとらしい（としてモーツァルトが拒否するような）ヴィブラートが、流行りはじめていたか、すくなくともその兆候があった、ということをものがたっている、と思っていいだろう。

　つまり、ぼくたちにとって「恥ずかしくて思わず目を伏せてしまいたくなるような」、立派な、西洋オペラの声へと「分岐」してゆくわかれめが、この時代あたりにあったと考えてもいいだろうと思う。（『日本オペラの夢』）

紙メールを読むと、カラオケで友達のわざとらしいヴィブラートに閉口している「モーツァルト派」の学生が多い。

　クラシックの演奏では、ちょっと前までモダン奏法が主流だった。でも今ではピリオド奏法またはピリオド系が大きな勢力になっている。ピリオド奏法に無関心な演奏家は、古い音楽をする人と言われるほどだ。2000年には芸大でも、それまでのチェンバロ科が古楽科になった。2018年には第1回ショパン国際ピリオド楽器コンクールが開かれた。

　ピリオド奏法を牽引した巨匠アーノンクール（1929~2016年）が亡くなってしまったが、ピリオド奏法は、学者肌の音楽家たちによ

って始められた。歴史研究というと権力の移行が注目されがちだが、〈魔の金4〉で別の回に紹介するフィリップ・アリエス『アンシャン・レジーム期の子どもと家族生活』(1960年、邦訳『〈子供〉の誕生』)のように、それぞれの時代の価値観や生活スタイル、つまりコンテキストに注目するアナール学派の姿勢だ。

〈魔の金4〉では『フィガロの結婚』をいろんなトピックで使う。よくお世話になるのが、1993年にパリ・シャトレ座でジョン・エリオット・ガーディナーが指揮した演奏(ピリオド奏法)だが、そのガーディナーが◆88のビデオで、こんなふうに語っている。「すくなくとも、作曲者の頭のなかに何があったか、どんな音が聞こえていたか、その音楽はどこで演奏されるべきか、どんな建物のなかで、どんな音楽家によって、何人の音楽家によって演奏されるべきか、演奏家はどのようにすわり、どんな楽器を使い、どんな政治哲学をもち、どんな経済状態なのか、そのときの音楽の社会的状況はどうだったのか、それら音楽の背景を知ることは、演奏者の義務だと思います」

別のビデオも見てもらう。たとえば現代のティンパニーは大きいが、バロック時代のティンパニーは小さい。現代のスティックは先端に布やスポンジが巻かれているが、バロックの先端は木だけ。実際にたたくと、現代のは柔らかく響きわたる音だが、バロックのは芯のある堅い音がする。現代のスティックでバロック・ティンパニーをたたいても、音がクリアでなくディテールが失われ、バロック・ティンパニーの歯切れのよさもない。バロック・トランペットはピストンがなく、管が巻いてあるだけ。唇と息だけで音程を変える。弦は、スチール弦ではなく、羊(または牛)の腸の筋をよって作ったガット弦で、柔らかい響き、クリアで陰影のある音がする。チェロにはエンドピンがなく、ヴァイオリンはソロじゃない人も立って弾いていた。……

クラシックは再現芸術だから、そのポイントは、作曲家が何を書こうとしていたのか、を見つける・想像することだ。前にも触れたが、1800年以前の楽譜では、一般によく知られていること・自明

なことは書かれていないので、「原典に忠実に」と譜面だけを鵜呑みにするのは問題だ。19世紀後半のロマン派音楽だと、楽譜に書かれているものだけを演奏すればいいのだが、モーツァルトの場合、当時の演奏家なら知っていたはずの基本的なことは書かれていないので、「19世紀後半の色眼鏡」（アーノンクール）で演奏すると、トンチンカンなことになる。

　ピリオド奏法は、まず、ガーディナーのいう「演奏家の義務」をはたすことから始まる。つまり、まずその時代の流儀、相手の流儀をしっかり押さえる。そのうえで、けれども博物館みたいに昔をそのまま復元するのではなく、さて、現代の自分はどう演奏するのかを考えていくことになる。

◇₈₆ピリオド奏法（オリジナル楽器、古楽器）　cf. モダン奏法（モダン楽器、現代楽器）
　恋愛のピリオド奏法　cf. モダンの作法（自分を刻印する）
　相手の流儀をまず尊重する　cf. 自分の流儀を押し通す（自分の流儀で相手を切る）

　相手の流儀をまず尊重する。それがピリオド奏法の基本姿勢だ。アーノンクールは、オーケストラのチューニングでA（ラの音）を430Hz台にしている。モダン奏法のカラヤンは445Hz以上にして、明るく派手な効果をねらう。モダン奏法ではヴィブラートを多用して、豊かな響きにするけれど、ピリオド奏法では、必要なときにしかヴィブラートをかけない。アーノンクールは、音楽にザラザラする箇所があっても、ヤスリをかけない。「美しい」だけが音楽ではないからだ。けれどもカラヤンは、音楽は一糸乱れず、なめらかで美しく流れるべきだと考えて、ベルリン・フィルにツルツルの演奏を要求した。レガートは、カラヤン美学の代名詞だが、しっかり屈折していたモーツァルトの美学ではない。

　相手の流儀をまず尊重するのではなく、自分の流儀を優先させるのは、モテない人に多いスタイルだ。ツルツルの美学は、先を走っ

ているつもりでも、実際は周回遅れだったりする。カラヤンは生前、自分の「永遠の」演奏を残すために録音や録画に神経を使っていたが、残念ながらその「古い」美学のせいで、現在の音楽ファンの心には、本人が期待したほど響かないようだ。

恋愛のピリオド奏法

§49　ツルツルからザラザラへ

　世紀末ウィーンの人間であるヴィトゲンシュタインは、大きな海（倫理）が気になっていた。しかし倫理については語ることができない。だから沈黙するしかない。そこで、小さな島（論理）でツルツルの論理言語にこだわって、前期の主著『論理哲学論考』を書き上げた。『論考』で哲学の問題は全部解決したと考えた彼は、オーストリアの村の小学校の先生になる。でも先生になったのは、小学生のためというよりは、自分のためだった。あんまりいい先生ではなかった。体罰（当時の学校では日常茶飯だったが）で訴えられて、小学校の先生を辞めて、また哲学に戻る。そして論理言語だけでなく、ザラザラした日常言語を視野に入れて、後期の主著『哲学探究』を書くことになる。その経緯を紹介した文章を朗読係に読んでもらう。

◇₈₉アイスバーン（『論理哲学論考』1922年）→ざらざらした地面（『哲学探究』1953年）
　「実際に使われている言語をよくながめればながめるほど、実際の言語と私たちの要求［理想の言語］は激しく対立するようになる。（論理が水晶のように純粋である、ということは私の研究の結果ではなく、要求だったのだ）。対立は耐えがたくなり、要求はむなしいものになろうとしている。――私たちはアイスバーンに入ってしまった。摩擦がないので、ある意味で条件は理想的だが、しかしだからこそ歩くことができない。私たちは歩きたい。そのためには摩擦が必要だ。ざらざらした地面に戻ろう！」（『哲学探究』107）

　「私たちは歩きたい。そのためには摩擦が必要だ。ざらざらした地面に戻ろう！」は、ルソーに対抗心を燃やしていたペスタロッチの言葉を思い出させる。◇₉₂「私の墓には、記念碑などやめて、ゴ

ツゴツした野の石をひとつ置くだけにしてもらいたい。私もまた、ゴツゴツした野の石にすぎなかったのだから」。ルソーは、「子どもの発見者」（アリエス）だったけれど、子どもを純粋無垢な存在と考えていた。だがペスタロッチは、子どもは自分勝手で残酷な存在でもある、と考えていた教育者だ。

ヴィトゲンシュタインにも登場してもらって、ピリオド奏法をラフに紹介し、イメージをつかんでもらってから、メール課題で「私の考える恋愛のピリオド奏法」を書いてもらう。

「彼との別れ方、ピリオドの打ち方」という文章を送ってきた学生がいた（笑）。また教室ではピリオド奏法を、ノン・ヴィブラートを軸にして、またツルツル／ザラザラの擬音語を使って、乱暴に紹介したせいで、「飾る」モダン奏法／「飾らない」ピリオド奏法、と理解している学生もいる。バロックでは装飾音を多用するので、それは誤解だが。ピリオド奏法という名札は、もともと怪しい「恋愛のピリオド奏法」を考えてもらうための手がかりにすぎないので、概念の精確さは深追いしないことにする。深追いをすれば、〈魔の金４〉の好きな寄り道ができなくなる。

それに、モダン奏法は、多くの聴衆がいる大ホールを前提として、豊かな響きを追求するものだから、「飾る」は許容範囲内の誤差と考えることもできる。ちなみに私の師匠の林光は、大ホールより小さな小屋を大事に考えていた。ブレヒトの『三文オペラ』も小さなシッフバウアーダム劇場で初演された。大規模農業をやめないと、人類の食糧危機が加速されるという試算がある。「大きいことはいいことだ」方式では、人類はサバイバルがむずかしいようだ。

困ったことに、ピリオド奏法の話を聞いて、モダン奏法がダメだと思ってしまう学生もいる。ピリオド奏法でやると、すぐれた演奏になるわけではない。ピリオド奏法でないと、ダメな演奏になるわけでもない。私は、ピリオド奏法のノリントンよりも、モダン奏法のクナッパーツブッシュのほうに圧倒的な魅力を感じる。

　と、いろいろ愚痴（？）を並べてみたが、〈魔の金４〉は、堅苦しい「本質」や「定義」ではなく、「家族的類似」で進行する。それもあって私は〈魔の金４〉が、学生たちに「恋愛学」と呼ばれるのが苦手なのだ。まとめて一般化をめざすのが学問だが、あまりまとめず、あちこちのぞき見したい。まとめて一般化することによって、こぼれ落ちるもの、見えなくなるものがある。H・アーレント流にいえば、「定義するという誤り」に陥ってしまう。折にふれて品書きに次のメモをアップしておく。

◇41「本質」→「家族的類似」（『論理哲学論考』1922年→『哲学探究』1953年）【言語ゲーム】　◆別紙

---

§50　間奏曲：家族的類似

　『哲学探究』で「家族的類似」を説明した部分を、品書きにアップする。授業の流れによって長尺が必要な年度では、品書きの◆別紙として配る。それを貼り付けておこう。

【家族的類似】
65　ここで大問題にぶつかる。これまで考察してきたことすべての背後にある大問題である。つまり、こんなふうに反論されるかもしれないのだ。「いい加減だなあ、君は。言語ゲームをあれこれ考えられるかぎり並べてみせてくれたけれど、まだ言ってないことがあるでしょう。なにが、言語ゲームの本質なのか。つまりさ、なにが、言語の本質なのか。なにが、これら言語ゲームのプロセス全体に共通するものなのか。なにによって、これらのプロセスが言語になるのか、または言語の一部になるのか。君が言わずに避けていることこそ、まさに、当時いちばん君自身を悩ませていた問題じゃないんですか。君は手抜きして、*命題の*

一般形式にかんする問題や、言語の一般形式にかんする問題を考えてない」

　たしかにそのとおりである。——だが、言語と呼ばれるものすべてに共通する「なにか」を指摘するかわりに、私はこう言いたいのだ。それらの現象にはなにひとつとして共通するものはない。すべてにたいしておなじ言葉を使えるような共通項はない。けれども、それらの現象は、じつにさまざまなやり方で、おたがい*親戚関係*にある。この親戚関係ゆえに、またはこれらの親戚関係ゆえに、私たちは、それらの現象をすべて「言語」と呼んでいるのだ。これから私は、このことを説明しようと思う。

66　たとえば、「ゲーム」と呼ばれるプロセスを観察してみよう。ボードゲーム、カードゲーム、ボールゲーム、ラグビーなどのことだ。これらすべてに共通するものは、なんだろう？　「なにか共通するものがあるにちがいない。でないと、「ゲーム」と呼ばれないだろう」などと言わないでほしい。——これらすべてに共通するものがあるのかどうか、よく*見て*ほしい。——というのも、よく見てみると、すべてに共通するようなものは見えないけれど、類似点や親戚関係が見えてくるだろう。それも、たくさん。くり返しになるが、考えるのではなく、見るのだ。——たとえば、ボードゲームを見てみよう。そのいろんな親戚関係もいっしょに。つぎは、カードゲームに行ってみよう。そこではボードゲームに対応しているたくさんの点に気づくだろう。けれどもたくさんの共通点が消えて、そのかわりほかの共通点が見えてくる。つぎにボールゲームに行ってみると、いくつかの共通点は残るけれど、たくさんの共通点が消えてしまう。——ゲームはみんな「*楽しい*」？　チェスを三目並べ（ミューレ）と比較してみるといい。——あるいは、ゲームにはかならず勝ち負けがあるだろうか？　プレーヤーが競争するのだろうか？　ひとりでやるペーシェンスを考えてみればいい。ボールゲームには勝ち負けがある。子どもが壁にボール投げをしているときは、勝ち負けという特徴は消えている。技能や運がどんな役割をはたすのか、見てみよう。しかしチェスの技能とテニスの技能ではずいぶんちがう。こんどは、「輪に

なって踊ろ」ゲームを考えてみよう。そこには娯楽の要素はあるけれど、それ以外の特徴はなんとたくさん消えてしまうことか。こんなふうにして、いくつもいくつものグループのゲームをながめていくことができる。類似点があらわれては消えていくのを目にすることになる。

　で、この観察の結果はこういうことになる。類似性は、重なりあい交差しあいながら、複雑なネットワークをつくっているのだ。スケールの大きな類似性もあれば、細部についての類似性もある。

67　こういう類似性の特徴を言いあらわすには、「家族的類似」と言うのが一番だ。こんなふうに重なりあい交差しあっているのは、——体型、顔つき、眼の色、歩き方、気質などなど——家族のメンバーに見られる、さまざまな類似性なのだから。——そこで私は、「「ゲーム」はひとつの家族をつくっている」と言っておこう。

---

§51　メール課題「恋愛のピリオド奏法」

　メール課題を読むと、「ピリオド奏法」の家族的類似が見えてくる。〈魔の金４〉のねらいは、「ピリオド奏法」を手がかりに自分の恋愛（観）をあれこれ考えてもらうことだ。円の接線が、円には接点で接するだけで、遠くへ伸びていくように。

●わたしは好きな人が複数いるタイプで、彼氏がいてもイケメンは気になるし、惹かれることもある。しかし、浮気はいけないという文化があるし、彼を傷つけてしまうのは嫌なので、ブレーキをかけている。１人の人だけに愛を向けることが現代の美学だが、１対１じゃなく、１対多なら、いいのにな。でもその場合、相手が他の人を好きになっても、責められないけれど。
●私はピリオド奏法ができていない。今つき合っている彼氏に

も、今までつき合ってきた彼氏にも、自分がしてほしいことばかり求め、相手には何もしてあげられていない。そんな自分が嫌になって、彼氏と別れたこともあった。

■交際前は自分でも驚くほどピリオド奏法ができるのだが、相手と親しくなると途端にわがままなモダン奏法になる。

■何もかも相手に譲歩するのではなく、ある程度の我儘もたまには聞いてもらおう。

●元彼とつき合い始めた頃、「俺、話すのめっちゃ好きなんだよね」と言われ、「私、人の話聞くの好きだから全然いいよ」と言ってしまった。そのためだろうか、元彼の意見や話ばかり聞かされて、イヤになることが多かった。

●好きな人とつき合えても、つき合う前の方が楽しい。相手が頻繁な連絡や性交を迫ってきて、私が気持ち悪いと感じてしまうからだ【こういう女子は多い】。私の考える恋愛のピリオド奏法は、相手のペースをまず尊重して、相手を思いやることである。

●私は彼氏よりも遅く寝て、彼氏よりも早く起きていた。初めてスッピンを見せたのは、付き合って1年半経った後だった。飾らない自分を見せることは、自分を楽にすることにも繋がる。彼氏の前で化粧を落とす事は、自分にとっては究極の選択だったけれども、彼氏からすればあまり大したことではなかったらしい。一度自分を相手に預けてしまうと、自分とは違う相手の考えを知ることができるし、大抵は受け止めてもらえる。

●私は、男の人が好むような、女の子らしい振る舞いができない。そのせいで恋人ができないのだろうと悩んでいた。しかし最近、ある男の人が「ありのままの君が面白いから好き、そのままでいなよ」と言ってくれた。

●変に自分を飾らず、ありのままの自分で恋愛することである。私は、普段から恋愛対象の男性にはわざと自分のダメなところを見せる。距離を縮めるには、その方が手早い。アレンジした自分を好きになられても、疲れる。逆に相手が完璧すぎても、疲れ

る。お互い恋愛は自然体が一番。モダン奏法は一時的には楽しいけれど、長くは続かない。

●私の数少ない恋愛経験において自分を着飾って上手くいったためしがない。嫌いなものを無理矢理好きになろうとしたり、無理して話を合わせたところで、ありのままの私と乖離したでっち上げの私は、非常につまらない人間だった。大して面白くもないのに笑顔を張りつけたが、笑顔の裏で私は苦しんだ。着飾ることを否定しないが、それが自分を押し殺してしまうとなるのは困る。

●私は、彼といるときの自分が好きだ。友達と話すときは急いで自分から話すことが多いが、口数の多くない彼といるときは、ゆっくりした話し方になる。普段よりもマナーに気を配り、知らない人にも幾分優しくなる。無理をしているわけではない。むしろ彼といるときの自分は、私がなりたい自分である。なりたい自分になれるよう振る舞うことと、身の丈に合わない言葉や行動で着飾ることは違う。

●ピリオド奏法とは、「▶融合」を回避し、「▶結合」を目指すこと。生物の細胞では、日々「▶膜融合」という現象が起こっている。細胞の膜に▶小胞（物質を含んだ袋）の膜が融合して、小胞の内容物が細胞内に放出されるのだ。一度融合してしまうと相手との境界線は消失してしまい、相手と文字通り「ひとつ」になる。これに対して「結合」は、特定の場所に、両者の形を保ちつつ接着している状態を指す。相互作用は示すものの、境界線は明瞭で、何かのきっかけで離れることもある。自分を見失い、依存による恋愛の破滅直線を辿りかねない「融合」より、相手と自分の不可侵領域（＝楽屋）を守りつつ、一番近くで相手と接することのできる「結合」が、恋愛におけるピリオド奏法だ。【▶は、事前に板書】

●ジブランの詩で「あなた達は、かれらのようになろうと努めて

もよいが、かれらをあなた達のようにしようとしてはならない」
がとても腑に落ちた。【恋と愛の疑問文／オイラー図】

●ジブランの詩は前期にも読んだが、今読み返すと、これこそが
「相手を尊重する」ピリオド奏法だ。惜しみなく愛を注ぎながら、
でも相手を尊重して、自分を押しつけることはしない、理想の愛
の形である。お互いに「相手を尊重する」から、一緒にいて楽し
いのだし、落ち着くし、心地よいのだ。

【恋（短期と長期）と愛】【恋愛≠結婚】【離婚が多いのは、見合い結
婚より恋愛結婚】【恋愛は、ふたりが「向き合う」。結婚は、ふたりが
「同じ方向を見る」】

●喧嘩を恐れてビブラートを使い、本音を話さないカップルは、
摩擦のないアイスバーンにいるみたいだ。転んで別れるのは時間
の問題。ザラザラの道を歩くカップルは、喧嘩することによって
お互いに理解しあえるので、一歩ずつだがしっかり歩いていけ
る。【バロック＝ゆがんだ真珠】

■私には恋愛の経験がないので想像でしかないが、普段からの相
手の言動をしっかり観察して、感情のドッジボールではなく、感
情のキャッチボールをすることが大事。普段のやりとりだけでな
く、セックスのときも。【自分の流儀と相手の流儀が同じとはかぎら
ない。挨拶ひとつとっても、敵意がないことを伝えるために挨拶する
人と、親近感を伝えるために挨拶する人がいる。挨拶するからといっ
て、いい人とは限らないし、挨拶しないからといって、悪い人とは限
らない。まず相手の流儀を見きわめることが、恋愛の第一歩】

---

§52　間奏曲：不作法に考える

「18世紀的」と「19世紀的」は、〈魔の金4〉限定のローカルな

名札だ。相当に乱暴な名札だが、それで話の交通整理をしておく
と、事故に遭わなくてすむ。ときどきTAに表_{テーブル}をホワイトボードに
書いてもらう。精緻であるより、ときには乱暴であれ！

〈18世紀的〉	〈19世紀的〉
ザラザラ	ツルツル
ピリオド奏法	モダン奏法
語るように歌う	歌い上げる
１対多	１対１
ドン・ジョヴァンニ	トリスタン
モーツァルト	ワーグナー
自律・分散	コアに集中
家族的類似	本質
コアがない	コアがある
矛盾に寛容	矛盾に厳しい
ヤンキー	優等生
オイラー図のAとB	オイラー図のAだけ
ペスタロッチ	ルソー
プロセス	結果

　精確に考えようとすると動けなくなる。まちがった分類でも、分
類したほうが動きやすい。いざと言うときには、不作法でも行動す
るしかない。「銀行をつくることに比べりゃ、銀行強盗なんて大し
たことじゃない」。ブレヒトは、ずばっと問題の核心をつく。『三文
小説』のなかでこんな台詞を吐かせている。「もちろんそれは不作
法な考えだ。だが、現実に肉薄するのはそういう考え方なんだ。大
事なのは、不作法に考えられるようになること。不作法に考える、
それが、大物の考え方なのさ」
　ブレヒトはよく、作者や翻訳から無断で遠慮なく引用していると
非難された。けれども大胆なブレヒトは意に介さなかった。たとえ
ば『三文オペラ』。歌詞にフランソワ・ヴィヨンのバラードからの

盗用が多いと指摘されても、開き直っている。「ともかく知的所有権については、だらしない人間なので、私って」

批評家ライヒ゠ラニツキは、ブレヒトをこのうえなく高く評価しているのだが、ブレヒトの盗作についてこう擁護（？）している。「プリュギアのミダス王は、触れるものすべてを黄金に変えたと伝えられている。ブレヒトについては、こう言うことができる。彼は、他人のテキストを借用しながら、それを詩に変えたのだ」

楽屋の作法

§53　透明な夫婦

　朝日新聞の記事（シリーズ〈女と男〉第5部「結婚の形」1。2007.10.2朝刊）をメール課題にする。この記事を〈魔の金4〉では「透明な夫婦」と呼ぶことにする。「透明な夫婦」の長い記事を、長めに要約すると、こんな内容だ。

　「お前に好きな人ができたら、つき合っていいからね」。妻（45）は4年前、夫（46）にそう言われて婚外恋愛が始まった。人生は一度きり。婚姻届なんて紙切れに束縛されずに、お互い家庭を守りながら、恋愛は自由にしよう、というのが夫の提案だった。夫婦の家庭は九州にある。

　この1か月で2回、妻は9歳年下の彼に会いに東京に出かけた。空港までは夫が車で送ってくれた。「彼とのことは、全部、主人に報告します。夫婦の間に隠し事はないんです」。妻の婚外恋愛の相手は10人を超え、夫にも月1回会う彼女がいる。夫婦が肌を重ねることは今はない。

　婚外恋愛のきっかけは4年前、妻が「つき合ってほしいって言われてるんだけど」と切り出して、夫に「つき合ってみれば」と即答されたこと。その背景には、10年に及ぶすれ違いがあった。妻は専業主婦で、2人目の子どもが生まれると、育児にのめり込み、夫の気持ちに反して、夫婦の性的な関係はなくなっていった。その後、夫と副業を始めると、妻のほうが有能で仕事に夢中になった。月の半分は出張するようになり、言い争いが絶えなくなった。

　「お前のことは女として見れない。ほかの男とつき合ってみれば」と言われていた。実際、知人の男性に誘われたことを夫に話したところ、背中を押された。その1か月後、夫にも、出会い系サイトで出会った彼女ができた。「今日、会ってくるから」と言

う夫を、「行ってらっしゃい」と妻は送り出した。「だって自分が始めてしまったから」と、自分を納得させながらも、心に小さな穴が開いたような気がした。

妻も、出会い系サイトに登録した。自己紹介欄には、年齢、身長、体重も偽らず、既婚者として。出会った人たちからは、「魅力的だね」「君といるとすごく楽しい」と、夫の口からは聞いたことのない言葉をささやかれた。デートは刺激的だったが、心の穴は埋まらなかった。妻は、心の穴の正体に気づいている。夫を遠ざけたのは「私が不器用だったせい」とふり返り、「本当は、夫に大切にしてもらいたかった」と話す。

妻は、心の穴の正体がわかっても、夫の気持ちが離れている今、その穴を埋めるため婚外恋愛をやめることができない。夫婦には、大学生の長男と中学生の次男がいる。

記事のタイトルにつられたのか、メールでは、この「結婚の形」に共感・肯定が全体の５分の１もいた。以前は肯定派は男子ばかりだったが、2019年度は女子が増えた。「男は感情を読むのが苦手で、女は感情が読める」というのが通説だが、女子もドライになって、感情を重視しなくなってきたのだろうか。（それとも文章を読む力が落ちてきた？）

●夫婦のどちらか一方が不倫をするのは相手が不快な思いをするけど、お互い公認でするのは平等であり、いつまでも若々しくいられる気がする。子どもがいると複雑だが。

結婚？　「私には結婚願望がない」「結婚などという制度は廃止にしたらいいのでは？」など、結婚に距離をおくタイプが増えてきた。夫の評判は、すこぶる悪い。

●こんな家族を続けて何になる？　家と子どもという不良債権を抱えてしまったので、２人は別れられない。一度しかない人生を

縛られて、心の穴を空け続けている。私は、身軽に生きたいから、結婚も子育てもしたくない。それらによって得るシアワセより、失うモノたちが多すぎると考えるからだ。

■「ほかの男とつきあってみれば」と言う夫は、ずるい。先に妻に婚外恋愛を始めさせ、既成事実を作らせた上で、夫自身の婚外恋愛を認めさせようとしたのではないか。

●この婚外恋愛は、妻にとって自由なものではなく、夫に支配・束縛されている。

●妻に「お前は、おれから絶対逃げない」と言う。こんなクズ男には、不快感を覚える。「新しい結婚の形」のような記事だが、そのうち破綻するだけ。

●離婚寸前の夫婦よりも冷たい関係だ。なぜ互いを「信頼している」と言えるのか。

■地獄だ。もはや夫婦間の関係ではない。家族の問題だ。2人はお互いがやってるからという理由で黙認しているが、残された子供の気持ちはどうだ？　非常に腹が立った。

「透明な夫婦」をメール課題にしたのは、「心の穴」を考えてもらいたかったからだ。メールを朗読係に読んでもらいながら、ホワイトボードに「心の穴＞からだの穴」と書く。

●「本当は、夫に大切にしてもらいたかった」という気持ちがある以上、心の穴を埋めるためだと理由をつけて婚外恋愛を続けることは、逆効果。

●妻は刹那の快楽や刺激を求めて10人以上の男と不倫をしているわけではない。育児や仕事に夢中になった私のことも愛してほしい、今も昔もそう望んでいたはずだ。それに応えてやることはせず、家庭の檻で彼女を閉じ込め、苦しめている夫はずるい。

●夫に浮気を逐一報告しているのは、嫉妬してもらいたいから。

●「夫に大切にしてもらいたかった」という妻の言葉が全てを物語っている。

　隠し事をしないことが「透明な夫婦」の建前のようだが、妻は「本当は、夫に大切にしてもらいたかった」という本音を伝えることがなかった。それを口にしなかったのは、妻のプライドだったのか。恥ずかしかったからか。「それくらい分かれよ」と思っていたのか。伝えなければ、伝わらない？　けれども、伝えたからといって、伝わるとはかぎらない。逆に、（映画◆₇₄是枝裕和『三度目の殺人』2017年で、広瀬すずが「［私の殺意は］伝わったんです」と言うように）伝えなくても、伝わる場合もある。「伝える」と「伝わる」は違う。いや、妻の気持ちは伝わっていたのかもしれない。だが夫は復讐心から、知らんぷりを決めていたのかも。この記事にサブタイトルをつけるとすれば、「妻の失敗、夫の復讐」あたりだろうか。
　からだの穴を埋めるのは簡単だが、心の穴を埋めるのはむずかしい。深く絶望したドン・ジョヴァンニは、カタログをどんなに充実させても、心の穴を埋めることができない。

●婚外恋愛には大反対だ。私は一時期、出会い系サイトにどハマりしていた。出会った異性は2桁になる。身体目当てで近づいてくる男性は、一度寝れればそれでいいので、いくらでも嘘を吐く。記事内で奥さんが「魅力的だね」「君といるとすごく楽しい」と、夫には言われないことを言われたと言っていたが、あんなの、私だって何回も言われたことがある。そう言ってきた相手が、付き合うよりも前に身体の関係を求めてきたことだって、ごまんとある。そんな人たちで心の穴を埋めようなんて、最初から無理な話だ。もし私が子どもの立場だったら、そんな親には心底軽蔑の念を抱くと思う。「紙切れ一枚に縛られずに」と言っていたが、紙切れ一枚に縛られるべきなのだ。縛られてもいいと思える相手と、その覚悟を持って結婚をするべきなのだ。【このメールは2017年度のものだが、2019年度の教室でも紹介した】
●私は、一般的に理想とされる夫婦に憧れる。愛し合って結婚して、子どもを産んで、楽しい毎日を送り、最期まで家族と一緒に

いたいと思う。自分の夫が、他の、妻でもない知らない女と会って恋愛するなんて絶対に許せない。私はその永遠の愛を信じて、最高の人生を送りたい。

「永遠の愛」を信じてロマンチック・ラブにあこがれる学生も、まだ絶滅危惧種ではない。その日の紙メールの感想では、「紙切れ一枚に縛られるべきなのだ」に「いいね」が多かった。

神に誓うときには紙はいらないが、人との約束の場合、紙を要求されることが多い。契約書を交わすのは、口約束だけでは相手が信頼できないからだ。昔、大学のトイレに「困ったときの紙頼み」という落書きがあった。結婚と恋愛は別物。結婚は、一緒に生活をしていくことであって、かならずしも恋愛が必要条件ではない。だが、一緒に生活をしていくためには、作法があったほうがいい。

恋愛の場合には、「永遠に」というレトリックや、「隠し事はしない」という言葉がよく使われるが、そんなことも含めて考えてもらうために、『ローエングリン』に登場してもらう。

---

§54 ローエングリンが出した条件

『ローエングリン』を聴いて、大指揮者トスカニーニは作曲家になる夢を捨てたという。こんなすごい曲は書けないと思ったからだ。『ローエングリン』でワーグナーに心酔したバイエルン王ルートヴィヒ２世は、ノイシュヴァーンシュタイン城を建てたり、ワーグナーが自分のオペラを上演するために建設しようとしたバイロイト祝祭劇場の支援をしたりして、バイエルンの財政を悪化させた。ヒトラーも『ローエングリン』が大好きだった。

◆80 ワーグナー『ローエングリン』（初演1850年）台本もワーグナー

○₁第３幕への前奏曲、結婚行進曲
○₂第１幕　ローエングリン登場、条件の提示、神前試合
　〈ロマンティック・オペラの到達点〉ルートヴィヒ２世、ヒトラー、
　トスカニーニ
　〈舞台は、中世（10世紀前半）のアントウェルペン〉
　アバド／ウィーン国立歌劇場　演出ヴェーバー　1990年

　『ローエングリン』の舞台は、中世ヨーロッパのブラバント公国。
領主ブラバント公が亡くなり、エルザ姫とその弟が残されたが、突
然、弟が行方不明になる。領主の地位を狙うテルラムント伯とその
妻オルトルートが、エルザを弟殺しの罪で訴える。追い詰められた
エルザが、夢で見た騎士に救いを求めると、天から騎士が白鳥とと
もに現れる。騎士は、自分の名前と素性をたずねないことを条件
に、エルザの代理人としてテルラムント伯と決闘することになる。
勝った者が正しい、という神明裁判だ。
　〈魔の金４〉の目下の大きな流れは、「楽屋の作法」なのだが、ち
ょっと寄り道。「勝ったほうが正しい」について考えてもらうため
に、パスカルの正義論をメール課題にする。

　◇₇₄〈正義について〉パスカル『パンセ』298
　　正しいものについて行くのは、正しいことであり、いちばん強い者に
　ついて行くのは、しかたのないことである。力のない正義は無力であ
　り、正義のない力は暴力である。力のない正義には反抗する者ができ
　る。つねに世に悪人はたえないからである。正義のない力には非難する
　者ができる。だから、正義と力を一つに合わさなければならない。その
　ためには、正しい者を強い者にするか、強い者を正しい者にするかしな
　ければならない。
　　正義は論議のまとになりやすい。力は、承認されやすく、問答無用で
　ある。こうして、正義に力を与えることはとうとうできなかった。とい
　うのも、力が正義に反抗し、「おまえなんか正しくない。わしの方が正
　しいのだ」と言い返したからである。こんなふうにして、正しい者を強

くすることができなかったので、強い者が正しい者にされてしまった。
（田辺保訳）

　マキアヴェリは、「人間は邪悪だから」を通奏低音のように響か
せながら、『君主論』（1532年）を書いている。〈すべての政体が、
新しくても、古くても、あるいは複合のものであっても、持つべき
土台の基本とは、良き法律と良き軍備である〉（河島英昭訳）と言
う。たんに「法律」ではなく、「良き法律」と書かれていることに
注目したい。法は、かならずしも正義ではないからだ。法そのもの
に力があるのではなく、法を支える力が強いときに、法は力をもつ
ようになる。『君主論』は、力がどこにあるのか、どこから生じる
のか、強制する力をどこに求めるのかを、具体的にリアルに追いか
けている。人間の恐怖心という強力なベクトルを見逃すことなく。
　惚れたら負け。恋愛での力関係は、「あこがれの人」が「力」で、
「わたし」が「正義」という具合に、アンバランスなものが多い。
だから課題メールでも、色恋沙汰についてかなと思っていたが、送
られてきたのは直球が多かった。

●会員制ジムの受付でバイト。バレンタインデーには男性会員に
チョコレートを手渡す仕事があった。彼氏の有無を聞いてきた
り、手に触れてきたりするなど、セクハラがあった。でも、お客
様は神様。セクハラを受けている私自身も、隣にいた上司も、
「これセクハラですよ」とすら言えず、ただ笑顔で聞き流すだけ
だった。とても悔しかった。
●自分が弱いから、強い人を正義として、従順に生きていく。こ
んな考え方は中高でやめたい。
●今の日本の政治そのままだ。やり方が正しくなくても与党が力
で国を動かしている。批判されても、次の選挙では自民党が勝ち
続ける。強さを手に入れた人間は、わざわざ正しくなろうとはし
ない。私は日本の政治家たちこそ「正しい者」になってほしいと
思っているが、むずかしそうだ。

●力のない正義ではなくて、正義のない力のほうが選ばれてしまう。力のない正義は、社会の下層や少数派にある。

●SNSなどで、力のない者の正義も簡単に発信できる。ひとりひとりの力はなくても、皆で力を合わせれば正義で世の中を動かすことができると思う。【スイミー】【ブレヒト〈もしもね、サメが人間だったら〉in「コイナーさんの物語」in『暦物語』】

■19世紀的には、ロマンティックラブが正義で、愛のないセックスが力。愛のないセックスをすることにより、ロマンティックラブに向かうインセンティブが打ち消されてしまう。ロマンティックラブは無力で、愛のないセックスは非難されやすい。

---

§55 透明でない友情

「楽屋の作法」の説明を忘れていた。白鳥の騎士は決闘に勝って、エルザと結婚することになるのだが、「名前も素性も知らないまま結婚なんて無理」という紙メールが多い。たしかに『ローエングリン』は極端なケースなのだが、夫婦のあいだで秘密は許されないのだろうか。小説家クンデラが『裏切られた遺言』(1993年)に書いているエピソードを朗読係に読んでもらう。短いエピソードを、さらに私が短くしたものだが。

　アイスランドにはほとんど木がない。木があるのは墓地くらい。しかも木は墓のまわりではなく、墓のうえに植えられている。まるで木の根が、死者のからだに突き刺さっているかのようだ。新しく埋葬された墓は、木が小さい。Aは妻と娘から、その若木のしたに眠っている親友Bがなぜ若死にしたのか、しつこく聞かれる。Bの私生活には、性的な秘密があったらしい。だがAは答えない。妻や娘から「話してくれないってことは、私たちを

信頼してないってことね」となじられ、ぎすぎすした空気になる。それでもＡは答えない。Ｂの親友であっても、Ａ自身、その秘密を知らないからだ。Ａは親友Ｂの秘密に立ち入ろうとはしなかった。それだけではない。立ち入ろうとする者がいたら、その前に門番のように立ちはだかり、Ｂの秘密をさぐるのを許さない。

『裏切られた遺言』は、作家や芸術家に対する裏切りについて書かれたエッセイだ。その中心は、カフカに対する友人ブロートの裏切りについて。クンデラは、カフカと同じチェコ人で、屈指のカフカ読みである。

生前、カフカは無名のサラリーマン作家だった。死んだ年の1924年までに出版された作品もごくわずか。短篇集では『観察』、『田舎医者』、『断食芸人』。短篇では『ボイラーマン［＝火夫］』、『判決』、『変身』、『流刑地で』。どれも小冊子のように薄い本だ。カフカの作品の大部分は、カフカの死後、カフカの遺言に反して、カフカの友人でチェコの作家、マックス・ブロート（1884~1968年）の手によって出版された。

カフカは遺言で、未完の小説、未完の短篇、日記、手紙をすべて破棄してほしいと頼んだという。自分の書いたもののなかで価値があるのは、『判決』、『ボイラーマン』、『変身』、『流刑地で』、『田舎医者』、『断食芸人』だけだと考えていた。「自分の書いたものは全部、焼き捨ててほしい」という遺言は、ブロートのつくった神話らしい。

しかしブロートがカフカの「遺言」を無視していなかったら、私たちは『失踪者［＝アメリカ］』も、『訴訟［＝審判］』も、『城』も読めず、カフカの名前すら知らないままだっただろう。それだけではない。ブロートは作曲家ヤナーチェクの存在も私たちに教えてくれた。チェコに生まれた、20世紀の天才ふたりの作品に接することができるのは、ブロートのおかげである。いくら感謝しても感謝しすぎることはない。

けれどもブロートがプレゼントしてくれたカフカは、ブロートの

編集したカフカだ。編集が介入している。たとえば未完の小説『失踪者』を、ブロートは勝手に『アメリカ』という題名にして、主人公が救われる結末にした。また、カフカの『日記』――日記は創作ノートでもあった――を編集したとき、性的な記述をカットした。などなど、数えあげればきりがない。ブロートはカフカを宗教思想家に仕立てようとした。こうして、まじめで、深刻な「カフカ」、文学というよりは思想や宗教でしかない「カフカ」がプロデュースされ、カフカ論の大行進がはじまり、カフカ産業が生まれた。

　ブロートは友達だったのに、カフカの秘密を、カフカが公開したくないと考えていたものを公開してしまった。カフカの意思を無視した。その裏切りがクンデラには許せない。朗読係に読んでもらったエピソードは、ブロートとは正反対のタイプの友人を描いたものだ。クンデラ自身、子どものときから、「友達とはね、秘密を共有するものなんだよ」「友達だったらさ、秘密を教えてと迫ってもいいくらいだ」と聞かされてきた。隠し事のない「透明な友情」を教えられてきたのだから、アイスランド人Aの「透明でない友情」に驚いたのだ。Aは、親友Bの秘密を知らないだけでなく、〈親友Bの秘密に立ち入ろうとはしなかった。それだけではない。立ち入ろうとする者がいたら、その前に門番のように立ちはだかり、Bの秘密をさぐるのを許さない〉。

◇₇₇"All the world's a stage,
And all the men and women merely players:" (Shakespeare: *As You Like It*)

　「世界は舞台／そして男も女も役者にすぎない」とすれば、クンデラのエピソード「透明でない友情」をベースにして、「楽屋の作法」を考えることができる。自分の秘密を知らせない、相手の秘密を探ろうとしない、という作法である。それにしても白鳥の騎士は、なんとも厳しい「楽屋の作法」をエルザに要求したものだ。

◆[81]ワーグナー『ローエングリン』（初演1850年）台本もワーグナー
○[5]第3幕《遥かな国に》～幕切れ　○[00]第2幕《エルザの大聖堂への
行進》
アバド／ウィーン国立歌劇場　演出ヴェーバー　1990年
■ローエングリンDomingo［T］　●エルザStuder［S］　●オルトルート
Vejzovic［Ms］

　白鳥の騎士が一撃でテルラムント伯を倒し、エルザの無実を証明
し、ふたりは結婚する。けれどもエルザは、テルラムント伯の妻オ
ルトルートにそそのかされて、騎士に禁じられていた問いを投げか
ける。騎士の秘密である名前と素性をたずねてしまうのだ。騎士
は、妻エルザの質問には答えなければならないので、仕方なくカミ
ングアウトする（《遥かな国に》）。自分は、モンサルヴァート城で聖
杯グラールを守護する王パルジファルの子、ローエングリンだと名
乗る。
　聖杯に仕える騎士には神通力があたえられている。しかし聖杯の
騎士だと知られると、その地を去らねばならない。行方不明のエル
ザの弟は、魔女オルトルートに白鳥の姿に変えられていたのだが、
人間の姿に戻って、ブラバント公国の世継ぎと認められる。オルト
ルートは倒れ込み、ローエングリンは去っていき、エルザはくずお
れて、幕となる。

　チェーホフの『犬を連れた奥さん』（1899年）は婚外恋愛の傑作
だ。保養地ヤルタで、妻子あるロシアの銀行家グーロフが、若い人
妻アンナと関係をもつ。別れて普段の生活に戻ってからも、ふたり
はお互いのことが頭から離れず、結局、ひそかに逢瀬を重ねるよう
になる。グーロフには生活がふたつあった。ひとつは、銀行勤め、
クラブでの議論など、真実と欺瞞の入り混じった公然の生活であ
り、もうひとつが、ひそかに過ごしてきた生活である。
　青空文庫に神西清訳があることをアナウンスしてから、品書きに
アップした文章を朗読係に読んでもらう。グーロフにとって「秘

密」がどんなに大切かを説明した箇所である。

> 彼にとって重要で興味深く不可欠なもの、その中でなら彼が誠実になれ自己を欺かずにすむもの、彼の生活の核をなしているものはすべて、他人には秘密に行なわれてきた［…］。だから彼はわが身を例に他人を判断し、目に映るものは信用しないで、どんな人間でもその真実のいちばん興味深い生活は、ちょうど夜のヴェールのような秘密のヴェールの下でいとなまれているのだと、いつも思っていた。各個人の存在は秘密の上に保たれている［…］。（原卓也訳、pp.1041~1042、集英社、1991年）

---

§56　メール課題「楽屋の作法」

メール課題で、あなたの「楽屋の作法」を書いてもらう。

●秘密を持つことは、人間に不可欠だろうが、心地いいものでもない。ローエングリンも、彼の素性を知って愛したいと願う妻の思いを裏切っているのではないか、と悩んでいたのではないだろうか。【絶対神のロジック vs. 人間のロジック】
●素性を聞かないで、一緒にいられるような信頼関係を築くのは難しいだろう。【ボンガンド族の共在感覚＞共存・共生。犬友達。プール友達】
●私には親友がいる。お互いに詳しく知っているから、何の気兼ねもなく踏み込んだことを聞けるし、心の奥の深いことまで相談できる。大切な人とはどんな秘密も共有することをお勧めする。
●自分の楽屋を見せたくなる人も、必ずいるのではないか。大切な人にはそんな風に思われたいな。

楽屋の作法

●相手のことを何もかも知りたいと思うのは、独占欲や支配欲の表れだ。秘密を共有することは、愛情や友情の深さに比例する訳ではない。どんな間柄であれ相手と自分の間には線を一本引いておくことが礼節だと思う。

●人によって楽屋のサイズを変えることが重要だ。家族にはだらしがないことまでさらけ出すが、友人にはしない。しかし近い関係でも楽屋はあるし、近い関係だからこその楽屋もある。例えば父親に彼氏としたことは決して話せない。このように態度を変えることは、二重人格だとか嘘つきだとか思って辛かったが、「楽屋の作法」だと考えれば、社会でうまくやるには必須な能力だ。

■秘密がないのが理想の関係と思っている人は、他人に対する期待値を下げたほうが良い。

●相手について100％知ろうとしないことが作法なのではないか。

●私は今まで優しさとはその人の全てを知り、受け入れ支える事だと思っていた。だが本当の優しさとは相手が持つ秘密に触れなくとも、それを含めた全てを受け入れることなのではないか。

■私は父の仕事や昔についてほとんど知らない。そのような話になると父親が怪訝そうな顔をして、口を割りたがらないからだ。

■誰にも言っていないが、僕には、マッチングアプリで知り合った彼女がいる。その彼女と会っている時だけ、偽りのない本当の自分で居られる気がする。ストレスの多い現実から逃げ出せる別世界だ。

●私は、大学の友人にはオタクであることを隠し、オタクの友達には大学での一面は伏せている。自分も、相手が踏み込んでほしくなさそうだと感じたら、話題をそらしている。

●今の彼氏と付き合って4年目になるが、彼がひとりで家にいる時、どんなふうに過ごしているか、あまり知らない。何をしているのか、彼に聞こうとは思わない。彼が何をしているのか、を考えるのが楽しいから。

●グーロフの話を読むと、浮気って簡単に出来てしまうんだな、

と感じる。じつは私も、彼に内緒で、彼の知らない男を家にあげ、セックスをした。自分が浮気性だからこそ、パートナーのことを信用しきれず、私は今の彼氏と位置情報を共有している。そうでないと安心していられない。信用もできない。

●中途半端に自分の楽屋を披露しないこと。SNSで自分の生活を切り取って投稿する人が増えている。写真や言葉の一部に誰かとの交際の片鱗を紛れ込ませる「匂わせ」投稿をする人もいるようだ。もしその関係を大切にしたいなら、むやみに披露すべきではない。他人の好奇心を刺激し、彼らを楽屋に招き入れているようなものだ。自分と相手を守るためにも、グーロフのような堅牢な楽屋の作法を心得てほしい。

●友人や恋人が嘘をついていることに気づいてしまっても、それを指摘することばかりが正義ではない。【でも、政治家や権力者のウソは追及しよう】

●私の楽屋には何種類もの扉がある。例えば、自分の過去の恋愛話を冗談として話す。もちろん、全部を話すわけではないが、そうすることで相手は、私が相手に心を開いていると思ってくれる。またこの方法で、自分の秘密と交換する振りをして相手の秘密だけを聞き出す。私の一つめの扉はこのように誰でも入れる浅い扉なのだ。

■恋人の有無について尋ねないこと。恋人がいることを知ってしまうと、友人という枠組みでしか接することができなくなってしまい、気を遣う。またお互いに相手へアプローチしにくくなる。【1対1限定？】【「つき合う」は東アジア特有のスタイルらしい】

●自分には「楽屋」がないように振る舞い、隠し通すべきです。

●グーロフが別の顔を持っていても、一生隠しきることができるのなら、問題はないように思える。ただそれが原因で、他者を信頼できなくなってしまうことは問題だ。

●詮索を重ねれば重ねるほど相手の気持ちは離れていく。何でも

教えろというのは束縛になる。束縛される側が疲れて、別れたパターンを何度か耳にしたことがある。相手のことを思うなら、深く追及し過ぎないのがいいのではないか。

「いいね」がほしくて自分の楽屋をSNSに投稿する人が増えている。もちろん、公開しても後悔しないような部分だけ切り取って。でも用心して切り取ったつもりの「楽屋」からでも、裏アカウントからでも、容赦なく個人情報が抜き取られていく時代になった。

Googleの辞書には「プライバシー」という言葉がない。そんな覚悟が必要な時代だからこそ、相手の楽屋をのぞかない・のぞこうとしないだけでなく、むやみに自分の楽屋を見せないという流儀も確認しておきたい。ひと昔前の銀幕のスターは、自分の私生活を人前にさらすことがなかった。美しい作法として見直されるようになるかもしれない。

主人ドン・ジョヴァンニの悪事を知っていても知らんぷり、というのが従者レポレロの作法だった。個人情報がダダ漏れの今日、「知っていても知らんぷり」の作法がますます必要とされるようになるだろう。名前や素性を隠すという『ローエングリン』の「楽屋の作法」は、掟のように厳しいが、似たような昔話はあちこちにある。「楽屋の作法」という知恵が、多くの社会で大事にされているからだろう。何でも知ろうとするのは行儀が悪いことなのだ。

窒息する脳

アポカリプス・ヒトラー

§57 間奏曲：ノイエンフェルス演出の『ローエングリン』

エルザが「楽屋の作法」を守っていれば、悲しい別れにはならなかっただろう。だが紙メールには、「幕切れに納得がいかない」という声が多い。エルザが禁断の問いをしたのに、かわいらしい弟がどうして戻ってくるのか？　アバド版1990年の舞台は、オーソドックスな演出だったので、当然の疑問である。

そこでノイエンフェルスが演出した2011年バイロイトの舞台の幕切れを見てもらう。

◆₈₁ワーグナー『ローエングリン』（初演1850年）
○₆第3幕　幕切れ【衣装の白／黒に注目！　cf.「結婚行進曲」のときは？】
ネルソンス／バイロイト祝祭劇場　演出ノイエンフェルス 2011.8.14
Bayreuth
■ローエングリンVogt［T］　●エルザDasch［S］　●魔女オルトルート
Lang［Ms］

演出家ハンス・ノイエンフェルスの舞台は挑発的だ。第3幕は前奏曲につづいて、有名な結婚の行進。白い衣装のローエングリンとエルザ。群衆は第1幕から、黒のネズミと白のネズミ、それにピンクの子ネズミで、みんな背番号をつけている。エルザが禁断の質問をローエングリンにし、ローエングリンがそのとき襲ってきたテルラムント伯を切り捨てる。その遺体をドイツ国王の前に運んできたとき、ふたりとも喪服のつもりなのか、黒い服だ。魔女のオルトルートは、『バットマン』のジョーカーのような白塗りの顔で、白い衣装をつけて登場する。

カミングアウトをすませたローエングリンが、白鳥の絵のついた大きな黒い布をはずす。大きな白い卵のようなものが現れて、ゆっ

くり180°回転すると、小便器のような卵もどきのなかにグロテス
クな胎児がすわっている。「ご覧なさい。これがブラバント公だ。
指揮官として皆でお仕えしなさい！」とローエングリンが言うと、
胎児が立ち上がる。オルトルートは悲鳴をあげて倒れこみ、ドイツ
国王はへなへなとすわりこむ。まだ胎児のほうにふり向いていない
エルザは「あなた！」と叫ぶ。ローエングリン以外の全員が「あ
あ！」と叫ぶ。胎児が前に出てきて、へその緒をちぎっては投げ
る。ローエングリンは、ゆっくり舞台の前方へ歩いていく。幕。

　白鳥の姿に変えられていた弟は、せめて１年、ローエングリンが
エルザと幸せに暮らして神への奉仕をすませると、聖杯グラールの
力で魔法が解かれることになっていた。だが、エルザが禁断の質問
をしたので、弟が戻ってくるにしても、その姿が未熟な胎児なら納
得がいく。ブラバント公国の未熟なリーダーを体現しているのだろ
う……。

　挑発的な舞台だが、よく練られている。でも、やはり最後の胎児
はグロテスクで、幕が降りるとブーイングが結構あった。紙メール
でも「気持ち悪かった」という声が圧倒的に多かった。

---

§58　ドイツのために、ドイツの剣を取れ！

◆ 80 ワーグナー『ローエングリン』（初演1850年）台本もワーグナー
〇 4 第３幕《間奏曲＆ドイツ国王登場》■ドイツ国王ハインリヒ Lloyd
[B]
アバド／ウィーン国立歌劇場　演出ヴェーバー　1990年

　ドイツ国王ハインリヒがブラバント公国にやってきた目的は、東
方（具体的にはハンガリー）を攻めるために兵を集めることだ。シ
ニカルなノイエンフェルス演出では、ドイツ国王なのに威厳が足り

ず、クネクネしているツェッペンフェルト（バス）が絶妙の雰囲気を出している。

　ヒトラーはワーグナーを尊敬していた。ワーグナーの長男ジークフリートの未亡人ヴィニフレートとは、反ユダヤ主義をはじめとしてウマが合い、結婚を噂されるほどだった。バイロイト音楽祭は第3帝国から特別に手厚く支援された。バイロイトのワーグナー邸（ヴァーンフリート館）は、ヒトラーの夏の別荘となった。ヒトラーとワーグナー家の関係は、ドイツの負の歴史を物語るものだ。

　このあたりのことは映像がたくさん残っているので、ドイツ現代史の復習も兼ねて、ビデオで見てもらう。もちろん、ワーグナーが設計したバイロイト祝祭劇場の、独特の響きをもたらすオーケストラ・ピットなども。

　ヒトラーは首相になりたての秘密会議で、反共など自分のプログラムを話している。品書きにアップしたヒトラーの発言は、2000年に発見されて公開された「非公式に作成された発言記録の写し！」から。

◇₇₈ヴェルサイユ条約［ワイマール共和国1918~33年］ヒトラー首相になる（第3帝国）1933年1月30日。ヒトラーの東方政策（1933年2月3日の秘密会議でのスピーチ）：
「その後で、軍隊は積極的な外交を展開することができるようになるでしょう。ドイツ民族の生活圏の拡大という目的は、武力によっても達成されるでしょう。目標としては、おそらく東方が考えられるでしょう」（エンツェンスベルガー『がんこなハマーシュタイン』）

　実際その後、ヒトラーは東方にドイツ軍を進める（ポーランド侵攻から第2次世界大戦が始まる）。ヒトラーはワーグナーが大好きだった。ワーグナーは反ユダヤ主義でもあった。ワーグナーの音楽は、ナチの党勢拡大に利用された。『ローエングリン』で中世のドイツ国王ハインリヒが、第3幕で「ポーランド侵攻」を連想させるような歌を歌っている。

　オペラで行進曲が鳴ると、殿様が登場するのがお約束だ。第3幕
では行進曲風の《間奏曲》が終わると、ドイツ国王ハインリヒが登
場する。ノイエンフェルス版では黒い衣装だが、アバド版○₄で
は、ロバート・ロイド（バス）が上品なロイヤルブルーの王衣をつ
けて、王様らしく毅然としている。「ハインリヒ王、万歳！」を受
けて、ハインリヒ王が歌う。

　〈ブラバントの諸君よ、かたじけない／ドイツの各地にこのよう
　に／強大な軍隊があるのを見て／わしは誇りに思う／これでドイ
　ツの敵が押し寄せても／我々は勇敢に迎え撃てる／これなら野蛮
　な東方の敵は／恐れをなして近寄れまい／ドイツのためにドイツ
　の剣を取り／祖国の底力を見せるのだ！〉合唱〈ドイツのために
　ドイツの剣を取り／祖国の底力を見せるのだ！〉（DVDの字幕・
　小林一夫訳）

　ヒトラーは演説で大衆をあおるのが大好きだった。ミュンヘンの
ホフマン写真館で、聴衆に威圧感をあたえるポーズの研究に没頭し
た。「伝えたいこと10のうち、文字情報で伝わるのは1、声の調子
や身ぶりや表情で伝わるのが3、残りの6は伝わらない」という
136問題を心得ていたのだろう。カラヤンは、自分のキャリアのた
めにナチの党員になっているが、「あなたにとってベートーヴェン
とは何ですか？」とたずねられても、そっけなく「子どものときか
ら尊敬していました」と答えるだけだった。「作品解釈は言葉では
しない。言葉は貧弱なもので、言葉が止まるところで、はじめて音
楽の力があらわれる」と考えていた。

§59 「大衆は愚かだ。感情と憎悪だけでコントロール することができる」

　ヒトラーの悪業の数々は、嫌悪され断罪されて当然だ。けれども「ヒトラー」という名前を聞いただけで、ヒトラーから目をそむけてしまうと、その後に登場する「ヒトラーたち」に対抗できない。ヒトラーの達者な手口を確認しておく必要がある。

◆83『アポカリプス：ヒトラー』2011年（白黒アーカイブ画像の色彩化）
in『よみがえる色彩 激動の20世紀』2014.3.22 NHK
◇80音楽＞言葉（高橋悠治）cf. 136問題（中井久夫）
　・◇04「象（感情）＞乗り手（理性）」J・ハイト　古い脳＞新しい脳（前頭前野）
　cf. 行動経済学（R・セイラー）：「合理的人間」の見直し
　・プロソディ。情動の発動（＞高次認知）。認知のタイムラグ
◇44窒息する脳／セックスは脳を麻痺させる【図は別紙】
　脳の血中酸素濃度［fNIRS（脳血流可視化装置)]：伊東乾（作曲家）

　ヒトラーが権力を手にしたとき、ブレヒトは唇を嚙んだ。「ナチに投票するほど国民が愚かだとは思っていなかった」。当時のドイツはコミュニズムとナチズムが2大勢力で、ブレヒトなどは「馬鹿でなければ、コミュニストになる」と考えていた。エリートや知識人は、えてして理性しか目に入らない視野狭窄だ。ヒトラーのことを過小評価していた。貴族で、利口な怠け者で、戦争嫌いの陸軍最高司令官ハマーシュタイン将軍なども、ヒトラーに屈することがなく、ヒトラーを馬鹿にしていた。
　だがヒトラーのほうが上手だった。弱小のナチ党の党首ヒトラーは、保守派の傀儡として首相にかつぎ出されると、国会議事堂放火事件を口実にナチ党以外の政党を無力化し、全権委任法を駆使して独裁者になっていく。「大衆は愚かだ。感情と憎悪だけでコントロ

ールすることができる」。どの感情のボタンを押せば、大衆を動かせるのか、心得ていた。人間の行動をドライブするのは、理性ではなく感情である。「象」（感情）のほうが「乗り手」（理性）より強い（◇04）。ヒトラーは「象」の強さをよく心得ていたが、エリートや知識人は「乗り手」の弱さに気づかず、「象」を軽蔑していた。大衆を馬鹿にするだけで、感情のボタンを研究しようとはしなかった。ナチから逃れて亡命したブレヒトは、無視できない「象」の大きさを反芻しながら、唇を嚙んでいたのだろうか。

〈魔の金４〉の第11回目の授業では、『トリスタン』第１幕の幕切れを見てもらった。トリスタンとイゾルデが、毒薬のつもりで媚薬を飲んでしまい、トリスタンはイゾルデのことしか、イゾルデはトリスタンのことしか見えなくなってしまう。ふたりが合体するのは第２幕になってからだが、第１幕の終わりでふたりの前頭前野は役立たずになっている。そのとき見てもらった◇44の画像（窒息する脳／セックスは脳を麻痺させる）を、現在報告中の第21回目（＝後期６回目）の授業の品書きに、もう一度貼り付ける。

セックスをすると脳に酸素が行かなくなって、脳が窒息して、その部分が黒くなっている画像だ。「ちゃんと避妊するつもりだったのに、急にその気になってしまい、ゴムのことを忘れてしまった」という紙メールは、例年ある。年に何回かはホワイトボードに「ゴムは知性と教養のしるし」と書くのだが、性欲が高まると、前頭前野の出番がなくなる。

「乗り手」は「象」より弱い。理性は、耳や目よりのろまなので反応が遅い。認知するのに時間がかかる。ヒトラーは認知にタイムラグがあることを知っていたのだろう。大衆には言葉だけでなく、聴覚や視覚にも訴えた。言葉で勝負しようとしたエリートや知識人がヒトラーに負けた理由のひとつは、この差だ。「馬鹿とハサミは使いよう」ということをヒトラーは心得ていた。

音や色が、タイムラグを引き起こす。演説が大好きだったヒトラーは、写真家ホフマンの家で入念な練習をした。声も魅力的で人を引きつけた。ワーグナーが大好きだったヒトラーは、もちろん音楽

を動員した。音楽だけでなく、視覚も動員した。劇場建築家になりたかった独裁者は、様式美にこだわり、色彩にこだわった。

　今残っているナチの映像は、ほとんどがプロパガンダ用に撮影されたものだから、集会や行進の様式美が圧倒的だ（ナチの映像を見て、ナチをかっこいいと思う人がいるけれど、プロパガンダ用にしっかり編集されたものであることを忘れないようにしたい。学生がグラビアアイドルになってアダルトビデオを撮られた話を紹介したが（§10 セックスの非対称）、どんなときにも「編集」の手が入っている）。カラヤンが芸術監督になってベルリン・フィルとの演奏をビデオに残しているが、一糸乱れぬ演奏とその様式美志向は、ナチの美学を踏襲しているような印象がある。

　フランスで制作された『アポカリプス：ヒトラー』（2011年）は、白黒のアーカイブ画像をデジタル技術でカラー化したドキュメンタリーだ。ナチの突撃隊は、その制服の色にちなんで褐色シャツ隊と呼ばれていた。シンボルカラーは茶色だった。軍服は茶で、旗と腕章が赤。美術批評家で解剖学者の布施英利がそのビデオで語っている。「茶と赤は同じ色相なので、その抜群の組み合わせが統一感を生んだ。それが集団で行進すると、美が、あやうい崇高な気持ちまでをも高揚させるのではないか。またヒトラーは、兵隊と同じ茶色の制服を着ることによって一体感をかもし出すと同時に、別のときには黒いスーツを着て、兵隊との差別化をはかるという具合に、色をうまく使い分けていた」

　『アポカリプス：ヒトラー』を見ながら、こんな話をしてから、最後に『ローエングリン』第3幕の《間奏曲》をもう一度、アバドの演奏で。ドイツ音楽は重心が下がりがちだが、アバドの指揮姿は、「バスケットボールをゴールに入れようと上を向くような姿勢が多く」（山崎睦）、それは、しなやかでありながらキレのいいアバドの音楽づくりと関係している。アバドの『ローエングリン』はCD（1992年スタジオ録音）も出ているが、この《間奏曲》のキレと高揚感は、教室で見てもらうDVD（1990年劇場ライブ）のほうが上

手だ。

　「音楽の力ってすごい」「あんな音楽を聞かされると、その気になってしまう」という感想が多い。紙メールは授業の最後に手渡してもらうのだが、上気した顔の学生が結構いた（と思ったのは、私の気のせい？）。

ふりをする

世界は舞台／そして男も女も役者にすぎない？

§60　間奏曲：「定義するという誤り」

　〈魔の金4〉では、パートナー選びのリトマス試験紙として、クンデラの小説『存在の耐えられない軽さ』（集英社文庫）をすすめている。相手の知性と教養と大人度を測れるからだ。「ハイデガーの『存在と時間』よりおもしろいはず。文庫本1冊でたっぷり楽しめるよ」。けれども本を読まなくなった学生には、とっつきにくい小説かもしれない。『特性のない男』志向の小説だからだ。ムージルの未完の大作『特性のない男』は、しばしば、プルーストの『失われた時を求めて』やジョイスの『ユリシーズ』にならぶ20世紀の記念碑的傑作とみなされてきた小説である。

　マルセル・ライヒ゠ラニツキは私の敬愛する批評家で、〈魔の金4〉でもたくさんお世話になっている。そのライヒ゠ラニツキが『特性のない男』に嚙みついている。

　　『特性のない男』といえば、思想ばっかり論じられて、下手くそな文体が無視されてきた。砂漠みたいなこの小説は、よくほめられるけれど、ドイツの作家ですら最後まで読んだ人はあまりいない。ほめる人の数のほうが、読んだ人の数の何倍にもなる。大作『特性のない男』は、カットすることを知らなかった偏執狂ムージルが、味噌もクソもいっしょくたに大量の引用を、ひとつ鍋にぶちこんだ失敗作で、未完になったのも当然である。

　こんなふうに悪口をたたくのは、ライヒ゠ラニツキが物語の力を信じる古典主義者だからだろう。物語が破綻している『特性のない男』が許せないのだ。処女作『寄宿生テルレスの混乱』については、ムージルを偉大な物語作者だと高く評価しているのだが。

　「物語ること」にムージルは懐疑的になっていく。「物語ることに対する吐き気」をもつようになる。『特性のない男』の第1巻の第

122章で主人公のウルリヒが、物語の効用についてシニカルに考察している。

> 人生の重荷にうんざりし、単純なことを夢見るようになったとき、ほしくてたまらなくなる人生の法則がある。物語の秩序という法則だ。圧倒的に複雑な自分の人生を、「これが起きた後に、あれが起きた」という単純な物語の糸に通して再生すれば、心が落ち着く。「おれは家の主人だ」と感じさせてくれる何かが、無意識のうちに生まれてきて、お腹にお日さまを当てたみたいに安心できる。
>
> たいていの人は、基本的には自分自身にたいして物語作者なのだ。事実が秩序ただしく並んでいることを好む。自分の人生にはひとつの「道筋」があるのだと思うことで、現実が複雑で混沌としていても、なんとか安全だと感じるわけだ。
>
> こんなふうに考えてきて、ウルリヒは気づく。「私には、こういう素朴な物語がなくなってしまった」

ムージルに疑いの目で見られている「物語」は、道筋の見える「わかりやすい物語」、いわば物語1.0である。

私の敬愛する小説家クンデラは、私の敬愛する批評家ライヒ゠ラニツキとは逆に、『特性のない男』を高く評価している。ニーチェが哲学を小説に近づけたのと同じように、ムージルは小説を哲学に近づけたというのだ。クンデラの『存在の耐えられない軽さ』は、ニーチェの「永遠回帰」という言葉から始まっているのだが、ムージル的な小説の、数少ない成功例のひとつだろう。

クンデラによると、体系を拒否する哲学者ニーチェにとって、あらゆるものが哲学（というか思考）の対象になる。物語1.0を拒否する小説家ムージルにとって、人間にかかわるものなら、あらゆることが小説のテーマになる。

なにかを物語1.0に回収することによって、それ以外の大切なものが見過ごされたり、捨てられたりするのではないか。通俗科学者

が教える概念や定義や理論は、更新を許さない物語1.0のようなものだ。アーレントがカレン・ブリクセン（＝アイザック・ディーネセン）を評価して「物語を語ることは、定義するという誤りを犯すことなしにものごとの意義を明らかにし、あるがままの事物の承認と和解とをもたらし［…］」と書くとき、意識しているのは、ウルリヒの言う「わかりやすい物語」、物語1.0ではなく、「ほんとうの物語」、物語2.0のことだ。ベンヤミンが紹介しているヘロドトスの物語（§19 間奏曲：ほんとうの物語）は、もちろん物語1.0ではなく物語2.0である。すぐれた科学者は、つねに定義を更新する準備がある。精確な認識を大切だと考えていたムージルが、「物語ることに対する吐き気」を感じるのは当然だ。私は実生活で、話のうまい人をあまり信用しないことにしている。

　愛とは何か？　恋とは何か？　こういう、定義を求めるような問いの立て方は、「時間とは何か？」と同様、レトリックとして用いられる場合は別として、むなしい。「時間とは何か？」という深遠な（つまり退屈な）質問をされて、アウグスティヌスは答えた。「そんな質問をされないかぎり、みんな、時間とは何か、知っている。しかしね、もっと詳しく教えてほしいと言われると、誰も、時間とは何か、説明することができない」

　「愛とは何か？」は、むなしい設定不良問題だ。愛とは何か、定義はできないけれど、誰でも漠然とわかっている。〈魔の金４〉は、「愛とは……である」という文章ではなく、「……は愛である」という文章をすすめている。「定義」にこだわらず「家族的類似」で、愛をのぞき見するのが、〈魔の金４〉なのだ。

―――――――――――

§61　テレザにスイッチが入る

　〈魔の金４〉では、ドン・ジョヴァンニがヒーローで、トリスタ

ンの旗色が悪い。それでは不公平なので、後期ではその逆転（？）を視野に入れて、『存在の耐えられない軽さ』を手がかりに、恋愛をのぞき見する。この小説は、ドン・ジョヴァンニのような外科医トマーシュが、田舎娘のテレザと出会って、トリスタンになる話だ。ストーリーに回収できるような小説ではないが、映画版『存在の耐えられない軽さ』を数回の授業でつまみ食いしては、ピンポイントでクンデラの文章をピックアップしていく。

◆92 フィリップ・カウフマン『存在の耐えられない軽さ』1988年
主人公トマーシュはドン・ジョヴァンニだったが、テレザと出会ってトリスタンになる。
トマーシュ（ダニエル・デイ゠ルイス）、テレザ（ジュリエット・ビノシュ）
サビナ（レナ・オリン）、フランツ（デレク・デ・リント）

DVDで、まず頭から26:10までをスキップしながら見てもらう。外科医トマーシュは、脳の手術の出張でやってきた温泉地で田舎娘のテレザと出会う。プラハのトマーシュの部屋までテレザが訪ねてきて、はじめての一夜を過ごす。目覚ましが鳴り、トマーシュは『オイディプス王』の本を、まだ眠っているテレザの右手にそっと握らせる（『オイディプス王』は、話の展開の小さな鍵だ）。仕事に出かけていくトマーシュを、テレザは2階の窓のカーテン越しに見送っている。

ビデオについて紙メールを書いてもらって、授業はおしまいだが、その前にアナウンスする。「品書きの最後を見て。オプションのメール課題です。〈友達に『オイディプス王』（岩波文庫）をすすめる。気になったセリフを1つ引用して。300字〉。しめきりは正月明けだから、冬休みに読めるよね。こんなご時世だけど、『オイディプス王』みたいな、古典のなかの古典も読まないで、大学生です、なんて言わないでもらいたい」

紙メールで盛り上がるのは、テレザがトマーシュとはじめてセックスする場面だ。『ドン・ジョヴァンニ』のツェルリーナは、「お手

をどうぞ」と誘われ、最初はためらっていたのにどんどん積極的に
なっていく。『存在の耐えられない軽さ』のテレザも、最初はおと
なしかったのに（しかしトマーシュの家に押しかけてきたのはテレザ
だが）、お医者さんごっこで急にスイッチが入って積極的になり、
セックスのときに大声で叫ぶ。

『存在の耐えられない軽さ』をベースにして、〈「思わせぶり女子」
ができるまで〉という卒論（2010年度）を書いた学生がいた。おも
しろいソツロンなので、彼女の書いた要旨をそのままアップする。

「男友達に誘われて飲みに行ったの。そしたら、終電がなくな
っちゃって。彼の家が近かったから泊まることになったんだけ
ど、2人とも酔っぱらってたこともあって……その勢いで」。そ
んなことを言って、特に苦労することもなく、恋人をつくる女の
子がいる。

かと思えば、「飲み会ではよく目が合っていたし、夜に寂しい
って電話をしてきたりもした。でもその女の子には彼氏がいたん
だ」。そんな風に嘆く男の子がいる。

「思わせぶり女子」。私は複数の異性に性的な関係をにおわせて
惑わす女性たちに興味を持ち、そう名付けた。この卒業論文で
は、「思わせぶり女子」の特徴や手口を分析し、なぜ彼女たちが
そのような行動をするのかについて考察する。

ミラン・クンデラは小説『存在の耐えられない軽さ』におい
て、そういった女性の態度を「媚態」という言葉を用いて説明し
ている。私はこの小説に登場する女性たちの特徴と名前を取っ
て、「思わせぶり女子」を2つのカテゴリー（理想の男性像・女性
像を強く持った「テレザ的思わせぶり女子」と、性に奔放で男性経験
豊富な「サビナ的思わせぶり女子」）に分類した。両者の異性につ
いての考え方や、性の認識の差違から、その特徴（例：セックス
について、テレザ的女子は体が感じる快感に関わらず「声をあげて」
2人の世界に浸ろうとし、サビナ的女子は自分自身を客観視して「浸

らない」セックスをする）を浮き彫りにしていく。また、両方の
カテゴリーに共通する特徴として「暴力への憧れ」、「裏切ること
への願望」についても言及し、それらも合わせて思わせぶる行為
の理由を探る要素とする。

　こうした分析の中で見えてきたのは「思わせぶり女子」の徹底
したリスク回避の姿勢であった。異性との間に性的な関係が生じ
たとしても、その一切の責任を相手に押し付けてしまうのだ。私
は、この姿勢の根底に「恋愛は面倒なものである」という認識が
あると推測した。さらにその認識と平行して存在する「恋に対す
る耐えがたい願望」が、責任を伴わない「思わせぶる」行為に女
性たちを駆り立てているのではないかと考えた。

　この卒業論文は、私自身の（少ないながらの）経験や考察を踏
まえて、現代に潜む「思わせぶり女子」の行動に迫り、隠れ蓑を
着た彼女たちを丸裸にしようとしたものである。

　このソツロンには、テレザがトマーシュとのセックスで声をあげ
る場面に触れて、雑誌『ViVi』（2010年4月号、講談社）の画像を貼
り付けていた。62％の女子が「イッたふりをする」という記事だ。
ふりの1位は、イッたような声を出す。2位は、体をけいれんさせ
る。3位は、「イッた」と言う。

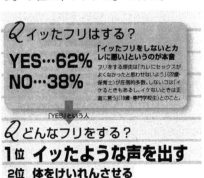

〈魔の金4〉では2011年
度以降、この『ViVi』の
アンケート結果を、観測気
球として品書きにアップし
ている。紙メールの反応か
ら推測すると毎年、演技し
たことがあるという女子
は、62％を超える。「ふり
はしない」や、「演技する
必要はない。オーガズムに

245

達するように、彼と努力する」もあるけれど、少数派だ。
　たとえば2012年度には、

　●教えてもらったわけではないけれど、セックス中に彼氏はイキ
そうで、でも自分はイケなくて、「このまま何もしないと彼は自
分だけが気持ちよくイッてしまったことに申し訳なさを感じるだ
ろうし、自分のセックスが下手なんじゃないかと自信なくしてし
まいそう。さらには私とはセックスの相性が合わないと思われて
嫌われてしまったらどうしよう！」と思って、イッたふりをする
という演技に走った。本能的に思いついたのである。

　これらの紙メールを次の授業で紹介したら、男子がひどくショッ
クを受けていた。「正直に言ってもらわないと」や、「ぼくは何を信
じればいいのか」。それに対する女子の紙メールを、その次の授業
で紹介する。

　●パートナーへの気づかいだけでなく、自分の気持ちを高めるた
めに、ふりをしている。
　●私は早くイカせたいので、高速で腰を振ります。
　●私は痛くて、早く終わらせたいから、イッたふりをする。
　●男子は、チョロい。セックスにかぎらず簡単にだませる。絵文
字のハートマークを見ただけで、勘違いするんだから。
　●正直に言ってほしい？　甘えるな。こちらの気づかいがわから
ない男なんて、最低。
　●ふりをしていた、なんて今さら言えない。
　●私は処女だけど、そのときになったら、たぶんイッたふりをす
ると思う。
　●ふりをするなら、絶対、ふりだとわからないようにするべき
だ。これは、ローエングリンの失敗から学んだことです。

　2019年度も紙メールの傾向は同じだ。ただ、セックスが苦手と

か、性嫌悪の学生がますます増えてきた。未経験者には免疫をつけてもらう意味もあって、大胆な場面も見てもらうが、そういうときには「セックスのシーンがあるから、苦手な人は目を閉じたり、耳を塞いだりして」とアナウンスしておく。

●テレザはトマーシュのために声を上げたわけではないと思う。息を荒くしたのも、いきなり激しいキスをしたのも、トマーシュに荒々しくしがみついたのも、自分の気持ちを作るため。私もよくする。
●あんなに叫んでいて恐ろしかった。私は性嫌悪。あんなシーンは気持ち悪いと思ってしまう。そんな私は普通じゃないんだろうな。私は、もっと心に蓋をした、そしてそれを包み込むような愛がいい。【ほかにも「きもい」の紙メールあり。「普通」じゃなくてもいいのでは？　みんな普通で、みんな変なのだから】

紙メールを紹介する前に、品書きの別紙にプリントしたクンデラの文章で、テレザの叫び声の部分を朗読係に読んでもらう。

◇94クンデラ『存在の耐えられない軽さ』1984年（千野栄一訳、集英社文庫1998年）
○テレザの叫び声（◆別紙pp. 70~71）
　それはため息でも、うめき声でもなく、本当に叫び声であった。トマーシュが彼女の顔から頭をそむけるほど大きく叫んだ。彼のすぐ耳もとで響く声が鼓膜を破るのではないかとトマーシュには思えた。その叫びは性の歓喜の表現ではなかった。性の歓喜とはあらゆる感覚を最大限に動員することで、人間は緊張のうちにパートナーを観察し、パートナーの出す音の一つ一つに耳を傾ける。彼女の叫び声は逆に、感覚を麻痺させ、観察したり耳を傾けたりしないように発せられた。叫んだのはあらゆる矛盾を解消し、身体と心の二重性も解消し、それにおそらく時間をも解消しようとした彼女の恋の素朴な理想主義そのものであった。
　彼女は目を閉じていただろうか？　否。しかし、どこも見ていない

247

で、天井の空間を凝視していた。そしてときどき急に頭を左右に振った。

叫び声が終わったとき、彼のかたわらで眠り、一晩中彼の手をにぎっていた。

〈魔の金4〉という狭い世間を観察して気がついたことがある。この10年で、セックスが嫌いな女子が増えてきた一因は、男子のイク至上主義だ。男子も女子もネットのAVを教科書にして自習しているので、ゆがんだセックス像が刷り込まれてしまっている。

■多くの女性が演技するセックスをしているというのを知って、優しいなと思う反面、怖いなとも思った。
●演技するセックスは、私も礼儀の一環としてすることがある。どうでもいい相手のときは、正直に演技なしのセックスをするものだと私は思っている。
●一度やったくらいで、調子に乗ってくる男は多い。世間で言われているフリに対して、自分だけは例外だと思う男がごまんといる。自称「例外」であふれかえっている。
●私はセックスが嫌い。付き合っていた人が「気持ちいい？」と聞いてくる、すごく面倒な人だったので、イッたふりをしていました。
●今の彼が疑い深い性格なので、いくら言っても、イッたふりをしても、「ほんとにイッたの？」と何度も確認してきて、バレるのが怖いです。
●男は女を「イカせる」ということに重きを置きすぎだと思います。女は男みたいに射精しないし、目に見えてイッたかどうか分からないし、本人も分からないことが多いのに、「イッた？」と聞かれても気まずいだけです。

オイラー図を見れば（§36 優等生とヤンキー）一目瞭然。AはBの（特殊な）一部にすぎない。たとえばスポーツでは、競技スポーツのような「がんばるスポーツ」はA。フィットネススポーツのよ

うな「がんばらないスポーツ」がB。スポーツの語源は、disport。自分の港から離れること。つまり「気晴らし」であって、「より高く、より速く、より強く」などの「競争」ではない。Aは、よく見世物に使われる。セックスもオイラー図では、「がんばるセックス」はA、「がんばらないセックス」はBだ。AVでは「がんばるセックス」Aが見世物用に編集されている。だからAVを教科書にしている学生は、セックスといえばAのことだと勘違いしてしまう。

がんばる人は視野が狭い。目を開いて、セックスBもあることを確認してもらうために、品書きには年に何回か、◇19宋美玄『女医が教える　本当に気持ちのいいセックス』2010年を貼り付けている。デズモンド・モリスの「ふれあい」の12ステップは、§09で紹介したが、セックスを「12.性器から性器」に限定せず、12のステップ全部を「セックス」だと考えるのも悪くないだろう。

こんなふうに報告すると、男子とちがって、女子は性欲が弱いように思われる。§09で紹介した山極仮説によると、「人間の女性は、自分の意思で発情もできるし、発情しないこともできる」。けれども〈魔の金4〉では、「私の場合、自分の意思で発情をコントロールすることがむずかしい」と紙メールに書く女子が多い。「私は性欲が強すぎるのではないか」と悩んでいる女子もいる。南大沢キャンパスで山極仮説は評判が悪い。

ものを見るときは、2項対立ではなくグラデーションで。これが〈魔の金4〉の方針なのだが、教室という狭い世間でも統計的に、やはり男子と女子とでは傾向の違いが見える。

作曲家の伊東乾たちが脳血流可視化装置を使って実験したところ、性的に興奮したとき、前頭前野の血流量は減少し、前頭葉全体で、血中の酸素濃度が減っている。音楽だけでなくセックスも、脳を麻痺させて、理性のコントロールがゆるくなる。だが、ゆるくなる度合いに男女差があるようだ。

単純な男子は、さっさとイッて、いびきをかいて眠ってしまう。が、しっかり者の女子は、なかなかイかず、イッたふりをする。計

算して演技をする。フロイトの言葉◇03をパラフレーズすると、男子の「〈私〉は、私という家の主人ですらない。奴隷である」。女子の「〈私〉は、私という家の主人ですらない。でも奴隷でもない」。

　イかせることを重視している男子は、「結果を出す」という仕事の論理に縛られているのか、オーガズム至上主義だ（このこと自体、古い男目線のセックス観なのだろう）。「全力で」という100％神話に囚われていて、腹八分目や「力を抜く」という知恵がない。だが多くの女子にとってセックスは、愛を確かめる手段にすぎない。穴に棒が入らなくても、からだの一部が触れあっているだけで十分に満足する。

　この現象と関係がありそうでおもしろいのが、紙メールの男女差だ。男子は、主人のような顔をして、上から目線で論じたがる。女子は、具体的な描写が多い。どちらが知的で、役に立つのか。後期のヴィトゲンシュタインは、論や説明ではなく、描写や記述に軸足をおいた。大風呂敷をひろげず、具体例にこだわった。

---

§62　技師の部屋をたずねる

　『存在の耐えられない軽さ』は、1968年のプラハの春（チェコの民主化運動）とその後のチェコ事件（ソ連軍の介入）が舞台だ。脳外科医トマーシュは雑誌に、『オイディプス王』を引用しながら当局批判の文章を書いたため、病院にいられなくなり、チェコを離れることになり、ビルの窓拭きを仕事にし……と、政治に翻弄されるのだが、ドン・ジョヴァンニぶりは変わらない。

　トマーシュの人生には性愛の友情はあっても、恋愛はなかった。「三という数字のルールを守らなければならない。一人の女と短い期間に続けて会ってもいいが、その場合はけっして三回を越えてはだめだ。あるいはその女と長年つき合ってもいいが、その場合の条

件は一回会ったら少なくとも三週間は間をおかなければならない」
（千野栄一訳）。脳外科医トマーシュにとって、ヒトラーとアインシ
ュタインの間には百万分の1の差異と百万分の999,999の類似があ
るのだが、トマーシュは「その百万分の一を見出し、とらえたいと
いう強い欲望にとりつかれていた。彼にはここにこそ彼が女に夢中
になる理由があるように思える。彼は女に夢中になるのではなく、
その女の一人一人の思いもよらないところにひかれるのだ。別なこ
とばでいえば、一人一人の女を違ったものにする百万分の一の差異
に夢中になるのである」（千野栄一訳）。

　トマーシュはテレザと結婚しても、浮気をやめない。一途なテレ
ザはトマーシュとの非対称に苦しむ。「私にとって人生は重いもの
なのに、あなたにとっては軽い。その軽さに私は耐えられない」。
テレザは、非対称を解消（いや理解）するために、自分も「浮気」
してみようと考える。バイト先のバーで酔っ払いにからまれたとこ
ろを助けてくれた技師の部屋をたずねる。

　DVDで2:03:33から2:23:27までを、一部スキップして見てもら
う。技師にしては質素な部屋だが、『オイディプス王』が置いてあ
ったりして、トマーシュ夫妻が当局の監視下にあることが暗示され
、二重の意味で怖い話なのだが、多くの学生の関心はテレザと技
師のセックスに集中する。紙メールを書いてもらう前に、①山極仮
説（女性は発情をコントロールすることができる）を思い出してもら
う。そして②朗読係には、品書き別紙としてプリントしたクンデラ
の文章を読んでもらう（原作と映画は別人格なのでシンクロするわけ
ではないが、〈魔の金4〉では、クンデラの文章には深く立ち入らない。
興味をもった人が読み返せばいい。数は多くはないが、期末レポートで
『存在の』を買って愛読書になったと報告する学生がいる）。その一部を
引用する。

◇94クンデラ『存在の耐えられない軽さ』1984年（千野栄一訳、集英社
文庫、1998年）
○心と身体（◆別紙pp. 194~196）

[…] 彼女を引き寄せ、手を乳房に置いた。

　不思議なことに、その感触により急に彼女の恐怖感が失せた。技師の手が彼女の身体に触れた瞬間、彼女は彼女が（彼女の心が）問題なのではまったくなく、ただひたすら身体が問題であることを意識した。彼女を裏切り、世間の他の身体の中へと追い出した身体が。

　彼は彼女を脱がせたが、彼女のほうはほとんど不動であった。彼がキスをしたとき、彼女の唇は彼の唇の接触に応えなかった。しかし、そのあと急に自分のデルタがうるんでいるのを感じて、びっくりした。

　自分の意志に逆らって興奮した。それだけより大きな興奮を感じていた。心はすでにおこったことすべてとひそかに同意していたが、その大きな興奮をさらに続けようとするならば、心の同意を口に出してはならないことを知っていた。もしその承諾を口に出していったなら、もし自由意志でラブシーンに加わろうと望むなら、興奮は静まるであろう。なぜなら心が高まっているのは、身体が意志に反して作用しているからで、身体は意志を裏切り、意志はその裏切りを見ているからなのである。

　そして、テレザが技師の顔を見たとき、テレザの心は自分のサインをした身体が、知りもしないし、知りたくもない誰かの腕の中で喜ぶのを許したことは一度もないということを意識した。彼女をぞくぞくするような憎悪感が満たした。その見知らぬ男の顔につばを吐きかけるために、口につばをためた。その男も彼女を、彼女が彼を観察していたのと同じ熱心さで見ていた。彼は彼女の怒りを認め、彼女の身体の上で動きを速めた。テレザは遠くのほうから彼女に官能のうずきが迫ってくるのを感じて、「いや、いや、いや」と、叫び始めていた。彼女はやってきつつある性的快感をこらえていたが、それをこらえることで、抑えられた快感がながながと彼女の身体に広がっていった。というのもその快感は静脈に注射されたモルヒネのように彼女の中で広がり、どこへも逃れていくことができなかったからである。彼女は彼の腕の中でもがき、両手を振りまわし、彼の顔につばを吐きかけた。

次の授業で紙メールを紹介する。

●一度だけ彼氏でもない人とセックスしたことがある。相手に対して身体が反応しなかった。心もびくともしなかった。ぬれなくてすごく痛い思いをした。【A】
●恋人とセックスするより、友達と遊びでセックスするほうが興奮する。背徳的な感情が興奮を高め、普段の生活では決して感じられない強い矛盾に酔えて楽しい。【B】

〈魔の金４〉の世間では、【A】派のほうが多いようだ。【B】派は、ドンナ・ジョヴァンナ型か、複数のセフレがいるタイプ。

●好きでもない男に抱かれるテレザの虚無感がすごく分かる。私も好きでない人とするときは、作業のように思えて感情が消える。
●テレザはドン・ジョヴァンニのようになりたかったが、試してみても結局、彼女はトリスタンであったのだと思う。
●家に帰りたくなくて、その日に出会った人の家についていっちゃったことがあるけど、気持ちがないので最中に後悔した。
■トマーシュに抱かれたときは大きく叫んで気持ちを高めようとした。このときは体より心が勝っていたので、あまり感じてなかったのだろう。しかし技師に抱かれたときは、乗り気でなかったのに、体が興奮するのを感じ、恐怖を感じた。体をコントロールするのは不可能かもしれない。
●技師としたときに感じてしまったことに、テレザは戸惑うと同時に自分に嫌悪感を覚えたのだと思う。
■「愛がないのにセックスができるの!?」とトマーシュに言った後、技師の男とセックスを始めたテレザの表情からは、トマーシュのような思考が理解できないという困惑と絶望をひしひしと感じた。性的な快感に満たされながらも、埋まることのない心のスキマを意識しているように見えた。

●女性が他の人と性行為をしたら捨てられ、女性は男性が浮気するのを黙って見ているというのは不公平だ。キリスト教などでは性行為は結婚相手としかしないという考えがあるらしいが、（古い考えかもしれないが）素敵だなと思った。

●心と身体が伴っていない描写に同意しました。私の心は性的なものに「下品だ」「気持ち悪い」と嫌悪感を示します。しかし身体は定期的にどうしようもなくうずきます。私もテレザのような状況になったら、テレザと同じ感覚を抱くと思います。

●テレザは、やはり愛とセックスは切り離すことができないのかと最初は思ったが、身体は意思に反して興奮していたとわかり、セックスは愛なしでも存在するのだと思った。【〈魔の金4〉では折に触れて、セックスを3つに分けて考えようね、と言っている。①子づくり　②快感　③コミュニケーション（愛の確認、からだとお金の交換など）】

●元彼から「濡れてるね、本当に気持ちいいんでしょ」と言われ、自分の中では別にそうでもなかったが、ムードをぶち壊すわけにもいかないので、認めたことがある。

●女性が濡れる。膣分泌液、いわゆる愛液は、自己防衛のために自動的に出るものだ。濡れたからといって、かならずしも感じているわけではない。男性には覚えておいていただきたい。

最後の紙メールは2回、朗読係に読んでもらう。男子だけでなく、このことを知らない女子もいるので。

なぜドン・ジョヴァンニは
トリスタンになったのか

§63　犬を連れた奥さん

◇₈₇チェーホフ『犬を連れた奥さん』1899年（原卓也訳、集英社、1991
年）◆別紙pp. 1042~1043

　妻子あるロシアの銀行家グーロフが、若い人妻アンナと関係をも
つ。『犬を連れた奥さん』の婚外恋愛は、グーロフの目で、グーロ
フの心で描かれている。アンナがどう思ったかの記述はほとんどな
い。一種のトンネリングだ。そのカメラワークがこの短編をリアル
で魅力的なものにしている。一夫一妻制？　アンナの夫は？　グー
ロフの妻は？　そんなことはどうでもいい。恋におぼれて、トリス
タンとイゾルデのようにまわりが見えなくなり、今nowここhere
が消えて、どこにもない永遠nowhereだと勘違いする。それこそ
が、恋愛の最大の醍醐味なのだろう。nowhereにどっぷり浸かって
から、now / hereに目を覚ます。死と再生のプチ体験。その体験は
大事なはずなのに、〈魔の金４〉は、プチ体験につきものの危険な
落とし穴を心配して、つい前頭前野に軸足をおこうとしてしまう。
ああ、小心者め！と私は、ちょっと反省する。

　グーロフは妻を煙たがり、しじゅう女をつくるくせに、女を「最
低の人種」だと言っていた人間だ。『犬を連れた奥さん』のおしま
いのあたりを朗読係に読んでもらう。

　　髪がもう白くなりはじめていた。この二、三年で自分がこれほど老
　け、これほど男振りのさがったことが、ふしぎな気がした。彼［グーロ
　フ］の手がのっている肩は暖かく、ふるえていた。彼はまだこんなに暖
　かく美しい、しかしおそらく、彼の生命と同じように色あせ萎れはじめ
　るのにもう間近な、この［アンナの］生命に対して、同情をおぼえた。
　彼のどこがよくて、彼女はこんなに愛してくれるのだろう？　彼はいつ
　も女たちに実際とは違う人間に見られてきたし、女たちが愛したのも本

当の彼ではなく、自分たちの想像が創りだし、自分たちが人生で熱烈に
探し求めてきた人間をだった。そしてやがて自分の誤解に気づいても、
女たちはやはり愛してくれた。しかも、女たちのうちだれ一人、彼と結
ばれて幸福だった者はいない。時は移り、彼は女たちと知り合い、結ば
れ、別れてきたが、一度として愛したことはなかった。どんなものでも
すべて揃っていたが、ただ、愛だけはなかった。

　それが、すでに髪の白くなりはじめた今になってやっと、彼はちゃん
とした本当の恋を、生まれてはじめての恋をしたのだ。

　アンナ・セルゲーエヴナと彼は、とても身近な親しい者同士のよう
に、夫婦のように、やさしい親友のように、愛し合っていた。運命その
ものが二人をそれぞれお互いの相手としてあらかじめ定めていたような
気がして、なぜ彼に妻があり、彼女に夫があるのか、理解できなかっ
た。ちょうどそれは、雄と雌二羽の渡り鳥が捕えられて、別々の籠に飼
われているのにもひとしかった。二人は互いに過去の恥ずべきことを赦
し合い、現在のすべてを赦し、二人のこの恋がどちらをも変えたのだと
感じていた。

　以前、心のふさぐ時に彼は、頭にうかぶ限りのあらゆる理屈で心を静
めたものだったが、今や理屈どころではなく、深い同情をおぼえて、誠
実なやさしい人間になりたいと思った。（下線は、丘沢）

　朗読係にもう一度、下線部分だけ読んでもらう。「ええっと、皆
さんに考えてもらいたい仮説があります。〈相手は「弱い存在」だ
と気づく。自分も「弱い存在」だと気づく。そのとき本当の愛が始
まる〉という仮説なんだけど。弱いというのは、欠点や短所のこと
でもいいけれど、人間は有限の弱い存在にすぎない、というような
意味合いも含めて考えて。そう考えると、ドン・ジョヴァンニは
「本当の恋」をしない男だよね」

　●自分には今まで後者の考えが足りていなかった。好きだと思っ
た人はたくさんいて、恋はたくさんしてきたが、まだ「これは愛
だな」と思ったことはない。好きな人に自分の弱い所やかっこ悪

257

い所は見せたくない。そう思っているうちは、相手のことを愛するとかは、ないのかな？と思った。

---

§64　災害ユートピア

◇104Rebecca Solnit:『災害ユートピア──なぜそのとき特別な共同体が立ち上がるのか』
A Paradise Built in Hell: The Extraordinary Communities That Arise in Disaster（2009）
【材料とレシピ；災害ユートピアとエリートパニック】
Rebecca Solnit:『説教したがる男たち』*Men Explain Things to Me*
（2008 / 2014）　　　　　　　　　↓【Mansplaining】

　阪神大震災や東日本大震災のときもそうだが、アメリカでもサンフランシスコ大地震やハリケーン・カトリーナのような大惨事の直後、人びとは利他的になり、助け合い、優しくなる。短期間で一時的な現象だが、それをレベッカ・ソルニットは「災害ユートピア」と名づけた。さっき紹介した丘沢仮説によると、大災害に見舞われて、ヒトは集団で自分たちの弱さを思い知り、お互いを思いやるようになる。

　■東日本大震災のとき小学生だった。震度5弱でも非常に怖く、いつもケンカをくり返していた仲の悪い友人と協力した。しかし、その後は特別に仲が良いわけではない。不思議だ。
　●福島出身なので、地震も津波も放射能も身近に経験してきた。避難生活は、人と人との助け合いがたくさん見えるし、自分も他人に優しくなれた気がして、居心地の悪いものではなかった。しかしその裏で、盗難などの犯罪がまわりで起きていたのも事実

で、こんな状況で悪事をはたらく人がいるのは悲しいなあと思った。

想定外の大惨事のとき、政治家や役所やエリートのほうがパニックに陥りやすい。いつも上から目線で、まずレシピを決めてから材料を調達する方式に慣れているからだろう。下手な学者も論文を書くとき、矛盾を怖がって、レシピを決めてから、材料を調達する。ちなみに南大沢キャンパスでは、公共に対するサービス志向というよりは、「安定しているから」という理由で公務員をめざす学生が多い。けれども自然のなかで人間には食材が無限にあるわけではない。まず材料があって、レシピを考えるのが、料理の基本だ。こちらの方式を、レヴィ゠ストロースはブリコラージュと呼んだ。食材だって、恋愛の相手だって、選び放題で無限にあるわけではない。地産地消は環境への負荷が小さいが、恋愛も基本のパターンは地産地消だ。

---

§65 満足感の２つのタイプ──キルケゴールの「美的生活」と「倫理的生活」

◆₉₉NHKスペシャル『あなたもなれる"健康長寿"徹底解明100歳の世界』2016.10.29
・【急性炎症と慢性炎症】【慢性炎症と満足感Ⅰ（快楽型）／満足感Ⅱ（生きがい型）】

百寿者には、寝たきりが少なく、最後まで元気な人の割合が高い。そのビデオを見る。炎症には２種類ある。急性炎症は、ばい菌や外傷などで細胞にダメージがあたえられた場合で、一定期間で治癒する。ところが慢性炎症は、細胞の老化や免疫応答の低下によっ

て起こる、弱い全身の炎症のことで、自覚症状がない。加齢とともに必然的に起きる。

　慢性炎症が起きる仕組みのひとつとして、体のなかの細胞が老化すると、その細胞からサイトカイン（炎症をひき起こす物質）が分泌される。それが周囲の細胞を老化させ、炎症が広がる。さらに死んだ細胞からは、細胞の断片や老廃物が出されて蓄積し、さらなる炎症の引き金になる。体は本来、免疫応答によってすばやく炎症の要因を取り除く機能をもっているけれど、加齢とともに免疫機能が落ちてくるので、炎症の要因を取り除く機能も悪化する。こうなると炎症が全身に広がり、重大な疾患にかかわっていく。慢性炎症と疾患の悪循環だ。

　カリフォルニア大学医学部のスティーブン・コール教授によると、CTRA遺伝子群はストレスを受けたときに働きを強める。しかし、生活のなかで満足感を得るとその働きが弱まり、慢性炎症が抑えられる。ただ、遺伝子は満足感の違いに敏感で、満足感には2つのタイプがある。炎症を進める満足感Ⅰと、炎症を抑える満足感Ⅱだ。満足感Ⅰは、自分の欲求（食欲、買い物、性欲、娯楽）を満たすことで得られる快楽型。満足感Ⅱは、人のために生き、社会に貢献することで得られる生きがい型。ヒトはひとりだと弱虫の動物なので、社会的な集団生活を行なって生き延びてきた。ヒトの脳や神経は、社会とつながり、お互いに助け合うよう、生物学的にプログラムされているらしい。

　この説明を聞くと、人間の倫理感というものは、ヒトがサバイバルのために身につけてきた感覚なのかなと思えてくる。動物は損得の感覚はもっているが、善悪の感覚はない。

　コール教授の満足感Ⅰ（快楽型）と満足感Ⅱ（生きがい型）は、キルケゴールの「美的生活」と「倫理的生活」にほぼ対応している。エロスの追求をやめなかったドン・ジョヴァンニは、石像の騎士長に「悔い改めろ、生き方を変えろ」と迫られても、「嫌だ」をくり返して地獄に堕ちていく。美的生活／快楽型の成れの果てだ。

　『ドン・ジョヴァンニ』は、「悪人」の壮絶な地獄堕ちのあとで、

レポレロやドンナ・エルヴィーラなど、生き残った「善人」６人の合唱で幕となる。この取ってつけたような６重唱は、『ドン・ジョヴァンニ』を悲劇として一貫させるために、19世紀まではカットされていた。しかし1891年にR・シュトラウス指揮の舞台で６重唱が復活して、『ドン・ジョヴァンニ』に喜劇の額縁があたえられた。

〈魔の金４〉で見てもらう『ドン・ジョヴァンニ』は、指揮者でいうとフルトヴェングラー（1954年）、アバド（1996年）、アーノンクール（2001年）、ハーディング（2006年）、エッシェンバッハ（2014年）といったところだが、最近ではフィナーレの演出にシニカルなひねりが加えられるようになっている。

アーノンクール版のフィナーレでは、歌っている６人の頭上で、地獄に堕ちたはずのドン・ジョヴァンニが若い美女と抱き合っているところで幕となる。エッシェンバッハ版でも、地獄に堕ちたドン・ジョヴァンニがむっくり起き上がって、６重唱を歌っているドンナ・アンナやドンナ・エルヴィーラなどなどに後ろからそっと触れてから、別の若い女のあとを追いかけて幕となる。快楽型は、死んでも治らない？

「愛の死（Liebestod）」

「愛の死（Liebestod）」

§66　カレーニンの微笑——『存在の』の終わりA

　トマーシュはテレザと結婚する。チェコにソ連軍がやってきて、当局批判をしたトマーシュはジュネーブに逃げる。テレザも一緒に。スイスでもトマーシュが女友達サビナとつき合っているのを知ったテレザは、プラハに戻ってしまう。トマーシュは、プラハに戻ると自分の身が危険にさらされるのを承知で、テレザのあとを追う。ソ連による「正常化」のせいでトマーシュは、医師のポストをあきらめて窓拭きになる。テレザが（スパイかもしれない）技師の部屋で怖い思いをしたので、ふたりはプラハを離れ、当局の目の届かない田舎で暮らすようになる。

　ドン・ジョヴァンニだったトマーシュは、テレザと出会うことにより、それまで味わったことのない恋に惑わされたのだ。その恋にとってセックスは大きな意味をもたず、優しさや、同情や、テレザの人生に対する責任感や、テレザのそばにずっといたいという気持ちのほうが大事になる。テレザのほうはトマーシュの浮気癖にずっと苦しんでいた。テレザは無条件に1対1の愛の信者であり、トマーシュだけを愛していたから、トマーシュより弱い立場だった。愛の非対称にずっと悩んでいた。しかし田舎で、犬のカレーニンと暮らしているうちに、テレザの気持ちは安定する。

　◆92映画『存在の耐えられない軽さ』の2:25:56~2:26:36と2:29:42~2:36:10を見てもらう。田舎でふたりが飼っている犬のカレーニンが、がんだと分かったので安楽死させる場面だ。つづいて朗読係に、品書き◆別紙で傍線を引いた部分（以下に引用）を読んでもらう。

　◇94クンデラ『存在の耐えられない軽さ』1984年（千野栄一訳、集英社文庫、1998年）

264

○カレーニンの微笑Ａ（◆別紙 pp. 360, 362, 363）

[…] すでに創世記で神は人間に生き物の支配をまかせたが、しかし、それは人間に支配をただ委任したに過ぎないと理解することも可能である。人間は支配者ではなく、いずれはこの管理に責任をとらなければならなくなる単なる惑星の管理人である。デカルトは決定的な一歩を進めて、人間を「自然の主人で所有者」とした。[…]

人間の真の善良さは、いかなる力をも提示することのない人にのみ純粋にそして自由にあらわれうるのである。人類の真の道徳的テスト、そのもっとも基本的なものは […] 人類にゆだねられているもの、すなわち、動物に対する関係の中にある。そして、この点で人間は根本的な崩壊、他のすべてのことがそこから出てくるきわめて根本的な崩壊に達する。

私 [＝クンデラ] には依然として目の前に、切り株に座り、カレーニンの頭をなで、人類の崩壊を考えているテレザが見える。この瞬間に私には他の光景が浮かんでくる。ニーチェがトゥリン [＝トリノ] にあるホテルから外出する。向かいに馬と、馬を鞭打っている馭者を見る。ニーチェは馬に近寄ると、馭者の見ているところで馬の首を抱き、涙を流す。

それは一八八九年のことで、ニーチェはもう人から遠ざかっていた。別のことばでいえば、それはちょうど彼の心の病がおこったときだった。しかし、それだからこそ、彼の態度はとても広い意味を持っているように、私には思える。ニーチェはデカルトを許してもらうために馬のところに来た。彼の狂気（すなわち人類との決別）は馬に涙を流す瞬間から始まっている。

そして、私が好きなのはこのニーチェなのだ、ちょうど死の病にかかった犬の頭を膝にのせているテレザを私が好きなように私には両者が並んでいるのが見える。二人は人類が歩を進める「自然の所有者」の道から、退きつつある。

映画でテレザは、カレーニンへの愛を語る。「自分の母への愛よりも、カレーニンへの愛のほうが深いの。ねえ、トマーシュ、あな

「愛の死（Liebestod）」

たより、カレーニンを愛してるわ。愛し方が、もっと自然なの。嫉
妬もしないし、何も注文しないし、お返しも求めない」。この愛の
作法についてクンデラはどんなふうに書いているか。品書き○カレ
ーニンの微笑Ｂ（◆別紙 pp. 370~375）の傍線部分（以下に引用）を朗
読係に読んでもらう。

　　人間が村で、家畜にかこまれて、自然の中で、四季の移り変わりと、
　その繰り返しの中で暮していた間は、依然として天国の牧歌的輝きが人
　間には残っていた。［…］

　　アダムが《天国》で、泉をのぞき込んだとき、自分が見ている者が自
　分であることをまだ知らなかった。テレザが女の子として鏡の前に立
　ち、自分の身体を通して自身の心を見ようと努めたことを彼は理解しな
　いであろう。アダムはカレーニンのようであった。テレザはカレーニン
　を鏡のところへ連れていってよく楽しんだ。カレーニンは自分の姿が分
　からず、それに向かって信じがたい無関心と、放心した様子で対した。
　　カレーニンとアダムを対比するとき、《天国》では人間はまだ人間で
　なかったという考えに私は導かれる。より正確にいえば、人間はまだ人
　間の道に投げ出されていなかった。［…］天国ではアダムが泉をのぞき
　込み、ナルシスとはまったく異って、泉の中にあらわれた青白い黄色い
　斑点が彼自身だとは思ってもみなかった。《天国》への憧れとは人間が
　人間ではありたくないという強い願いなのである。

　　［…］テレザはカレーニンに、何も要求しない。愛すらも求めない。
　私を愛してる？　誰か私より好きだった？　私が彼を愛しているより、
　彼は私のことを好きかしら？　というような二人の人間を苦しめる問い
　を発することはなかった。愛を測り、調べ、明らかにし、救うために発
　する問いはすべて、愛を急に終わらせるかもしれない。もしかしたら、
　われわれは愛されたい、すなわち、なんらの要求なしに相手に接し、た
　だその人がいてほしいと望むかわりに、その相手から何かを（愛を）望
　むゆえに、愛することができないのであろう。【恋愛は、等価交換で考え

ないほうがいいのかもしれないね】

　そして、さらにもう一つ。テレザはカレーニンをあるがままに受け入れ、自分の思うように変えることを望まず、あらかじめ、カレーニンの犬の世界に同意し、それを奪おうとはせず、カレーニンの秘め事にも嫉妬しなかった。犬を（男が自分の妻を作り直そう、女が自分の亭主を作り直そうとするように）作り直そうとはしないで、ただ理解し合って一緒に暮せるような基本的な言語を学べるようにと育てた。【ジブランの詩「子どもについて」を思い出すかな。グレードの高い愛だよね】

　もしカレーニンが犬でなく、人間であったなら、きっとずっと以前に、「悪いけど毎日ロールパンを口にくわえて運ぶのはもう面白くもなんともないわ。何か新しいことを私のために考え出せないの？」と、いったことであろう。このことばの中に人間への判決がなにもかも含まれている。人間の時間は輪となってめぐることはなく、直線に沿って前へと走るのである。これが人間が幸福になれない理由である。幸福は繰り返しへの憧れなのだからである。

　そう、幸福とは繰り返しへの憧れであると、テレザは独りごとをいう。【「これが、生きるってことだったのか？　よし！　じゃ、もう一度！」とツァラトゥストラは言う】

---

§67　トマーシュの愛の死──『存在の』の終わりB

　映画の最後（2:36:10~2:48:40）を見てもらう。
　村で仲間が肩を痛めた。脱臼だと見立てて、その手当てをしているトマーシュを、テレザがじっと見つめている。（小説では、こんなふうに書かれている。トマーシュは髪が白くなり、手もメスをにぎれなくなるほど変形している。それを見てテレザは、自分が「私を愛してる？」と問いつづけたばかりに、トマーシュは医者の使命を捨てて、こ

「愛の死（Liebestod）」

んな田舎にやって来たのだ、と自責の念にかられる。自分はずっと「弱い存在」とばかり思っていたのに、トマーシュも「弱い存在」になっている！　だがトマーシュは、そんな使命よりテレザと暮らす幸せのほうが大事なのだ。「テレザ、使命なんて馬鹿げたことさ。使命なんて持ってないよ。誰も使命なんか持ってないのさ、君が自由で、使命なんか持ってないことを確認するのは大いなる安らぎさ」）

　ふたりは仲間とトラックに乗って、ちょっと離れた宿屋のバーへダンスに出かける。その翌日の帰り道、ブレーキのきかなくなった車が、雨に濡れた道でスリップして、トマーシュとテレザは死ぬ。助手席のテレザが「トマーシュ、何を考えてるの？」とたずねる。運転席のトマーシュが「どんなに幸せかと」と答える。雨に濡れた運転席の窓でワイパーが動いている。前に見えるのは森の小道だ。ワイパーが動きつづけている。映画はそのまま終わる。

　テレザは愛のシーソーゲームで、ずっとトマーシュに負けていると思っていたが、田舎で暮らすようになって、トマーシュに勝っていたのだ。映画のおしまいでは、テレザの愛の重さとトマーシュの愛の重さが釣り合って、愛のシーソーが水平になっていることが感じられる。トマーシュの愛の死は、イゾルデの愛の死みたいだ。

　●プリントの "カレーニンの微笑A" の冒頭「神は人間に生き物の支配をまかせたが」からの説明には納得したけれど、映画で犬ががんになったから殺すのは、人間の勝手だなと思った。
　■3回の授業で小分けにして見たが、最初はポルノ映画かと思った。カレーニンの微笑Bの朗読を聞いて、この映画の印象が変わった。プリントの文章を読まなかったら、クンデラの世界観がもつ恋愛と人生の崇高な表現に気づかなかっただろう。
　●テレザにこの犬を「あなたより愛してる」と言われて、だまりこみ、「この子（カレーニン）笑ってるわ」とテレザが言っている最中に、トマーシュは注射をはじめてしまう。女心がわからない男だ。絶対に結婚したくないと思いました。色んな女とつきあっても、1人の女に愛されるのは難しい男だと思います。

●２人は事故で亡くなるのだが、楽しそうに踊っている場面を最後に見せて、事故のシーンを直接描写しないのがすごく美しいと思えた。

●テレザとトマーシュも、最後はイゾルデとトリスタンのように２人だけの世界に入って死んでいったのだろう。車のフロントガラスから見える真っすぐに続く道と、ワイパーの「かちかち」という音が２人の永遠の世界を表しているようだった。

●さいごは２人がちゃんとお互いを本当の愛でもって愛せたのはすごくいい。ただロマン派みたいに、ここで死による永遠をもたらすのはズルい。【ズルいの上等！】

●終わり方が、お互いの想いのバランスがやっととれた幸せの絶頂に死んでしまう。そしてその事故のシーンは絶対に見せないことに趣を感じました。私はこのバランスは永く続かないと思うので、この幸せな死はとてもよい終わり方だった。ステキでした。【多くのロマン派の恋愛は死で終わる。「永遠」は比喩にすぎない。けれども「永遠」を信じたい。とすると「永遠の愛」はこの世の外に求めるしかない】

---

§68　そうそう、トリスタンの幕切れ──イゾルデの愛の死

　トマーシュとテレザの愛は、牧歌的な田舎で成就し、不慮の事故で終わる。人間の存在は耐えられないほど軽い。〈人間は何を望むべきかを決して知ることができない。というのはたった一度の人生を生きるからで、それを自分が送った人生となんとか比較することもできないし、次の人生でそれを正すこともできない。Einmal ist keinmal（一度は数のうちにはいらない）。人間はすべてをいきなり、しかも準備なしに生きるのである〉（千野栄一訳）。「存在の耐えら

「愛の死（Liebestod）」

れない軽さ」という重い問題は、〈魔の金４〉ではちらっと触れるだけ。興味をもった学生には、『存在の』を読んで、自分で考えてもらいたい。

◆ 45 ワーグナー『トリスタンとイゾルデ』全３幕（初演1865年、ミュンヘン）
○第３幕　幕切れ《イゾルデの愛の死》【Liebestod】
　a. バレンボイム／バイロイト祝祭劇場　バイロイト1995年
　　【演出】ハイナー・ミュラー　【衣装】山本耀司　イゾルデ（マイアー）
　b. メータ／バイエルン国立歌劇場　ミュンヘン1998年
　　【演出】ペーター・コンヴィチュニ　【衣装＆美術】ヨハネス・ライアッカー
　　イゾルデ（マイアー）、侍女ブランゲーネ（リポヴシェク）、トリスタン、マルケ王
　【夜の文法】今を忘れて夢を見る（黒い服）【昼の文法】夢の中に今を見る（白い服）

　「愛の死（Liebestod）」。日本語だけだと「愛が死ぬ」と勘違いされそうだが、「愛によって死ぬ」というような意味だ。「情死」という日本語からの連想で、「愛死」のほうが伝わりやすいはずだが、「愛の死」が定着している。トリスタンはメロートに剣で刺された傷が悪化して、死ぬ。イゾルデは、愛するトリスタンの後を追うようにして、ひとりでに死んでいく。『トリスタン』はそこで幕となる。
　『トリスタン』の幕切れ、ハイナー・ミュラーの演出（a）とペーター・コンヴィチュニの演出（b）。どちらが気に入ったか、人気投票をしてもらう。劇作家でもあるハイナー・ミュラーの演出は、山本耀司デザインの黒い衣装が象徴するように、シンプルで伝統的な舞台だ。暗い舞台の奥に正方形の黄金の光があらわれ、イゾルデが「優しくかすかに彼が微笑み」と歌いはじめる。光の正方形が大きくなって輝きを強め、イゾルデの衣装も黄金色に包まれる。歌い終

わるとイゾルデは立ったまま息絶えて、幕が降りる。宗教的で崇高
な印象が強い。

　〈魔の金4〉では『トリスタン』の場面をいくつか見てもらうの
だが、おもにコンヴィチュニの演出で見てもらう。前にも書いた
が、『トリスタン』にしては明るくて親しみやすい舞台だからだ。
「愛の死」でも、aより長い尺で見てもらう。侍女のブランゲーネ
が「聞こえますか、イゾルデ様。私の声に耳を傾けてください」と
歌っているときに、舞台の外（つまり客席側）で、黒い服のイゾル
デが右側から赤い幕を引き、黒い服のトリスタンが左側から赤い幕
を引き、中央で幕を閉じる。ふたりは手をとり合うようにして、ト
リスタンがひざまずく。イゾルデはトリスタンを見つめながら「優
しくかすかに」と歌いはじめる。「この世界の息吹は、すべてを吹
き抜ける。すべてを飲み込み、すべてを沈めて、われを忘れるの。
高らかな愛に」と歌い終わると、イゾルデとトリスタンはふたたび
見つめ合い、そっとハグしてから、にこやかに手をつないで歩いて
去っていく。幕がふたたび開くと、舞台の上には2つ白い棺が置か
れている。イゾルデの棺の右側には侍女のブランゲーネが、トリス
タンの棺の左側にはマルケ王が立っている。音楽が最後の和音で解
決すると、ふたたび幕が閉じて終わる。幸せに満ちたメールヘンの
雰囲気。

　■愛ゆえの死によって、2人が永遠を手に入れる。真っ黒な舞台
にはじめて光が差すaの演出にひきこまれた。
　●私はbの方がaよりも感情移入できた。aはとても美しかった
が、愛がとても高尚なもののように思えた。bはイゾルデの気迫
ある目ヂカラと、その合間に見せる優しげな視線が印象に残る。
それは誰でも経験するような恋の起伏ではないかと思う。
　●bで見た演出が、私が今まで見た『トリスタンとイゾルデ』で
いちばん印象的であった。2人が自ら幕を引く様子が、まさに2
人が自分たちの意志で世界との境界線を引いているみたいであった。

「愛の死（Liebestod）」

　イゾルデを歌っているのは、aでもbでもワルトラウト・マイアーだ。当時は、イゾルデだけでなく、『パルジファル』のクンドリーや『ローエングリン』のオルトルートでも一世を風靡していた名ソプラノで、演技もうまい。今はもう大役からは引退したが、イゾルデ役の最後の舞台は2015年、bのミュンヘンの劇場で、コンヴィチュニ版の演出だった。ちなみに、1865年に『トリスタンとイゾルデ』が初演されたのもこのミュンヘンの劇場だ。

　人気投票の結果は毎年、aとbが拮抗する。bのほうが親しみやすい演出だから人気も高いだろうと予想するのだが、いつも外れる。みんな意外に、愛は美しくて高尚だと思っていて、ロマン派が好きなのだろうか。それとも、〈魔の金4〉の後期が、前期の路線をゆっくり修正して、つまり1対多のドン・ジョヴァンニから、1対1のトリスタンへと、マジメ路線（？）になったからか。けれども〈魔の金4〉は1対1では終わらない。

非接触系の愛

1対（1）

§69　非接触系の倚音

◆ 101 倚音（いおん）
> マーラー《交響曲第5番》（作曲1902年／初演1904年）第4楽章（ア
> ダージェット）
> グスタフ・マーラー（1860~1911年）　アルマ・マーラー（1879~1964年）

『クラシックミステリー　名曲探偵アマデウス』というNHKの番
組があった。放送は2008年4月から2012年3月まで。クラシック
にまつわる悩みをかかえた依頼人が探偵事務所を訪れ、有名な名曲
の謎を解き明かしてもらうという趣向の音楽バラエティで、〈魔の
金4〉では、「トリスタン和音」や「ピリオド奏法」の説明でも活
躍してもらう。マーラー《交響曲第5番》第4楽章（アダージェッ
ト）の回で「倚音」の説明を見てもらってから、ヴィスコンティの
映画『ベニスに死す』を見てもらう。『ベニスに死す』は、このア
ダージェットをふんだんに使っており、おかげでマーラーがすっか
り人気作曲家になった。

◆ 102 ヴィスコンティ『ベニス［ヴェネツィア］に死す』1971年
> 　　　　　　　　　　　　原作トーマス・マン1912年
> フランコ・マンニーノ／ローマ聖チェチーリア音楽院管弦楽団
> アッシェンバッハ Dirk Bogarde、タッジオ Björn Andrésen、タッジ
> オの母 Silvana Mangano
> ・ドイツ3部作：『地獄に堕ちた勇者ども』（1969年）『ベニスに死す』
> （1971年）『ルートヴィヒ』（1972年）

ヴィスコンティのドイツ3部作は、どれも傑作なのに国内盤では
『ルートヴィヒ』しかBDになっていない。『地獄に堕ちた勇者ど
も』は、授業の流れによって扱わない年度もあるが、ヒトラーがら

みで「長いナイフの夜」の粛清シーンを見てもらう（1:33:30~1:33:54
と 1:43:35~1:45:21~1:50:37）。保養地ヴィースゼー湖畔のクラブハウ
スが虐殺の舞台だ。突撃隊員たちが褐色の制服を脱ぎ捨て、乱痴気
騒ぎをしている。酩酊したコンスタンティンが、調子っ外れの《イ
ゾルデの愛の死》をピアノの伴奏で歌っている。そこへ武装した親
衛隊（黒い制服）が容赦なく銃撃してまわる。

　『ルートヴィヒ』は、ワーグナーを支援したバイエルン国王ルー
トヴィヒ 2 世の映画。見てもらうのは、いとこのエリーザベト皇太
后が、（『ローエングリン』ゆかりの白鳥の陶器の置物もある）ノイシ
ュヴァーンシュタイン城へ、ルートヴィヒに会いにくるシーン
（2:55:30~2:59:40）。ルートヴィヒは病気を口実に会うのを拒否する。
弱っている自分を見せたくないのだ。ルートヴィヒはゲイだが、エ
リーザベトだけは愛していたと（母のように慕っていた、とも）いわ
れている。エリーザベトが引き返していく。その、もどかしく切な
いシーンでずっと鳴っているのが、『トリスタン』の《とばりを降
ろせ、愛の夜よ》の音楽だ。

　『ベニス［ヴェネツィア］に死す』では、主人公が保養地のヴェネ
ツィアで、美少年に心を奪われてしまい、コレラで死ぬ。映画もマ
ンの原作も、シンプルな話だ。ただ原作の主人公グスタフ・フォ
ン・アッシェンバッハは作家だが、映画では作曲家。映画でも原
作でも主人公のモデルには、グスタフ・マーラーが意識されてい
る。ちなみにマーラーは生前、作曲家としてより、大指揮者として
有名だった。

　映画でピックアップするのは、以下の部分。初老の作曲家が浜辺
で美少年タッジオを見かけ（49:27~49:38）、エレベーターで一緒に
なって見染める（50:07~52:03）。予定より早くヴェネツィアを引き
上げることにするが、手荷物の手違いがあったため残ることにする
（55:04~1:05:24）。コレラが流行していることを知る（1:35:34~1:42:02）
が、髪を黒く染め、口紅をつけ、頬を白く塗って若作りしてタッジ
オの姿を追いつづける。そして浜辺のデッキチェアにすわって、浜

辺で遊ぶタッジオを見ながら息絶える（2:03:05~2:10:30）。

　彼はタッジオに会いたい。何度でも、できるだけ長く、できるだけ近くで。どこでだって姿を発見すれば、観察する。ホテルで、通りで、海辺で。ずっとタッジオのことを考えている。ほかのことはできない。どうしてもその姿を探してしまう。すでにアッシェンバッハの自制心は相当いかれている。

　アッシェンバッハの心は、すっかりタッジオの虜になっている。まともな映画は台詞や説明が少ない。言葉が少なくても、映像や俳優の演技や音楽が雄弁だ。フランコ・マンニーノ指揮ローマ聖チェチーリア音楽院管弦楽団の演奏するアダージェットが、活躍する。（イタリア映画でよくあるように録音状態が悪いけれど、学生たちはアダージェットの「倚音」に導かれて、アッシェンバッハの気持ちを追いかけている、はずだ）

　コレラ禍にもかかわらず観光客が浜辺でたむろしているシーンで、マーラーの《交響曲第3番》第4楽章のアルト・ソロの歌声が聞こえてくる。12の刻を数えていく、その「夢遊病者の歌」は『ツァラトゥストラ』から。〈おお、人間よ！　心して聞け！（Gieb Acht!）／深い真夜中が何を語っているか？〉

　トリスタンとイゾルデは、王の留守中に密会して、「とばりを降ろせ、愛の夜よ」と歌いはじめる。心だけでなく体までひとつになって、「わたしはあなた、あなたはわたし」と陶酔にふけっている【夜の文法】。侍女ブランゲーネは、そろそろ夜が明けてマルケ王（イゾルデの夫）が狩りから戻ってくると気を揉んで、ふたりに「ご用心！（Habet acht!）」と呼びかける【昼の文法】。（この『トリスタンとイゾルデ』第2幕第2場の、ふたりの「とばりを降ろせ、愛の夜よ」とブランゲーネの「ご用心！」の音楽は、空前絶後の、すばらしい愛の音楽だ）

　ブランゲーネの「ご用心！」の音楽は、『ルートヴィヒ』ではエリーザベトがノイシュヴァーンシュタイン城から帰るときに、ほんの一瞬響くだけだが、身震いするほど美しい。Acht／acht（注意）は、前頭前野（高次脳）の仕事だが、先に低次脳で陶酔してしまっ

ている人間には届きにくい。

　だが、『ツァラトゥストラ』の「夢遊病者の歌」の最後の10番目と11番目の刻に相当する〈「だが、すべての喜びは永遠をほしがる──、／「──深い、深い永遠をほしがる〉は、映画『ベニスに死す』では流れない。ヴィスコンティの滅びの美学なのだろうか。ベンヤミンが言うように、「歴史は、勝利の行列ではなく、葬送の行列」なのかもしれない。

　オッサンが美少年を追いかけまわす『ヴェネツィアに死す』は、原作より映画のほうがおすすめだ。トーマス・マンの文章は、ブレヒトやカフカとちがって読みにくい。ただし映画では、誤解に気をつけてもらいたいシーンがある。コレラ流行の説明を聞いているときに、アッシェンバッハが脳内で、タッジオ一家にヴェネツィア退去を忠告するシーン（1:40:30~1:41:46）だ。一瞬、アッシェンバッハはタッジオの髪をさわる（1:41:42）のだが、あくまでもそれはアッシェンバッハの脳内の想像にすぎない。アッシェンバッハはタッジオに指一本触れない。触れたいけれど、触れない。もどかしいアッシェンバッハの思いを、映画ではアダージェットの倚音が増幅する。非接触系の愛。それが『ヴェネツィアに死す』の味噌だ。

　たとえば、ホテルの外の階段から見えた。タッジオがひとりで海に行こうとしている。「この子は、知らないうちに私の気持ちをこんなに高めて、揺さぶってくれた。明るく気軽な調子で知り合いになるには、絶好の機会だ。声をかけて、返答や視線を楽しもう。そういう願いが、そういう単純な考えが、アッシェンバッハの頭にふと浮かび、どんどん強くなっていった」。だが彼はためらい、自制しようとし、あきらめた。頭をたれて、通り過ぎた。

　なぜか。一歩踏み出していれば、恋の魔力から冷めてしまうかもしれない、とわかっていたからだ。原作の『ヴェネツィアに死す』は、ギリシャの古典をたくさん下敷にしている。このうえなく美しい若者がじつはお馬鹿な少年だった、というのは昔からよくある話。アッシェンバッハは、恋の陶酔があまりにも貴重だったので、正気になるつもりがなかった。「ご用心！」の声が前頭前野で響か

ないように、用心したのだ。アッシェンバッハを幸せにするのは、タッジオではない。タッジオが解発してくれる感情のほうなのだ。アッシェンバッハがほしいのは、恋人ではなく、恋する気持なのだ。

　タッジオに触れる必要も、タッジオと話をする必要もない。タッジオの姿を見るだけで、アッシェンバッハは想像をふくらませることができ、陶酔状態に陥ることができる。アッシェンバッハが望んでいる関係は、１対多でもなければ、１対１でもなく、カフカの「想像のミレナ」のような、非接触系の１対（１）なのだ。トーマス・マンの『ヴェネツィアに死す』の文章を朗読係に読んでもらう。

◇ 107「大好きになったり、尊敬したりするのは、相手をきちんと判断できないあいだのこと。あこがれというものだって、認識が不十分だから生まれるのだから」(Th. Mann)

　十分な認識ではなく、不十分な認識こそが、幸せを運んでくる天使なのである。「頭が悪いと楽でいいよね」と菅原道真は言った。トーマス・マンの「クライストの『アンフィトリオン』論」の文章を朗読係に読んでもらう。

◇ 108「なにかに価値があるから愛しているのだ、と思うなら、それはまちがっている。愛は価値など問題にしない。愛はむしろ、至上の力、〈価値をさずける力〉なのだ」(Th. Mann)

　タッジオ役のビョルン・アンドレセン（当時15歳）は、映画史上に残る伝説の美少年だ。ずっと美少女だと思って見ていた学生もいるが、性差は問題ないのかもしれない。ヴィスコンティが大事にしたのは、「少年が性的なにおいを放つ直前の一瞬の美しさ」だった。原作の『ヴェネツィアに死す』は、性を超えた「美」のエロスに酔い痴れた人間が、美に殉教することによって、はかない美を（自分にとって）永遠のものにする話だと読める。そして人間が持っている「永遠」というカードの裏には、かならず「死」と書かれている

のだろう。紙メールを何通か紹介しよう。

■僕も頭が悪く、「大人しくしていたら顔はいいのにね」と言われることがある。自分でもよくわかっているので、興味のある人の前では、ボロが出ないように自分を隠すようにしている。

●（外見が）ステキだと思うモデルや俳優のSNSやインタビュー記事は、あまり見たくない。ゲンメツしたくないからだ。

●片想いした相手がいるとき、私は、お出かけや食事に誘って、自分の気持ちを悟られるのが怖い。悟られて今の関係が終わるのが嫌。そう思っているうちに、相手に恋人ができてしまう。

●好きな人、というより、自分がとても憧れてたり尊敬したりしている人とは、もしも話をして、私が軽蔑されたらどうしようと思ってしまう。だから逆に、話したり仲良くなったりしたくないなと思うことがある。私は1対（1）派かもしれない。

●美少女でも話をしたら残念な女の子だった……みたいな例で納得。美しい部分だけ見て、あとは自分で補完することで完璧な像ができてくる。アッシェンバッハは、触れないのではなく、触れられなかったのかもしれないと思った。触れずとも、相手を思いやり、静かに見守る。そういう愛の形もあるのかもしれない。非接触系の1対（1）って素敵。

●私はこれまで「彼の見た目がタイプだから」とか、「とても優しいから」とか、価値を前提に考えていたが、◇108の言葉を知って、もっと愛について考えを深めたいと思った。

●誰かを好きになるときは、なぜ好きになったのかわからない。トーマス・マンが言うように、価値があるから好きになるんじゃなくて、好きだから価値が生まれるわけか。

●欲しいのは、恋する相手そのものではなくて、恋の陶酔なのだというのは、私には新しい考え方だ。恋する自分に酔うなんて、カッコ悪いと思っていたけれど、必ずしもそうとは言えないんだ。

●アッシェンバッハのタッジオへの想いは、神に対する崇拝のように感じました。触れたい、一つになりたいとは決して思わない

けれど、目の届くところにいて、自分に何かを与えてほしい、その与えられるものを心の支えにして生きていける、というような微妙な距離感を感じました。人間同士であっても、◇107のように近づくと相手の「理想でないところ」が見えてしまうから、理想や幻想が壊れないように遠ざかって（触れないで）いたのかも。

「愛のないセックス」ではなく、「セックスのない愛」をドライブするのは、想像のチカラである。

『チャンドス卿の手紙』で知られるホーフマンスタールの、若い頃の写真は、プルーストの若い頃の写真とそっくりだ。ホーフマンスタールの短編『第672夜のメールヘン』の主人公は、〈彼が生まれて12年目のこと〉を思い出す。〈その頃の記憶が、皮をむいた、温かくて、甘いアーモンドの香りと、なぜか結びついていた〉。想像のチカラをホーフマンスタールは知っていた。ホーフマンスタールはフロイトをほとんど全部読んでいたという。フロイトの精神分析を作品に使うことはなかったけれど。

§41 ヤギの手紙では、ミュラー＝リアー錯視図を使って想像のチカラの大きさについて触れたが、主人公の「想像」がホーフマンスタールの物語を大きく動かしている。私たちはそれぞれ自分の人生という物語の主人公だが、主人公の「想像」が大きなベクトルとなって、物語を動かしている。

---

§70 「さらば、永遠に。最後の愛の夢よ」──1対（1）

10年前の〈魔の金4〉では「アッシェンバッハ、きもい」という声が結構あった。けれども最近では、2次元愛ブームもあるからか、年を追うごとにアッシェンバッハの理解者が増えてきている。非接触系の1対（1）が市民権を得つつある。私の敬愛する批評家

ライヒ゠ラニツキによると、トーマス・マンの恋愛は、いつもひとり芝居だったそうだ。晩年のトーマス・マンは、アッシェンバッハのような経験をしている。

　トーマス・マン（1875~1955年）は、若い頃から人気があり、名実ともにドイツ語圏を代表する作家でありつづけた。小説『ブデンブローク家の人びと』（1901年）でノーベル賞（1929年）をもらっている。文豪・有名人として立ち居振る舞いに気をつけていた。マン家は、ドイツのケネディ家と呼ばれることもある。「演奏家は3種類。ユダヤか、ゲイか、下手糞だ」というのはピアニストのホロヴィッツの名言だが、作家にもストレートでない人が結構いる。トーマス・マンにはバイセクシャルの傾向があった。息子の歴史家ゴーロ・マンによると、「ベルトラインより下にいくことのない」ゲイだったらしい。

　マンの日記が、死後20年たってから公開された。「昼にココアを飲んだ」のように、マスターベーションも事務的に記録されている。最後の第10巻（1953~55年）にも、1回という記録がある。ヴィトゲンシュタインも日記にマスターベーションを記録していた。ヴィトゲンシュタインは草稿類を捨てるように言っていたのだが、たまたま姉のストンボロウ夫人が3冊のノートを保管していたので、1914年から16年にかけての日記が残っている。第1次大戦でオーストリア軍に志願兵として入隊した時期のもので、ノートの右側（『草稿』1914~16年）には、『論理哲学論考』の草稿が書かれており、左側（『秘密の日記』1914~16年）には簡単な暗号でプライベートな事柄が書かれている。

　トーマス・マンのアッシェンバッハ体験は、マルセル・ライヒ゠ラニツキの『とばりを降ろせ、愛の夜よ』がマンの日記をベースにして「最後の恋」として報告しているので、教室ではそれをピックアップしながら話をする。

　1950年6月、マンは75歳のとき、情欲の奴隷となる。舞台は、チューリヒの高台にあるホテル・ドルダーの、サロン、食堂、庭園

のテラス。室内が舞台になることはなかった。1950年6月29日の日記には簡単に、〈ミュンヘンっ子のボーイからサービス〉。7月3日になると調子がちがっている。〈テーゲルンゼー出身のこのボーイは、いつも顔を輝かせて挨拶してくれる。「すばらしい夜でございます」とも言ってくれる。なんときれいな眼と鼻だろう。なんと魅力的な声だろう〉

　恋というものは「目じゃなく、心で見る。／だから恋する心に判断力はない」。これは『真夏の夜の夢』の有名な台詞だが、大作家トーマス・マンの判断力はすでに曇っている。

　ボーイは、自分の仕事を当たり前にこなしているだけなのだ。どんな客にも「すばらしい夜でございます」くらいは言うし、誰に対しても顔を輝かせて挨拶する。マンのように、カリフォルニアからやってきたドイツ紳士で、チップをはずむ客にたいしてなら、なおさらのことだ。紙メールでも多くの女子が、バイトで営業スマイルを勘違いされて困った経験を書いている。勘違いするのはオジサンが多いらしい。

　マンの日記には、ボーイの苗字は〈……とかいったか〉と、いい加減なメモしか残していない。だが、フランツというファーストネームを知ってからは、フランツがマンにとって特別な名前になる。2、3日後、ホテルのホールで、娘のエリカ（当時44歳）がいる前で、マンは〈しばらく会っていなかった〉フランツと短い会話をする。ほんの数瞬、マンはわれを忘れていたらしい。〈別れぎわに心のこもった会釈をしている私を観察している〉ホテル客の存在に気づかなかったのだ。〈私がフランツの顔をのぞきこんでいると、エリカに袖をひかれ、すごい剣幕でたしなめられた〉

　ボーイに対する気持ちは、〈きれいなプードルが気に入った〉という程度のものだよ、と、マンは娘エリカに説明しようとした。〈そんなに性的なものではない〉。だが日記にマンはこう書いている。〈だが娘はそれを信じなかった〉。日記のほかの記述を読むと、娘のほうが正しかった。19歳に対する75歳の感情を正当化するために、マンはヘルダーリンの詩を引用している。〈もっとも深いも

のを愛する者は、もっとも生き生きしたものを愛する〉。おなじ日の日記にこんな記述がある。〈あの子にたいする気持ちは相当深くなっている。たえずあの子のことを考えている。なんとかして会えないものか、と思案。会えば、すぐ不愉快なことになりかねないだろうが〉

　会わずにはいられない。心を高ぶらせて、テラスで待ちかまえていたが、フランツは〈あらわれなかった。気分が悪くなり……〉。自分の陶酔をちょっと客観的にながめた記述もある。〈また、こんなことがあるとは。また、恋をするとは。ひとりの人間の虜になるとは。激しく求めようとするとは。──25年間、こんなことはなかったのに、また、こんな思いをするとは〉。〈あの子の首筋はぶよぶよして不格好すぎるし、横顔だって語るほどではない。だがそれがどうした。あの子の顔を正面から見、あの子の声を、「胸」に染みいる控えめな声を聞けば〉

　日ごとにマンの「病状」は悪化していく。〈あの子がいないと悲しくて寂しい。せつない気持が、すべてを浸し、すべてに影を落としている。心痛、恋しさ、神経質な期待、1時間ごとの夢想、放心、悩み〉。突然、マンは青年の姿を〈エレベーターが降りてきたとき、ちらりと〉見かける。だが青年は、〈私のことなど知らんぷり。私の気持ちなどどこ吹く風か〉。

　自分の〈世界的な名声などどうでもよい。あの子の微笑み、あの子のまなざし、あの子の声の柔らかさに比べれば、そんなものは無に等しい〉。その微笑みを見るために、マンは高いチップをはずむ。その手を近くで感じるために、マンはタバコに火をつけてもらう。眠りにつくときは、〈恋しい青年のことを思い〉、目が覚めたときも、青年のことを思っている。〈75歳にもなってそうしているのだ。また、ふたたび〉

　だがマンは、『ヴェネツィアに死す』のアッシェンバッハとちがって、当初の予定どおりチューリヒを去る。フランツとの別れの場所は、エレベーターのそばだった。〈長いあいだ私たちは握手した〉。マンは、〈フランツはまったくの無感動というわけではなかっ

た〉と思いこんでいる。〈さらば、永遠に。おまえはチャーミングなやつだ。痛ましくも心かき乱してくれた、最後の愛の夢よ〉。映画『ベニスに死す』で、最後にタッジオが海のなかで腕を伸ばして指さすポーズをする。コレラで息を引き取る直前のアッシェンバッハは、デッキチェアにすわったまま無言で、そのポーズを真似する。たぶん心のなかで「さらば、永遠に。最後の愛の夢よ」と言いながら。

ホテル・ドルダーとチューリヒを後にするやいなや、トーマス・マンは心を悩ませはじめる。はたしてフランツは手紙をくれるのか。〈ほんの短い言葉でもいい。どんなに私が待ちこがれているのか。白い上着を着たあの子が私の気持ちをわかっているなら、少しは急いで手紙を書いてくれるかもしれない〉。翌日の日記はこうだ。〈「うれしい光栄でございます」と、どうして手紙をよこさないのか。馬鹿なやつだ〉。2日後の日記は、〈ひと言でいい。あの子からの手紙がほしい〉。そしてついに、青年から〈簡潔で、親愛な手紙〉が来る。〈私のことを覚えてくださって、ほんとうにうれしく思います〉と書かれていた。トーマス・マンは感動し、幸せだった。青年の言葉を3日間のうちに3度ならず日記に引用している。

1950年8月、マンはカリフォルニアのパシフィック・パリセーズに戻っている。フランツが最後に日記に登場するのは、11月8日。郵便が届くたびに、あいかわらずホテル・ドルダーの恋人からの手紙がないかと探している自分に、マンは驚いている。〈あの子の、どこかまやかしがある目を最後に見てから、結局、まだ3か月だ〉

それまでマンは日記に、フランツの目のことを〈かわいらしい〉、〈なんともかわいらしい〉、〈どんなことがあっても忘れられないほどだ〉と書いていた。フランツの身体のどの部分よりも、見る者をうっとりさせたという目だ。その目のことをマンは突然、〈どこかまやかしがある〉と言っているのだ。〈魔の金4〉の1回目の授業で見た恋愛の古典的なビデオ◆03『女と男』2009年で、ヘレン・フィッシャーは恋愛の賞味期限は3、4年と言っているが、トーマス・マンの最後の恋は、日記から推測すると1950年7月3日に始

まって1950年11月8日には終わっている。カフカのミレナに対する恋も、1920年春に始まって、その年の夏には冷めている。恋は、思いがけないときに現れ、思いがけないときに消える。

　ちなみにトーマス・マンは、いずれフランツはオーバーバイエルンあたりで、恰幅のいいホテルの経営者にでもなるのだろう、と推測していた。だがニューヨークのホテルでバンケット給仕長をしていたフランツは、1991年の雑誌の取材に対して、こう答えている。「トーマス・マン様のことはよく覚えております。いつもとても優しく、こっそりチップをくださいました。……私に接近しすぎたことなど、けっしてございません。親切なお手紙をカリフォルニアからいただいたことは覚えておりますが、残念ながらなくしてしまいました」

「絶望するな。では、失敬」

§71 「ザルツブルクのカラヤン」

『ヴェネツィアに死す』のグスタフ・フォン・アッシェンバッハは、トーマス・マンの原作では作家で、ヴィスコンティの映画では作曲家だが、ノイマイヤー振付のバレエ『ベニスに死す』（初演2003年）では、振付家になっている。ノイマイヤーのバレエは音楽がバッハとワーグナーで、おしまいは《イゾルデの愛の死》だ。アッシェンバッハとタッジオが接触しながらパ・ド・ドゥを踊る。〈魔の金4〉では、そのパ・ド・ドゥを見てもらいながら、あらためて確認する。マンの『ヴェネツィアに死す』では「非接触の1対（1）」が肝なんだよね。

ノイマイヤー振付のバレエは、とても雄弁だ。リレー型の恋愛の話をするときに、『椿姫』（音楽はヴェルディではなくショパン）を見てもらう。《バラード第1番》に乗ってマルグリットとアルマンが愛し合ってしまう情熱的なパ・ド・ドゥは、微妙な心理の揺れや合体をこまやかに伝えるもので、ノイマイヤーの振付の代名詞になっている。〈魔の金4〉には、子どものときバレエを習っていた学生も結構いるが、行儀のいい古典的なバレエしか知らないことが多いので、言葉のないバレエがどんなに言葉より雄弁か、ノイマイヤーの振付に圧倒されている。

◆104『カラヤン・イン・ザルツブルク』1987.8.15ザルツブルク祝祭歌劇場

〇《イゾルデの愛の死》（『トリスタンとイゾルデ』（初演1865年）第3幕・幕切れ）

　カラヤン（1908~89年）／VPO　ジェシー・ノーマン [S]（1945~2019年）【ディーヴァ】

　「帝王」カラヤンも晩年には力が衰え、BPOとも対立し……

〈魔の金4〉では、機会あるたびにカラヤンの悪口を言ってきた（悪口を言うのは、その存在を認めているということでもあるのだが）。〈魔の金4〉最後の音楽ネタは、カラヤンの《イゾルデの愛の死》だ。亡くなる2年前、1987年ザルツブルク音楽祭でウィーン・フィル（VPO）を振ったが、そのリハーサルと実演のドキュメンタリーである。

自己愛の強かったカラヤンは、世間に見せたい自分の「素顔」の編集にこだわった。カラヤンとベルリン・フィル（BPO）の絶頂期は1970年代前半だったが、たとえば1971年のスタジオ録音の《英雄》の映像（カラヤンが芸術総監督）では、指揮する自分の顔や姿はアップしまくっている。だが楽器のホルンはアップしても、ホルン奏者は映さない。オーケストラを3つのブロックに分けて、急傾斜のひな壇に整然とすわらせている。ヒトラーが好んだ様式美を再現しているつもりなのか、まるでカラヤンの兵隊みたいだ。さすがに自分のキャリアのためにナチの党員になっていただけのことがある。しかもオケは「口パク」で、音は映像とは別に収録された。

カラヤンは「目を閉じて指揮をする」。オケとはアイコンタクトをせず、曲に没頭して（もしかしたら自分に陶酔して？）、音を間違えた奏者には、目を閉じたまま顔を向ける。これが「帝王」カラヤンの平均的なイメージだ。《英雄》のビデオは、〈魔の金4〉前期、自己愛について話したときに見てもらった。だが、晩年のドキュメンタリー『カラヤン・イン・ザルツブルク』では、それまでの「素顔」とは別の素顔を見せている。

晩年の「帝王」は力が衰え、ベルリン・フィルとも対立して、ウィーン・フィルを指揮するようになった。すっかり老人になったカラヤンが自分の弱さを意識するようになった時期のドキュメンタリーだ。

『タンホイザー』序曲のリハーサルで、「そういう音を私は夢見ていた」とトロンボーンをほめるカラヤン。セーターのしたで、老婆のようにしなびて垂れた乳房、ギプスでペンギンのようにぷっくり出っ張ったお腹が、はっきりわかる。ダンディを売りにしていた以

前のカラヤンなら、絶対に見せなかった姿だ。〈魔の金４〉の教室では、ジェシー・ノーマンとの《イゾルデの愛の死》の、リハーサルと本番を見てもらう。

ジェシー・ノーマンは「ディーヴァ」と呼ばれ、神々しい声を響かせ、超売れっ子の圧倒的なソプラノだ。私の友人も、その当時、ノーマンの追っかけをしていた。私は長いあいだ芸大の非常勤でドイツ語を教えていたのだが、ソプラノの学生が、ノーマンのコンサートの帰り道、父親に「おまえ、もっと太れ」と言われちゃったと笑っていた。ちなみにノーマンは毎朝、ホテルのプールで泳いでいたが、オリンピック選手なみの練習距離を泳がなければ、水泳では体重は落ちない。

朝10時、リハーサルが始まる。大勢の低弦が、涙がでるほど美しいピアノを響かせる。ノーマンの巨体がリハーサルの会場にあらわれる。ウィーン・フィルのメンバーが弓で弦をたたいて歓迎する。カラヤンが言う。「われわれは演奏するけど、君は歌わなくていい。聴いていなさい。下手なピアノとの練習よりずっとタメになるから」。弦のトレモロがきらきらと美しく輝く。〈魔の金４〉で何度も扱ったが、コミュニケーションで大事なのは、自分の言いたいことをペラペラしゃべるより、まず日和見をして、しっかり聞く（広い意味で）ことだ。

翌日のリハではノーマンが、「穏やかに、かすかに／……」と歌う。カラヤンがオケに注意する。「弾いていて、フルートの旋律が聴こえない人はまちがっている」。リハーサルが終わって、会場で聴いていたエリエッテ夫人が「歴史的瞬間だったわ」とカラヤンに寄り添う。ノーマンが話をする。「このアリアにはピアノ指示が50もあります。彼の指揮ならピアノで十分歌えます。オケが後ろで支えてくれて、声を消される心配もない。彼独特の演奏法ですばらしい。それでこそ私も役に没頭できるのです」。この点については多くの歌手が口をそろえてカラヤンをほめている。カラヤンはオペラの練習ピアニスト上がりの指揮者なのである。

ちなみにピアニストのリヒテルは若い頃、ショスタコーヴィッチ

に「最近はピアニストが少ない。多くはメゾピアニストだ」と言われたそうだ。パルラ・バッソ（低い声で語れ）は、〈魔の金４〉の合い言葉のひとつである。

　本番に向かうクルマのなかで、カラヤンが「終わったよ」と弱音を吐く。エリエッテ夫人が「終わりじゃないわ。これからよ」とはげます。祝祭大劇場で、ノーマンの巨体が椅子からすっと立ち上がって、神々しい声で歌いはじめる。「穏やかに、かすかに／この人が微笑み／目を／やさしく開けているのが／あなた方には見えないのですか？……」

　まるでカラヤンのために書かれた歌詞のようだ。夕映えにたたずむ仙人のような顔で、目を開けてカラヤンが指揮している。ノーマンを見つめ、ウィーン・フィルの団員たちと温かい視線をかわしている。ここには「目を閉じて指揮する」独裁者の姿はない。（1980年代に収録されたビデオ作品でも、けっこう目を開けて指揮している。もっとも目の色が薄いせいか、かなりうつろな視線だが）。絶頂期にベルリン・フィルと全曲録音（1971〜72年）した『トリスタン』の演奏は、官能的な氷みたいな演奏だが、このウィーン・フィルの響きは、なんと暖かく、つやがあって輝かしいのだろう。こんなに清らかで、繊細で、大きくて、温かくて、美しい《イゾルデの愛の死》ははじめてだ。奇をてらわない映像が、音楽のすばらしさを増幅して、涙がこみあげてくる（紙メールでも「泣いた」「涙がこぼれてきた」の声が多い）。

　カラヤンは変身して浄められたのだ、と錯覚してしまうほどだ（が、この演奏の直後にも、「財政の魔術師」カラヤンの台湾スキャンダルが起きている）。権力や名声やお金に恵まれていても、世間に理解されず、愛されてもいない。だがその「帝王」も、手兵だったベルリン・フィルとも対立し、からだも衰え、自分の弱さを痛感するようになる。「相手を弱い存在だと気づく。自分も弱い存在だと気づく。そのとき本当の愛が始まる」。〈魔の金４〉ではこれを仮説として提案しているのだが、カラヤンは晩年になってようやく、愛されたい、愛したいと思うようになったのではないか。《愛の死》は、

「絶望するな。では、失敬」

屈折した思いをかみしめる孤独な王にだけ指揮することができたすばらしい演奏だ。

　ザルツブルク生まれのカラヤンは、ザルツブルク生まれのモーツァルトと同じく、言葉より音楽の力を信じていた。「感じられませんか／あなた方には見えないのですか？」

────────────

§72　桂米朝のユーモア

◆₁₀₅桂米朝　宵々山コンサート（第30回・最終回）2011.7.10
　京都・円山公園音楽堂　『永六輔　戦いの夏』（2011.9.30 NHK）

　通年で30回の〈魔の金4〉の授業も、そろそろおしまい。「ええっと、クイズです。これから2分30秒間、ビデオを見てもらいます。どこにユーモアがあると思うか、紙メール6番で書いて」
　2011年、京都の野外音楽堂の「宵々山コンサート」の最終回に、桂米朝（1925~2015年）がサプライズで登場した。2009年に軽い脳梗塞と診断され、しばらく公の場に姿を見せなかった人間国宝の落語家が、コンサートの主催者である永六輔（1933~2016年）の応援に車椅子で駆けつけたのだ。息子の落語家5代目桂米團治に腰を支えられ、マイクスタンドにつかまり立ちして、息子と短いやりとりをする。

　息子「最初に宵々山きたんは、もうだいぶ前ですよね」
　桂米朝「何年前やったやろな」
　息子「最初に宵々山へ参加さしてもらったときと、きょう最終回ですけど、きょうの雰囲気と、どんな感じが違いますか」
　桂米朝「おんなじような気がする」
　息子「それではもう一言、なにかお願いします」

　桂米朝「みなさん、（軽く咳払いして）おからだを大事にしてください」

　ユーモアの話をするために、品書きにアップしたヴィトゲンシュタインの文章を朗読係に読んでもらう。

◇₁₁₀「ユーモアとは、気分のことではなく、世界の見方のことである。だから、もしも「ナチス・ドイツではユーモアが絶滅させられてしまった」と言うことが正しいなら、その発言は、「みんなの機嫌がよくなかった」といった意味ではなく、もっと深くて重要な意味をもっているのだ」（Wittgenstein）

　ユーモアは、たんに「おもしろい」とか「愉快」という気分のことではなく、「世界の見方」である。M・エンデも同じように「ユーモアは意識の構え方」だと考えている。コップに水が半分入っているとしよう。理想家は、理想や崇高なものにしか目を向けない。「コップに水が半分しか入っていない」現実を馬鹿にする。リアリストは、「半分しか入っていない水は、どんどん減っていくだろう」とネガティブな想像しかしない。けれどもユーモアの持ち主は、「コップに水が半分入っている」という現実を馬鹿にせず、その中途半端を愛する。

　日常のこまごまとした営みを馬鹿にせず、日常の雑事をみがくことが、人間の日常をささえ、人間をささえている。ユーモアの持ち主は、2項対立で相手を一刀両断せず、中途半端なグラデーションを大事にする。「人間も世界も完全ではない。ミスや欠点がある」という「世界の見方」を身につけているからだ。

　桂米朝は、自分の健康が完全でないことを知っている。そして宵々山コンサートの観客も不健康になる可能性がある。だから、みなさんに向かって飄々と、「おからだを大事にしてください」と言う。氷のようにツルツルすべる『論理哲学論考』ではなく、ざらざらした地面に戻った『哲学探究』の姿勢。私たちは「不完全」や

「中途半端」をかかえて暮らしている。だから、相手や世界にミスや欠点があっても、片目をつぶってほほえむ。それがユーモアだ。両目はつぶらないけれど。

欠点やミスがあっても大丈夫。欠点やミスがあるからこそ愛される。ユーモアには、相手に対する愛がある。相手に対する愛があるから、ユーモアが生まれるのか。ユーモアがあるから、相手を愛せるのか。ユーモアのある「世界の見方」は、恋愛や人生の曲がり角で、きっと貴重なヒントを教えてくれるはずだ。

---

§73　最後に──「アンパンマンのマーチ」

「みんなにとって恋愛のクライマックスって、どんなときかな。告白したとき？　はじめてのセックス？　結婚式？　赤ちゃんができたとき？　赤ちゃんが生まれたとき？　私たちはね、「100％」とか「全力で」とか「最高の」という偏狭なMAX神話に、けっこう汚染されている。肩の力を抜いて、自分なりのクライマックスを設定するのはどうだろう。イク至上主義を捨てて、たとえば、ときめいたり、ドキドキしたりするときをクライマックスにしてみる。腕をギュッとつかむんじゃなく、腕が触れるか触れないか、腕の産毛が相手の腕の産毛にニアミスする。そんなときに電気が流れてドキドキする。それをクライマックスだと考えるのはどうだろう。

（NHK-BSのシリーズ〈ヒューマニエンス〉の『"皮膚" 0番目の脳』の回（2021.3.4）によると、皮膚は「体表の脳」であり、触れることによって、脳を介さずオキシトシン（愛情ホルモン）がわき立つそうだ。産毛にも神経があるという）

恋の喜びは、セックスの興奮や快感とはちがう。浮気や婚外恋愛をされて腹が立つのは、自分以外の人間とセックスされたときじゃなく、好きな音楽や映画や本を共有されたとき、という人もいる。

恋は、苦しみをもたらす幸せであり、人を幸せにする苦しみ。苦しみや幸せを感じるのは、その人にとって特別な意味や価値が生まれているから。人生や世界は無意味で無価値、ってのがデフォルトだよね。

　きょうは授業前に、YouTubeで《アンパンマンのマーチ》を流した。いつもより、みんなの顔、ほっこりしてた。〈そうだ　うれしいんだ／生きるよろこび／たとえ胸の傷がいたんでも／／なんのために生まれて／なにをして生きるのか／こたえられないなんて／そんなのはいやだ！〉。意味や価値をつくるのは、あなたなんだよね。朗読係にもう一度、品書きのマンとエンデの文章を読んでもらおう」

◇₁₀₈「なにかに価値があるから愛しているのだ、と思うなら、それはまちがっている。愛は価値など問題にしない。愛はむしろ、至上の力、〈価値をさずける力〉なのだ」（Th. Mann）

◇₁₀₉「価値というものは、ひとりで存在しているわけではありません。先天的で自明のものではない。創造されなければならないのです。価値は、存在するためには、たえず更新されなければならない」（M. Ende）

「〈魔の金4〉はオペラが中心で、ミュージカルはほとんどネタにしなかった。でも "The Making of WEST SIDE STORY"（1984 NY）でホセ・カレーラスが歌う《マリア》は見てもらったね。トニーがダンスパーティでひとりの女の子に出会う。電気が走る。トニーの世界の真ん中にその女の子がいる。誰かが「マリア」と呼んでいる。トニーにとって「マリア」は特別な名前になる。トニーの世界の真ん中に、花丸つきのマリアが、特別の意味と価値をもって存在している。トニーの〈私〉が、生まれ変わる。新しく現象して、再構成される。世界はすばらしい。

　グーロフとアンナの婚外恋愛を描いた『犬を連れた奥さん』は、授業でちょくちょく扱ってきたけれど、朗読係にちょっと読んでも

「絶望するな。では、失敬」

らおう」

　オレアンダで二人は教会の近くのベンチに腰をおろして、眼下の海を眺め、沈黙していた。朝靄（あさもや）を透（とお）してヤルタの町がかすかに望まれ、山々の頂には白い雲がかかって静止していた。[…] 夜明けの光でこの上なく美しく見える若い女性とならんで腰かけ、海や、山々、雲、広大な空など、お伽噺（とぎばなし）のようなこの景色を目のあたりにしてうっとりと魅了されたグーロフは、実際よく考えてみればこの世のものはすべて何と素晴らしいのだろう、と思うのだった。われわれが、人生の高尚な目的や人間の尊厳を忘れて、勝手に考えたり、したりすること以外は、何もかもが実に素晴らしいではないか。（原卓也訳）

「恋は、うまくいくとはかぎらない。ボーイ・ミーツ・ガールはたいてい、おとぎ話の世界。うまくいかないことのほうが多い。1対多のドン・ジョヴァンニは地獄に堕ちる。おまけにダ・ポンテの台本では、じつは一度もナンパに成功していない。1対1の『トリスタン』では、愛のためにイゾルデまでが死ぬ。1対（1）のアッシェンバッハは、コレラで死んでしまう。「死ぬほど好きだ」とか「あなたのためなら死んでもいい」は、レトリックにとどめておきたい。はかない人生には、はかない恋で、はかない光を。それで十分、それで幸せ。恋愛をすると、相手のことばかり思って、不毛な設定不良問題を考えなくてすむよ。
　失恋をくり返して、屈折を経験して、大人になっていく。元帥夫人の捨恋も見たよね。傷ついた筋肉は回復するとき、前より大きくなっている。超回復だ。恋は、傷つく絶好のチャンス。めざせ10連敗！　手に入れることによって幸せになるんじゃなく、捨てる・捨てられることによって自由になる。"Less is more." 太宰治の言葉を朗読係に読んでもらうね」

◇ 102「生きると言うことは、一枚一枚着物をぬいでゆくことだよ。一枚

296

一枚ぬいで、身軽になってゆくんだ。貯金することではない」

「紙メールで南大沢キャンパスの恋愛事情を紹介しました。おとなしい大学だと思っていた人も、印象が変わったかな。（この本にはアップしなかったけれど）けっこう大胆なエピソードもいろいろ紹介したから、恋愛やセックスが苦手だと思ってた人も、耳学問で免疫がついたかもしれない。でも、「だから私はますます、恋愛やセックスは関係がないと思った」という紙メールもあったな。〈魔の金４〉第１回目の授業は、太宰治のラブレターで始めた。最後の授業も太宰治でおしまいにします。［朗読係の］××さん、読んで」

◇₁₁₃「私は虚飾を行はなかつた。読者をだましはしなかつた。さらば読者よ、命あらばまた他日。元気で行かう。絶望するな。では、失敬」

設定不良問題

§74　期末レポートと設定不良問題

　授業は、前期に15回、後期に15回。期末レポートの題目は、14回目の授業で品書きにプリントして知らせる。たとえば――

魔の金4（2019年度後期）期末レポート
・件名：魔の金4（フルネーム）　・しめきり：2/9（日）23:59
・A＋B＋C＋Dxを、メール1通の本文で送信。♪添付ファイルは読みません。
▼レポート題目　♪成績評価の仕方は「魔の金4」のシラバスに。
A恋愛について2000~2400字。♪手紙形式が書きやすいかも。
【条件】授業で扱ったアイテム4つを絡ませ、問題（＝タイトル）を設定して、書く。
♪アイテムは、大きな概念（恋、愛、セックスetc.）でなく、できるだけ具体的なものを。
・タイトルの下に、選んだアイテム4つを列挙する。
【例】セックスレスも悪くない
　　・アッシェンバッハの恋　・技師とのセックス　・トリスタン和音　・カレーニン
B「魔の金4」に参加したあなたの、恋愛（観）ビフォーアフター。400字。
C「魔の金4」の授業について、つぶやく。200字。
　BとCは、B＋Cとして600字にまとめて書いても構わない。
Dx（濃度アップ用オプション）1/31（金）の教室で発表。

　最後のDxを見て、「ええっ、来週も授業やるんですか」と驚く学生がいる。
　たいていの南大沢の授業は、前期に15回、後期に15回やることになっている。平常点だけで成績を出す科目もあるが、期末試験か期末レポートを要求する場合が多い。期末試験派は、①14回目ま

で授業をやって、15回目の週に試験をする。または②13回目まで授業をやって、14回目の週に試験をして店じまいにする。期末レポート派は、多くの場合、14回目まで授業をやって、15回目は休講にする。15回目の授業をすると、①の試験の邪魔になるだろうという親心もあるからだ。文系の場合、期末試験派も期末レポート派も、14回目の授業で閉店にしてしまう場合が多い。

だが〈魔の金4〉は、少数派である。ふふ、私は、意地悪かもしれない。金曜4限は、多くの学生にとって週の最後の授業だ。それに〈魔の金4〉はちょっと毛色の違う授業だから、その週の気晴らしと位置づけている学生もいる（履修登録しないで参加している学生もいる）。というわけで①の試験への実害はあまりないだろう。

10年ほど前まで私は、14回目の授業で終わる期末レポート派だった。しかし「シラバスに授業は15回って書いてるのに、どうして14回で終わっちゃうんですか」とたずねられて、自分勝手を恥じた。それ以来、「私は偉い先生じゃないから、15回目も授業やるね」と言って、15回目の金曜も、14:40のチャイムと同時に授業を始め、16:10のチャイムと同時に店じまいする。

期末レポートは、授業で扱ったアイテム4つを絡ませ、問題（＝タイトル）を設定して、書いてもらう。この方式にすると、レポートをコピペで捏造することがむずかしい（だが、2022年11月に公開されたChatGPTなら、簡単かもしれない?）。1度だけコピペに遭遇した。男子の出してきた期末レポートが、（たぶん友達の）女子の期末レポートのほぼコピペだった。私の目は大きくないからか、節穴ではなかった。該当するコピペ部分をメールでふたりに送った。ふたりからの返信はなかった。彼女の成績は2（合格最低点）、彼の成績は1（不合格）とした。

4つのアイテムには、「恋」や「愛」や「セックス」など大きな概念を避けて、できるだけ具体的なものを選んでもらう。政治家の答弁とちがって、反証可能性（◇05）をもった言葉で考えてもらうためだ。どんなアイテムを選んで、どんな問題を設定するのか。そ

れを見れば、どんな姿勢で授業に参加していたのか、それなりに見当がつく。恋愛に正解はない。解答ではなく回答の世界だ。恋愛は、線形ではなく非線形の複雑系。外野で、あたえられた問題に答えるよりは、当事者として、何が問題なのかを見つける。そんな姿勢を身につけてもらいたい。

ヴィトゲンシュタインは、考える必要のない問題を考える哲学者が嫌いだった。

◇23 ill-posed problem「哲学で君の目的って、なに？──ハエに、ハエ取りボトルからの逃げ道を教えてやること」（ヴィトゲンシュタイン『哲学探究』）

19世紀後半、キリスト教道徳が偉そうにしていたせいで、人間は不健康だった。それに気づいたニーチェは、人類の健康のため、世界を相手にひとりで戦いをはじめた。「価値の価値転換」、つまり設定不良問題から良設定問題への転換を呼びかけた。『ツァラトゥストラ』は、「からだの聖書」として読むことができる。

◇81「〈神〉という概念は、生の反対概念として発明された。［…］〈魂〉や〈霊〉や〈精神〉という概念が、［…］でっち上げられたのは、からだを軽蔑するためである。からだを病気に──〈神聖〉に──するためである。人生で真剣に考えられるべきすべてのこと、つまり栄養、住居、精神の食餌、病気の治療、清潔、天気の問題を、身の毛もよだつほど軽率に扱わせるためである！」（ニーチェ『この人を見よ』）

ヴィトゲンシュタインもニーチェも、アカデミズムを嫌い軽蔑していた。優等生ではなく、ヤンキーだった。オイラー図をよく知っていた。

身近な設定不良問題といえば、原発とオリンピック（とくにオリンピック東京2020）だ。このふたつのおかげで日本の社会は、どれだけ貴重な時間とエネルギーとお金を奪われたことか。危険にさら

され、災いをもたらされてきたことか。設定不良問題を捨てると同時に、良い問題を設定することが私たちの幸せにつながるはずだ。

あとがき

〈魔の金４〉と私が呼んでいる「恋愛の授業」は、ライブが命。ライブは無理だけど、「恋愛の授業」のことをちょっと報告しておきたい……。講談社の学術図書編集チームのシェフ、互盛央さんに相談して、選書メチエという土俵を用意していただきました。

編集の担当は、学術図書編集チームの岡林彩子さん。ちなみにチーム内には、互さんが「博士（学術）」で、岡林さんが「博士（恋愛）」という内緒のあだ名があるとか（ないとか）。選書メチエで横組みの本は数少ないそうです。版面設計でもお世話になりました。

これまで私は何冊か翻訳をしてきました。臆病者なので翻訳のときは、できるだけ飼い主（底本に選んだテキスト）に忠実な犬になろうとします。どう転んでも、翻訳には裏切りがつきものですが。

〈魔の金４〉では、136問題（「伝えたいことが10あったとする。文字情報で伝わるのは１。声の調子や表情や身ぶりなどで伝わるのは３。残りの６は伝わらない」）を柱のひとつにしています。『恋愛の授業』という本は、テキスト（文字情報）なので、伝えようとする10のうち１しか伝わりません。どんなに精確に書いても、まるで伝わらないこともあれば、だらしなく書いていても、びしっと伝わることもあります。

『恋愛の授業』には飼い主がいないので、ソロエルではなく、ソロエナイをこっそり楽しみました。臆病な犬は、秩序ある宇宙（コスモス）より、カオスの断片が好きなのかもしれません。編集者としてソロエルに慣れている（はずの）岡林さんは、あきれ顔で、しかし寛大に、片目をつぶってくれました。

〈魔の金４〉をやることができたのは、怪しい授業につき合ってくれた学生のみなさんのおかげです。私自身も、ちょっとアップデ

ートしてもらえたかもしれない、と勝手に思っています。

　TA［ティーチング・アシスタント］の院生（独文は絶滅危惧種なので、仏文所属のフランス人留学生にTAをお願いした年度もありました）、SA［スチューデント・アシスタント］の学部生、そして朗読係……。歴代のみなさんのお世話になりました。

　〈魔の金4〉は、できの悪い90分のDJ番組のようなものです。動作が不安定なソフトをあれこれ使っていたこともあり、AV棟事務室とCALL教室のみなさんには、毎回のように助けていただきました。

　ほかにも、たくさんの方のお世話になりました。

　みなさん、ありがとうございました！

　2023年2月

丘沢静也

付録①　履修者数と教室——または〈魔の金４〉史

　最初は独文の演習だった。独文は小さな所帯だから、独文の演習室（5-653）でやっていた。座席数は、予備の椅子を持ち込んでも最大で20ほど。ドイツ語のテキストを読んでいた。2000年前後だったと思うが、恋愛詩をたくさん読むようになった。18世紀のゲーテ、19世紀のハイネ、20世紀のブレヒト……。詩は音楽とつながりが深いので、音楽も聴くようになった。

　私は、言葉より音楽のほうが好きな人間らしい。授業も音楽に軸足をおくようになっていった。「ドイツ文学の教皇」と呼ばれていた批評家マルセル・ライヒ゠ラニツキ（1920~2013年）も無類の音楽好きだった。彼がメインのZDF（ドイツ第２テレビ）の番組は、「文学カルテット」（1988~2001年出演）という名前だった。〈魔の金４〉では、ライヒ゠ラニツキが紹介しているネタを使って授業を進めたことが結構ある。『とばりを降ろせ、愛の夜よ』は、20世紀ドイツ文学７人のパイオニア（トーマス・マン、カフカ、ブレヒト、ムージル、デーブリーン、シュニッツラー、トゥホルスキー）を扱った本で、大変お世話になった*。

　ちなみにハインツ・シュラッファーの小さな本『ドイツ文学の短い歴史』（2002年）によると、ドイツ文学の歴史は短く、1750年に始まって1950年に終わった。その200年の歴史で、花開いた時期が２つ。1770~1830年（古典派・ロマン派）と1900~50年（20世紀前半）だ。『ドイツ文学の短い歴史』という本は、実際、薄くて158ページしかない

---

*〈魔の金４〉でとくにお世話になったライヒ゠ラニツキ本は、下の３冊である。
Marcel Reich-Ranicki, 2001 (2002), *Ein Jüngling liebt ein Mädchen. Deutsche Gedichte und ihre Interpretation*, Insel Verlag.
——2002, *Sieben Wegbereiter. Schriftsteller des zwanzigsten Jahrhunderts*, Deutsche Verlags-Anstalt.（マルセル・ライヒ゠ラニツキ『とばりを降ろせ、愛の夜よ』丘沢静也訳、岩波書店、2004年）
——2003, *Meine Bilder. Porträts und Aufsätze*, Deutsche Verlags-Anstalt.

（のだが、邦訳（2008年）は334ページもある）。『とばりを降ろせ、愛の夜よ』に登場する作家7人は、もちろん全員、20世紀前半という山頂に咲く花たちである。

　ちなみにクラシック音楽も、私は、バッハに始まってストラヴィンスキーで終わっている、と乱暴に考えることにしている。その歴史が長いのか、短いのか、わからないけれど。宣伝や広告では「進歩」や「進化」という言葉が湯水のように使われているが、文学や芸術に「進歩」や「進化」はあまり似合わない。現代音楽がバッハより進んでいるとは、とても思えない。ピカソがインタビューでこう言っている。

◇₃₂「移行期の芸術なんて存在しないんだよ。芸術の歴史を年代記風に書くと、ほかの時代よりも積極的で完全な時代がある。ほかの時代よりも偉い芸術家がいた時代だ。看護師のつける患者の体温曲線みたいに、もしも芸術の歴史をグラフに表わせるものなら、同じような山がつらなってるみたいな曲線だろうね。つまりさ、芸術には上昇とか進歩なんてないんだよ。上がったり下がったり。どの時代でも、それが実情なんだ。ひとりの芸術家の仕事についても、まったく同じだがね」
（『M・エンデが読んだ本』1983年）

　2005年に東京都立大学が他の都の大学と統合されて、首都大学東京となった（名づけ親は、当時の都知事。「もうかるから」という理由でオリンピック2020の誘致を言い出した石原慎太郎だ。だが2020年に「東京都立大学」に戻った）。私の独文演習の授業は、独文と表象文化論の共通科目となった。表象文化論の学生はドイツ語が必修ではない。「ドイツ語を習得中」を履修条件にしようかと思ったが、「ドイツ語やってなくても大丈夫だよ」ということにした。独文（絶滅危惧種）の学生は1学年で数名の小所帯だが、表象や他学科の学生も参加するようになった。独文の演習室では手狭なので、広い共通演習室に引っ越した。

　AVを扱う頻度が増えてきたので、座席数50のCALL教室（6-404）に移動した。CALL担当技術者Mさんの組んだAVシステムは、音響がとても充実していた。オペラを大音量で流すと、ふだんクラシックになじみのない学生も圧倒される。音や映像は、教室の空気をがらりと変えてくれる。私の話はあちこちに飛ぶので、私自身、音の力をあらためて痛

感した。朗読係に文章を読んでもらうのも、授業の空気にメリハリをつけてもらうためだが、紙メールの欄外のスペースが、朗読係へのファンレターになったりする。

　先輩や友達の口コミで他学部の学生も顔を出すようになった。履修登録をしていない友達や恋人の同伴もあり、椅子が50脚では足りなくなる。授業をやっていない隣のCALL教室（6-403）や普通教室（6-402）から椅子を借り出した。50人の教室に100人近くがギュウギュウ詰めは、防災上もまずい。けれども音のいい6-404からは移動したくなかった。しかし教務係から教室変更を強く迫られて、後ろ髪を引かれる思いで（私はハゲているので後ろ髪はないが）、最終的に、AV263（座席数264）に移動することにした。

　2010年度からの履修者数（濃密に参加していたもぐりを含む）は、こんな具合だ。

　2010年度　　前期80名　　　後期84名
　2011年度　　前期124名　　後期158名
　2012年度　　前期70名　　　後期90名
　2013年度　　前期124名　　後期154名
　2014年度　　前期102名　　後期183名
　2015年度　　前期124名　　後期231名
　2016年度　　前期77名　　　後期164名
　2017年度　　前期143名　　後期96名
　2018年度　　前期221名　　後期237名
　2019年度　　前期191名　　後期141名
　2020年度　　開講せず。
（コロナで全学オンライン授業に。「ライブが命」の〈魔の金4〉は、いろいろ不具合や制約がありそうなので、急遽、閉講にさせてもらった）
　2021年度　　前期46名　　　後期47名
（コロナで「対面授業＋同時配信」のハイブリッドに。先輩・友達の口コミで集まる授業であり、2020年度は閉講したので、予想通り激減。紙メールとメール課題の整理が楽になった。対面授業は、大きな階段教室で参加者30名前後だから、感染対策はそれなりにできた。しかし同時配信は、機材、通信環境の問題があって、音楽がうまく像を結ばないことが多く……）

付録②　ゲイの学生のレポート

レポートその1

【A】

　およそ小学生高学年の時分から、自らの性指向をゲイセクシュアル（以降、ホモという言葉はあえて避ける）と理解していて、認めていた。初めから自身の性指向に対し、全く抵抗はなかったと記憶している。

　中学受験をして中高一貫の男子校に入学し、1年の最初のあたりから周りにカミングアウトした。きっかけは特になく、なんとなくのカミングアウトだった。カミングアウトしてからは中学2年の終わりまで、誰でも経験しうる程度の軽い嫌がらせを受けたが、中学3年次のクラス替えを契機に、自分がゲイであることはその学年では普通のことになった。高校に入ってから、出会い系SNSで年齢を偽ってゲイの男性と会い、セックスをするようになった。出会い系というとまともではないように聞こえるかもしれないが、この世界では「当たり前」の出会いの方法である。というのも、ゲイというのは基本的にはゲイバーに行くかSNSを利用するかでしか出会いがないため、必然的にSNSを利用して出会う割合は大きくなる。高校1年の秋に、部活の延長で偶々地元にあったゲイオンリーの吹奏楽サークルに入り、いわゆる業界デビューを果たす。高校2年から新宿にあるゲイバーに入り浸るようになり、またそこでの出会いがきっかけとなって、五十路の男性と初めての恋愛を経験する。高校2年の秋にその男性と別れ、セックスフレンドを何人か作り、出会いと別れを何回か繰り返した後、受験が終わって、そのセックスフレンドのうちの一人と現在交際している。

　交際という面ではまだ3年しか経験していないが、私は3年間で、恋愛において、また恋愛という経験から、様々なことを学ぶことができた。以下は、おじさん好きなゲイの、デビュー4年目の見解である。

　一度目の交際の時に、セックスレスを経験した。私は性欲がありあまってしまって仕方がなかったのだが、相手の方が段々とセックスに対する情熱を無くしてしまった。セックスの流れも、はじめはボディタッチ

から始まって、ディープキス、フェラチオ、挿入という流れだったのだが、挿入がなくなり、ボディタッチがなくなり、といった順番で、段々とプレイのバリエーションが少なくなっていった。私はその時初めての恋愛で、セックスレスという事象をほぼ全く理解していなかったのだろう、非常に不満を抱き、次第にその不満がすれ違いの原因となった。

　その交際関係が終わってから、大きく反省した。交際を重ねていくと、次第にセックスの回数は少なくなっていくものだとわかった。つまり、私にとって重要なことは、セックスが無くなっていくのは当然のことだから、そこに不満を抱いても仕方がなく、むしろセックスが無くなっていく過程でどういった愛情を育むべきか、であることに気が付いた。それを理解すると、では、世の中の長く続いてきたカップルはセックスを抜きにしてどういった愛情を育むものであるのか、ということを考えるようになった。

　次に、私は何人かのセックスフレンドと身体の関係を作る時期に入った。つまり、愛の無いセックスで承認欲求を満たそうとしたのである。

　愛のないセックスは、それはそれで非常に気持ちのいいものだとは思う。やはり10代の性欲とは抑えても抑えきれないもので、様々な男の身体を知ることは私にとって手軽にすっきりする手段であった。しかし、愛の無いセックスに集う人間は相手に愛を与えるつもりなど微塵もないのであり、ただ自身の性欲を満たすためだけに相手の身体を貪っている。私も最初はそのことをきっちり肝に銘じていたが、セックス中に言われる「お前、かわいいよ」という言葉は、次第に私を勘違いさせていった。

　愛を与えるつもりのない相手から、また愛の無いセックスから、愛をもらうことはできない。私は「愛されたい」という気持ちをそんな相手に求めてしまい、セックスフレンドとさえうまくいかないのである。

　その経験から、私は「愛されたい時には、相手を選ぶ」ことが重要だと知った。この業界において、結婚制度はないため、男は追うと必ず去る。そのため、性欲を満たしたい時と、愛されたい時との区別をつけ、愛されたい人に過剰な性欲を押し付けていないか常に気を遣い、有り余る性欲は、同じく有り余る性欲を持て余している人と処理するのが、（現段階では）上手くいく方法だと考える。

　そういった性欲処理のことを遊びまたは発展というのだが、先ほどの

方法論だと、モラル的には恋愛というのは一対一のつがいが基本だと考えている人が大半のため、常々浮気問題が表面化しやすい。そのため、ゲイの業界というのは、絶対的に各々の「楽屋の作法」への理解度はかなり高いと言うことができる。

というのも、男同士のカップルにおいて、長く続いているところは、お互いの楽屋の作法への口出しをしない。相手がどこで発展しようが、誰と遊ぼうが、基本的には知らぬふりをするというルールを作っているところが多い。（もちろん、そういった遊びや発展を相手に見えないように配慮することは当然のマナーであるが）

以上が、3年間ゲイの業界を見た現時点での私の見解である。

【B】

恋愛学は、女性がどういった恋愛をしているのかをより知るために参加した部分が大きい。

というのも、6年間男子校にいると、女子のことなどきれいさっぱり忘れてしまい、大学という女子と男子が共存する現実世界に突然引き戻されると、女子という生き物が完全に理解の範疇を超えてしまっているためである。

というわけで恋愛学に参加したものの、はじめはいままで考えてきた女性像と、恋愛学の紙メールであらわになる女子の姿との乖離に、かなり驚いた。私は女子という生き物はあまりセックスが好きではなく、性愛のことよりも、男性と女性の人間関係に重点を置いている節があるという風に思い込んでいたが、実際、女性は私が考えているよりも深く性愛についての考察をしており、女性もそこまで大きく男性と考えている内容に違いはないのだということがわかり、女性の気持ちを少しではあるが理解することができたと言える。しかし、女性特有の女尊男卑の考え方には閉口である。

【C】

紙メールでLGBTコーナーができたことには非常に驚いた。私が知らないだけで、この教室にあれだけ多くの同性愛者がいるという事実、またその同性愛者達が私と同じくこの講義を受けているという事実に少なからず感動を覚えた。また、恋愛学というからには、全て男女間の恋愛

をテーマにした授業であると思っていたが、同性愛というテーマでも、男女のそれと何も変わることなく、恋愛についての考え方を解釈できるという点で、恋愛学という講義の、つまり丘沢先生の器量の大きさを感じずにはいられなかった。本当に楽しかったです。

レポートその2

【A】
拝啓

　ミスチルを聞きながら電車の中で手紙を書いているのだけども、向かいに座った子供の読んでいる本が「無人島のサバイバル」という題名で、少しふふっとなりました。お母さんは子供の世話がひと段落したみたいで、片手にベビーカーを持ちながらうとうとしていて、お盆の東海道線は普段では見られない光景にあふれています。

　あなたに告白するとき、だれもいない寒い夜の公園の展望台で、おじいちゃんになっても一緒にいたい、最期を看取りたい、と言いましたよね。あなたは20歳の青年の心なんて移ろいやすいものだから、と、戸惑いながらも受け入れてくれて、私はとてもとても幸せで、この人で最後にしよう、ずっと連れ添って行こうと思いました。

　あれから二人で恋人らしいことをたくさんして、半年ほど過ぎましたね。あなたはこれまで付き合った人の中で一番優しくて、一番面白い人でした。これ以上に優しく他人を思いやれる人にはそうそう出会えないことくらい、私にだってわかっています。しかし、あなたのことを愛そうとすればするほど、恋愛の賞味期限という言葉が頭にちらついてしまって、どんどん冷めている自分に気がつきます。正直に申し上げますと、あなたの愛に対して真摯に愛を返し続けることが、少し億劫になってきてしまいました。

　あなたとのセックスだけではもの足りなくて、ほかの男の肉体をもとめてしまう自分が心底嫌になります。あなたに会う前は誰かと一緒に過ごす未来と温かい愛が欲しくてたまらなかったのに、今本当に欲しいことは冷めきったゆきずりの身体の関係だなんて思ってしまう、どうしようもない阿呆です。笑ってください。

　こんなに申し訳ない想いをするのであれば、最初からあなたに永遠の

愛を誓うべきではなかったのです。

　あなたを好きになったとき、私はこうなることが本当に見えていなかったのでしょうか。それとも、実はあなたに尽くせない未来が見えていたけれど、無意識にそれを見ることを避けたのでしょうか。

　たとえ永遠の愛を告白した時に終わりを予感していたとはしても、あなたのことが好きになったのは、一番初めに会ったまさにその瞬間なのですから、一目惚れであることは間違いありません。一目惚れということは、あなたのことが好きで好きでたまらなくなって、燃え上がるような熱い恋慕の情を抱いたのは、決して嘘などではありません。

　また、あなたに性的な魅力を感じることがなくなったとしても、あなたへの愛情が変わらず存在しているということは、偽りなくそのように申し上げることができます。なぜならいままでの恋愛経験を通して、性的な魅力や興奮を感じるだけが恋愛ではないことを、ようやく理解することができたためです。というのも私はかねてから顔がカッコいい、セックスが上手いといった要素で男に声をかけていましたが、あなたと出会う前に、本当に私にとって必要なのは、顔やセックスではなく、他人に優しい人であるということに気づかされたのです。

　しかし私があなたを選んだのは、初めは内面ではなく外見からのことだったということを、念を押しておきます。それはあなたのことを妥協で愛したのではなく、燃え上がる心のまま、本心から求めたということです。

　初めて会ったとき、私は一目惚れして、顔も見られないくらい赤面していたことを覚えています。外面から入ってあなたの内面により強い魅力を感じることができたのは、本当に幸運なことでした。その人から地位と金を取り上げてなお愛情があるなら、それは本当の愛であるとはよく言いますが、本当の愛とは何かという問題はさておき、私の愛は本当の愛だということができるでしょう。

　しかし恋愛を安定して持続させるには、一人へ愛情を集中するのではなく、何人かに分散させることが有効だという考えもあります。一人に夢中になってしまうとそのあとにリバウンドが生じるが、何人かに愛を分散させることで安定した気持ちで恋愛をすることができるためです。

　自分の経験からも同じようなことが言えます。一人のことを好きになってしまうと、その人以外のことが見えなくなってしまいがちですが、

実はそれはその人のことも見えなくなってしまっているということにほかなりません。周りの人も見ることができてはじめてその人のことを見ることができるのだと思います。

　もし許されるのであれば、セックスありきの共通の友人を1人持つことが望ましいですが、あなたはきっと嫉妬するでしょうから、なるべくあなたにわからないように他の男と寝るとします。しかし決してあなたのことを愛していないわけではないということを、念を押しておきます。

　空が暗くなってきました。私が言っていることの9割は伝わらないとは思いますが、残りの1割が伝わってくれると信じずにはいられません。

敬具

【B】授業について

　これほどまで興味関心を持って臨んだ授業はほかにないかもしれない。私にとっては他人に対する姿勢を改めようと思わせられた授業だった。

　コメントペーパーの書き方の傾向として、私は物事を一般化するのが好きで常に上から目線でものを語っているということに気がついた。それは人に好かれない原因の一つだと思う。そしてその悪癖は気づかないうちに何年も継続していて、気づいたらやってしまっているということにも。

　もし自分が、例えば「あなたもゲイだからやっぱり変態なのね」などと一般化されたら、慣れてるとはいえやはり悪い気分がすると思う。自分がやられて嫌なことを周りに対してやってしまっていることが腹立たしく、なるべく来るものを拒まず、まず受け止めるということを心掛けてはみたが、もしかしたら気づかないうちに悪癖が出てしまっていたかもしれないので、この心がけは継続していくつもりである。

付録③　品書き【第10回（2019/06/14）】

◆00クロード＝ミシェル・シェーンベルク『レ・ミゼラブル』（映画版 2012年）
　劇場版：パリ1980年、ロンドン1985年cf. Arnold◆43は、Claude-Michel◆00の大伯父
○《民衆の歌》／《夢やぶれて》ファンティーヌ：アン・ハサウェイ
◆39R・シュトラウス『ばらの騎士』（初演1911年）台本ホーフマンスタール
○愛の3重唱（第3幕）
　ティーレマン／ミュンヘン・フィル　演出H・ヴェルニケ　2009.1 Baden-Baden
　元帥夫人：ルネ・フレミング［S］
◇39【捨恋】／「失わないためには、放棄せよ」
◇40「習慣は、第二の自然。だが自然は、第一の習慣ではないか」Pascal『パンセ』
◆40吉澤智子『あなたのことはそれほど』#8 2017.6.6　原作・いくえみ綾
◆41 4スタンス理論
・〈重心に負け〉下の声（vs. 天の声）野口体操。野口三千三（1914~98年）
・【からだの文法】：ライフの文法＞ワークの文法。プロセス＞結果。

◇41「本質」→「家族的類似」（『論理哲学論考』1922年→『哲学探究』1953年）【言語ゲーム】
　〈こういう類似性の特徴を言いあらわすには、「家族的類似」と言うのが一番だ。こんなふうに重なりあい交差しあっているのは、――体型、顔つき、眼の色、歩き方、気質などなど――家族のメンバーに見られる、さまざまな類似性なのだから。――そこで私は、「『ゲーム』はひとつの家族をつくっている」と言っておこう〉Wittgenstein『哲学探究』67
◇42〈実際に使われている言語をよくながめればながめるほど、実際の言語と私たちの要求［理想の言語］は激しく対立するようになる。（論理が

水晶のように純粋である、ということは私の研究の*結果*ではなく、要求だったのだ)。対立は耐えがたくなり、要求はむなしいものになろうとしている。——私たちはアイスバーンに入ってしまった。摩擦がないので、ある意味で条件は理想的だが、しかしだからこそ歩くことができない。私たちは歩きたい。そのためには*摩擦*が必要だ。ざらざらした地面に戻ろう!〉『哲学探究』107

◆₄₂森淳一『重力ピエロ』2009年　原作・伊坂幸太郎2003年
○「最強の家族」　cf. 新潮文庫版　pp. 94~98
　泉水：加瀬亮、春：岡田将生、父：小日向文世、葛城：渡部篤郎

◆₄₃アルノルト・シェーンベルク『浄められた夜』(初演1902年)
Schönberg (1874~1951年)
○弦楽六重奏版 (1899年 Wien)：Juilliard SQ　[Vla] Trampler [Vc] Yo-Yo Ma　1991年 NY
○弦楽合奏版 (1917 / 43年 Wien / NY)：Boulez / NY Philharmonic 1973年 NY
R・デーメル (1863~1920年)「浄められた夜 Verklärte Nacht」(『女と世界』1896年)◆別紙₁
・クリムト『接吻』1907~08年
・【世紀末ウィーン Wiener Moderne (1890~1910年) Fin de siècle】
　19世紀末　合理的人間→心理的人間 (→20世紀末　生物学的人間 cf. 行動経済学)
　フロイト『夢解釈』1900年　◇₀₃「〈私〉は、私という家の主人ですらない」1917年
・デュッケルマン『女性のための家庭医学』1901年
・椎名麟三 (1911~73年)：キリーロフとスタヴローギン (ドストエフスキー『悪霊』1873年)
◇₄₃できちゃった婚の顛末
　クンデラ『存在の耐えられない軽さ』1984年 (千野栄一訳、集英社文庫1998年、pp. 55~58)◆別紙₂
　メール課題　◇₄₃ [◆₄₂◆₄₃も重ねて] について　300字　しめきり6/18 (火) 23:01

付録④　シラバス（2019前期）

科目名	ドイツ語圏文化論	F3907	専門教育科目	単位数	2	
担当教員	丘沢静也	前期	金曜日		4時限	

科目ナンバリング ※2018年度以降 入学生対象	JHG-202-5：人文社会学部専門教育科目
授業方針・テーマ	〔重要：この科目は、2018年度以降入学者は「ドイツ語圏文化論」、2017年度以前入学者は「ドイツ語圏文化論A」を履修登録すること。〕 「男の子が女の子に恋をした」（マンネリズムの研究） オペラ、音楽、バレエ、詩・小説などの名作（の名演）をつまみ食いしながら、恋愛をのぞき見する。
習得できる知識・能力や授業の目的・到達目標	恋は、苦しみをもたらす幸せであり、人を幸せにする苦しみ。がんばっても、うまくいかない場合が多い。相手の気持ちはもちろん、自分の気持ちもコントロールできない。「私は、私という家の主人ですらない」（フロイト）のが人間だ。コントロールできない局面でどうふるまうか。恋愛に正解はない。「思い通りにいかないことが多い」コミュニケーションや、「私」という現象を考える。と同時に、「よいマンネリズム」の流儀を考える。恋愛作法の達人になるのは、ふふ、無理だろうけど、「恋する私」や「失恋した私」をながめる眼鏡くらいは、手に入るかも。恋は、傷つく絶好のチャンス。めざせ10連敗！
授業計画・内容	・予定している題材は通年で、R・シュトラウス、太宰治、ハイネ、シューマン、モーツァルト、ブレヒト、ダマシオ、ヴィトゲンシュタイン、中井久夫、ゲーテ、シェーンベルク、ワーグナー、ヒトラー、ペスタロッチ、カフカ、チェーホフ、ヴェルディ、クンデラ、ヤナーチェク、トーマス・マン、ノイマイヤー、ヴィスコンティなど。 ・毎回、数本の映像を見てもらい、話をする。1回の授業で

	数回、紙メール（リアクションペーパー）にコメントを書いてもらう。第1回目の授業は、イントロ。第2回目の授業は、第1回目の授業で書いてもらった紙メールで教室の日和見をして、メニューを決める。そして、これはと思う紙メールのコメントや質問を匿名で紹介し、ネタをからめて授業をすすめる。第3回目以降も、同様の方式。恋愛を体系的に考えるのではなく、いろんな方向からながめる、散歩スタイルの浮気な授業。
授業外学習	・毎回、ネタの品書き（レジュメではない）を配るので、それを手がかりに、気になる問題を追いかけてもらいたい。
テキスト・参考書等	プリントを使う。
成績評価方法	授業参加濃度（70％）＋期末レポート（30％） ・「授業参加濃度」は、1回の授業で数回書いてもらう紙メールの内容、ときどき送ってもらうメール課題（250字）の内容で測る。 ・「レポート」は、①授業をしっかり受信しているか、②テーマをどう設定したか、③教室で紹介されたヒントをどう消化しているか、④（上から目線で「論じる」のではなく）横から目線で具体的に感じて、ていねいに考えているか、などで測る。
質問受付方法（オフィスアワー等）	授業後またはメール（xxxxx@tmu.ac.jp）で。
特記事項（他の授業科目との関連性）	・前期と後期はゆるやかにつながっているが、半期だけの参加もOK。 ・どの外国語もすべて日本語訳つき。 ・この授業は、南大沢の学生たちに「恋愛学」と呼ばれている。所属や専門の枠を超えて、いろんな学生が参加し、恋愛にまつわるもろもろの問題が教室で話題になるはず。

丘沢静也（おかざわ・しずや）

1947年生まれ。ドイツ文学者。東京都立大学名誉教授。
著書に、『コンテキスト感覚』（筑摩書房）、『からだの教養』（晶文社）、『マンネリズムのすすめ』（平凡社新書）、『下り坂では後ろ向きに』（岩波書店）など。
訳書に、カント『永遠の平和のために』（講談社学術文庫）、レッシング『賢者ナータン』（光文社古典新訳文庫）、マルクス『ルイ・ボナパルトのブリュメール18日』（講談社学術文庫）、ニーチェ『ツァラトゥストラ』（上・下）、『この人を見よ』（光文社古典新訳文庫）、ホーフマンスタール『チャンドス卿の手紙／アンドレアス』（光文社古典新訳文庫）、ムージル『寄宿生テルレスの混乱』（光文社古典新訳文庫）、カフカ『変身／掟の前で』、『訴訟』（光文社古典新訳文庫）、ヴィトゲンシュタイン『論理哲学論考』（光文社古典新訳文庫）、『哲学探究』（岩波書店）、ベンヤミン『ドイツの人びと』（晶文社）、ブレヒト『暦物語』（光文社古典新訳文庫）、ケストナー『飛ぶ教室』（光文社古典新訳文庫）、ライヒ゠ラニツキ『とばりを降ろせ、愛の夜よ』（岩波書店）、エンツェンスベルガー『数の悪魔』（晶文社）、エンデ『鏡のなかの鏡』（岩波現代文庫）、エンデ編『M・エンデが読んだ本』（岩波書店）など。

JASRAC 出 2300607-301

恋愛の授業
恋は傷つく絶好のチャンス。めざせ10連敗！

2023年5月11日　第1刷発行

著者　　丘沢静也
©Shizuya Okazawa 2023

発行者　鈴木章一　　**KODANSHA**

発行所　株式会社講談社
東京都文京区音羽2丁目12-21　〒112-8001
電話（編集）03-3945-4963　（販売）03-5395-4415　（業務）03-5395-3615

装幀者　奥定泰之

本文データ制作　講談社デジタル製作

本文印刷　株式会社KPSプロダクツ

カバー・表紙印刷　半七写真印刷工業 株式会社

製本所　大口製本印刷 株式会社

定価はカバーに表示してあります。
落丁本・乱丁本は購入書店名を明記のうえ、小社業務あてにお送りください。送料小社
負担にてお取り替えいたします。なお、この本についてのお問い合わせは、「選書メチエ」
あてにお願いいたします。
本書のコピー、スキャン、デジタル化等の無断複製は著作権法上での例外を除き禁じら
れています。本書を代行業者等の第三者に依頼してスキャンやデジタル化することはた
とえ個人や家庭内の利用でも著作権法違反です。®〈日本複製権センター委託出版物〉

ISBN978-4-06-531851-5　Printed in Japan
N.D.C.114　319p　19cm

講談社選書メチエの再出発に際して

講談社選書メチエの創刊は冷戦終結後まもない一九九四年のことである。長く続いた東西対立の終わりはついに世界に平和をもたらすかに思われたが、その期待はすぐに裏切られた。超大国による新たな戦争、吹き荒れる民族主義の嵐……世界は向かうべき道を見失った。そのような時代の中で、書物のもたらす知識が一人一人の指針となることを願って、本選書は刊行された。

それから二五年、世界はさらに大きく変わった。特に知識をめぐる環境は世界史的な変化をこうむったとすら言える。インターネットによる情報化革命は、知識の徹底的な民主化を推し進めた。誰もがどこでも自由に知識を入手でき、自由に知識を発信できる。それは、冷戦終結後に抱いた期待を裏切られた私たちのもとに差した一条の光明でもあった。

その光明は今も消え去ってはいない。しかし、私たちは同時に、知識の民主化が知識の失墜をも生み出すという逆説を生きている。堅く揺るぎない知識も消費されるだけの不確かな情報に埋もれることを余儀なくされ、不確かな情報が人々の憎悪をかき立てる時代が今、訪れている。

この不確かな時代、不確かさが憎悪を生み出す時代にあって必要なのは、一人一人が堅く揺るぎない知識を得、生きていくための道標を得ることである。

フランス語の「メチエ」という言葉は、人が生きていくために必要とする職、経験によって身につけられる技術を意味する。選書メチエは、読者が磨き上げられた経験のもとに紡ぎ出される思索に触れ、生きるための技術と知識を手に入れる機会を提供することを目指している。万人にそのような機会が提供されたとき初めて、知識は真に民主化され、憎悪を乗り越える平和への道が拓けると私たちは固く信ずる。

この宣言をもって、講談社選書メチエ再出発の辞とするものである。

二〇一九年二月　　野間省伸